Francesco Santoianni

Von Menschen und Mäusen

Zu diesem Buch

Die berühmteste Maus der Welt – wer kennt sie nicht, die Mickey Mouse? Doch warum ist sie so beliebt, ihre Cousins dagegen, die Ratten, warum sind sie so gefürchtet? Diese intelligenten Nager, diese Geschöpfe der Nacht begleiten den Menschen, seit er denken kann. Schon die Babylonier und Ägypter klagten über die Mäuseplage in den Kornspeichern. Aus dem Mittelalter sind unzählige Geschichten bekannt, den Rattenfänger von Hameln kennt noch heute jedes Kind. Die »treuen Schädlinge« zeichnen verantwortlich für so manch tödliche Seuche und sind die geplagten Versuchstiere in medizinischen Labors. Aber eine Maus ist auch die keck-neugierige Leitfigur im Kinderfernsehen. – Francesco Santoianni beleuchtet in diesem Mäuseschmöker alle Facetten des geliebten und gehaßten Haustieres und klärt einiges im angespannten Verhältnis von Mensch und Maus.

Francesco Santoianni lebt in Neapel und ist Experte für Katastrophenschutz und Planung von Katastropheneinsätzen, thematisch aber keineswegs festgelegt.

Francesco Santoianni

Von Menschen und Mäusen

Alles über Maus & Co

Aus dem Italienischen von
Karin Diemerling

Piper München Zürich

Für Antonella und Daniela

Ungekürzte Taschenbuchausgabe
Piper Verlag GmbH, München
Dezember 1998

Titel der italienischen Originalausgabe: »Topi«

Umschlag: Büro Hamburg
Simone Leitenberger, Susanne Schmitt, Annette Hartwig
Foto Umschlagvorderseite: H. & H.-J. Koch / Bilderberg
Foto Umschlagrückseite: Europäische Verlagsanstalt /
Susanne Klein
Satz: Henjes, Hamburg
Druck und Bindung: Clausen & Bosse, Leck
Printed in Germany ISBN 3-492-22594-2

Inhalt

JAGD AUF MÄUSE

MÄUSEZÜCHTER, RATTENZÜCHTER

Vorwort

Von Dante und Boccaccio bis hin zu zahlreichen Sprichwörtern und Sinnsprüchen hat die italienische Literatur – und nicht nur diese – den Mäusen von jeher besondere Aufmerksamkeit geschenkt. Auch heute noch sind die Mäuse, obwohl die Gattung *Mus musculus* fast vollständig aus unseren betonierten Wohnumgebungen verschwunden ist, in den Geschichten gegenwärtig und lebendig, und uralte Sprichwörter wie »Mit Speck fängt man Mäuse«, »Katz und Maus spielen«, »Wenn die Katze aus dem Haus ist, tanzen die Mäuse« – um nur einige zu nennen – tauchen in unseren Alltagsgesprächen auf. Der Grund für diese besondere Aufmerksamkeit gegenüber den Mäusen (eine Bezeichnung, die umgangssprachlich eine Vielzahl tatsächlich sehr unterschiedlicher Tiere umfaßt) ist sicher in dem jahrtausendelangen engen Zusammenleben von Menschen und Mäusen zu suchen: Im Laufe der Zeit haben wir auf diese Tiere eine Reihe von Bedeutungen und Symbolfunktionen projiziert, die die Zeiten überdauern und den Veränderungen der Lebensbedingungen, Gebräuche und Gewohnheiten widerstanden haben. So gesehen, kann uns die Untersuchung der zahlreichen »Interpretationen«, die die *Maus* während der Jahrhunderte erfahren hat, auch zu einem besseren Verständnis der menschlichen Gesellschaft führen.

Doch darüber hinaus liegt der größte Wert des Buches *Topi* darin, daß es nicht versucht, uns eine Tierart durch die üblichen Anthropomorphismen näherzubringen, die leider so viele Beiträge dieses Genres kennzeichnen, sondern durch eine akribische und faszinierende Dokumentation, die offensichtlich mit der allesverschlingenden Neugier einer Leseratte zusammengetragen wurde.

Ich glaube, für Francesco Santoianni könnte es keinen willkommeneren Ausdruck der Wertschätzung geben.

Giorgio Matteucig
Professor der Zoologie an der Fakultät für Mathematik, Physik und Naturwissenschaften der Universität »Federico II« in Neapel

Einführung

Warum ein Buch über Mäuse?

Der Gedanke entstand während eines Seminars, das ich am Fachbereich Architektur der Universität von Neapel über *Desaster-Management und Zivilschutz* hielt.

Ein Teil des Seminars behandelte die Reaktionen von Tieren auf Umweltveränderungen, wobei Mäuse und Ratten den schnellsten und effektivsten »Anpassungsgeist« zu zeigen scheinen. Ich begann also, mein Wissen über diese Tiere durch Nachforschungen zu vertiefen, die allerdings von Zwischenfällen begleitet wurden, welche mich vom ursprünglich festgelegten Weg abbrachten.

Einer dieser Zwischenfälle ereignete sich in einer Buchhandlung in Neapel.

Der Laden war voller Leute, die sich lärmend unterhielten und gleichzeitig ihre Wünsche äußerten, was typisch ist für diese Stadt. Ich mußte also der Buchhändlerin mit erhobener Stimme über den Verkaufstisch zurufen, daß ich »irgend etwas über Mäuse und Ratten« suchte. Sofort verstummte die Menge, und alle blickten mich mit einer Mischung aus Strenge und Mitleid an, als ob ich ein Verrückter sei, der in der Kirche geflucht hatte.

Erwähnenswert ist dabei, daß vor mir ein anderer Kunde ebenfalls mit lauter Stimme ein Buch über Terrorismus verlangt hatte und wieder ein anderer eines über die Todesstrafe, ohne daß dies auch nur die geringste Aufmerksamkeit erregt hätte. In die Stille hinein, die auf meine Anfrage folgte, fühlte sich der Besitzer der Buchhandlung (den ich seit Jahren kenne) verpflichtet, mir mit vorwurfsvoller Stentorstimme zu antworten: »Nein, wir haben nichts über Mäuse und Ratten!«

Verwirrt und gedemütigt verließ ich den Laden, in Gedanken mit der Seltsamkeit des Geschehenen beschäftigt.

In anderen Buchhandlungen passierte mir mehr oder weniger dasselbe, was mich schließlich dazu veranlaßte, mein Begehren nur noch diskret flüsternd vorzutragen.

Bald darauf erregte ein weiteres Vorkommnis meine Aufmerksamkeit.

Da sie von meinem »Interesse« für gewisse Tiere erfahren hatten, erzählten mir mehrere Freunde und Bekannte von einem scheinbar unbedeutenden Ereignis, über das jedoch in mindestens vier überregionalen Zeitungen berichtet worden war. Ein Ehepaar hatte aus seinem Urlaub in Südamerika (versteckt in einer Tasche, um die Flughafenkontrollen zu umgehen) ein anmutiges Tier mitgebracht, das sie für ein Hündchen hielten und, zu Hause angekommen, in Gesellschaft ihres geliebten Fido in einem Zimmer allein ließen. Nach ein paar Stunden entdeckte das Ehepaar mit Entsetzen, daß Fido von dem anmutigen südamerikanischen Tierchen zerfleischt worden war. Sie sperrten es in einen Käfig und brachten es zu einem Tierarzt, der bei seinem Anblick aufsprang und rief: »Aber Signora, das ist doch kein Hund, das ist eine *Ratte*!« Woraufhin er das Tier mit einer Giftinjektion tötete.

Woher so viel Interesse für eine derart banale Begebenheit? Und warum berichteten vier große Tageszeitungen über ein so unbedeutendes Ereignis (das auch noch in Folgeartikeln wiederaufgenommen wurde)?

In der Vergangenheit hatte ich mich einmal mit von den Medien entzündeten oder verstärkten Massenpsychosen beschäftigt, weshalb ich der Frage nachgehen wollte und die für die Meldung verantwortlichen Redakteure anrief. Meine Neugier verwandelte sich in Verblüffung, als ich erfuhr, daß die Redaktionen mit Anrufen bestürmt worden waren, die alle aufgeregt nach weiteren Informationen über die »Mörderratte« verlangt hatten.

Zufällig hörte ich zu dieser Zeit auch, daß Astrologen vom Beginn des »Jahrs der Ratte« sprachen. Das Jahr der Ratte? Es häuften sich die Anlässe, die einen großen Teil meiner Forschungen auf Bahnen lenkten, die sich von den ursprünglichen völlig unterschieden.

So entstand dieses Buch.

Die Beziehung von Menschen und Mäusen geht in der komplexeren von Menschen und Tieren auf, die sich aber wiederum teilweise um die Besonderheit dieser Säugetiere verdichtet.

Obwohl schon immer ein »Haus«-Tier, ist die Maus für den Menschen seit Jahrtausenden eine fremdartige und beunruhigende Präsenz. Auch wenn sie heute aus der großen Mehrzahl unserer Behausungen entfernt wurden, sind Mäuse und Ratten nicht aus unserem Bewußtsein und unserer Wahrnehmung verschwunden: Überernährt von den Abfällen einer auf Verschwendung gegründeten Gesellschaft, geschützt in relativ warmen und endlosen Kanalisationssystemen, haben sich Mäuse und Ratten im Herzen sämtlicher Metropolen breitgemacht. Fünfzehn Millionen in Rom, fünfundzwanzig Millionen in New York, zehn Millionen in Neapel ... diese Zahlen tauchen regelmäßig in den Massenmedien auf und nähren atavistische Ängste und Vorstellungen von einem dunklen, bedrohlichen Heer, das nur darauf wartet, alles zu verschlingen und zu zerstören.

Dies ist heute das allgemein verbreitete Bild von Mäusen und Ratten.

Nicht wenige projizieren darauf jahrtausendealte Erwartungen und kathartische Phantasien, und vielen erscheint es bedeutsam, daß heute, da die Technik über die Natur zu triumphieren scheint, indem sie ihr ihre Gesetze aufzwingt, die Natur ein Heer von Pionieren, eine Schar von perfekten Wesen in die Festungen der Zivilisation schickt: Mäuse und Ratten. Doch das ist nur die gegenwärtige »Mäuse-Lesart« des Menschen, die Einblick in eine möglicherweise irreparable Spaltung zwischen unserer modernen Existenz und der Natur gewährt.

Inzwischen kommt vielleicht noch ein anderer Aspekt hinzu. Die Vertiefung ökologischer Themen ist dabei, ein bislang diffuses »animalistisches« Bewußtsein hervorzubringen, in dessen Folge die aufklärerische Demarkationslinie zwischen Mensch und Tier aufgelöst und der Bruch unter anderem auch genetisch durch die kürzlich erfolgte Klonung von »Mensch-Maus«-Samenzellen wieder zusammengefügt wird. Doch gleichzeitig geht die Herrschaft des Tieres Mensch über die anderen Tiere weiter und schlägt dabei Wege ein, die bis vor ein paar Jahren noch unvorstellbar waren: Das zeigen Industriepatente, wie es zum Beispiel 1991 für die berühmte »Harvardmaus«, das erste vom Menschen geschaffene Tier, vergeben wurde, oder für eine andere (noch namenlose) Maus, die dazu »bestimmt« ist, Milch zu produzieren.

Ein seltsames Schicksal ist das der Maus. Vom verachteten Tier zu einer gewinnbringenden Angelegenheit.

Aber das sind Geschichten der Gegenwart.

In der Vergangenheit gingen die den Mäusen zugeschriebenen Bedeutungen weit über das dürre finanzielle Kalkül eines Geschäftsmannes in der Biotechnologie hinaus und bestanden aus unzähligen Facetten und beunruhigenden Interpretationen, die wiederzuentdecken für ein besseres Verständnis der menschlichen Geschichte lohnenswert sein könnte.

Eine Präzisierung und viele Danksagungen

Die Bezeichnung »Maus« ist ein umgangssprachlicher Sammelbegriff, denn in der Zoologie gibt es kein unter diesem Namen klassifiziertes Tier. Gewöhnlich bezieht sich das Wort auf die Art *Mus musculus*, oder Hausmaus, aber auch auf viele andere Arten. In der zoologischen Klassifikation spricht man allgemein von Mäusen, wenn man sehr unterschiedliche Tiere einer Familie zusammen bezeichnen will: wie zum Beispiel *Apodemus selvaticus*, die Waldmaus, zur Familie der Muridae gehörig, *Elyomys quercinus*, Eichenmaus, aus der Familie der Gliridae, *Jaculus jaculus*, die

Maus der Pyramiden, zur Familie der Dipoidae gehörig, und viele mehr. Auch die Unterscheidung zwischen »Mäusen« (»kleiner«) und »Ratten« (»größer«), die oft in zoologischen Texten auftaucht, wird unter Biologen nicht einhellig akzeptiert.

Die Familie der Muridae, zu der die »Maus« gehört, teilt sich in dreiundachtzig Gattungen auf, darunter die Gattung *Mus* und die Gattung *Rattus*. Fast alle weisen den Körperbau der Maus auf, aber dieser findet sich auch bei Tieren anderer Familien, wie der der Hamster, Chinchillas, Meerschweinchen und noch weiterer. Außerdem kommt allein die Gattung *Mus* in Italien in über dreihundert Unterarten vor, fast genauso zahlreich sind die der Gattung *Rattus*. Auch die einzelnen Arten haben sich im Laufe der Zeit weiterentwickelt: So unterscheidet sich beispielsweise die »alexandrinische Ratte« des Mittelalters, die als Bringerin des Schwarzen Todes identifiziert wurde, mit einiger Sicherheit von der Art gleichen Namens, die heute die afrikanischen Küsten bevölkert.

Daher bezieht sich der Begriff »Maus« auch in diesem Buch stets auf eine ganze Reihe von Tieren, die alle zur Familie der Muridae und fast immer auch zur Unterfamilie der Murinae gehören. Auf die exakte taxonomische Benennung eines fraglichen Tieres wird nur Bezug genommen, wenn der Kontext eine präzisere zoologische Klassifizierung erfordert.

Zum Schluß möchte ich all denen danken, die mir bei der Abfassung dieses Buches durch Informationsmaterial und fachlichen Rat geholfen haben: Dr. Ciro Bandoni, Prof. Maria Barbera und Dr. Giuliana Cimino vom Paläontologischen Institut der Universität »Federico II« in Neapel; Dr. Mariano d'Antonio, Lektor an der Sorbonne in Paris; Frau Antonia Paglia; Dr. Giulio Perna; Dr. Claudio Procaccini; Dr. Diego Urbani, technischer Direktor der Firma Zucchet S.p.A.

Besonderer Dank gebührt Dr. Mauro Cristaldi vom Institut für Tier- und Menschenbiologie der Universität »La Sapienza« in

Rom für seine wertvollen Ratschläge und das hochinteressante, zum Teil noch unveröffentlichte bibliographische Material, das er mir zugänglich machte, sowie Dr. Donato Greco, Leiter des epidemiologischen Labors der Hochschule für Gesundheitswesen, für seine ausgezeichneten Vorschläge und die kritische Lektüre des Kapitels über die Pest.

Für meine lieben Freunde Umberto Oreste, Elvira Satriano und Gigi Gravagnuolo, die mich bei der Entstehung des Buches begleitet und unschätzbare Ratschläge und methodologische Hinweise beigetragen haben, fehlen mir die Worte.

MENSCHEN UND MÄUSE

Herren des Abgrunds

Eine Legende sagt, Buddha habe eines Tages alle Tiere der Schöpfung um sich versammeln wollen, und zu dem Zwecke habe er jedem, in seiner allmächtigen und wunderbaren Sanftheit und Güte, eine Belohnung versprochen. Da der Verstand der Tiere von den Sorgen des Augenblicks getrübt war, lehnten fast alle die Einladung des göttlichen Meisters ab. Nur zwölf Tiere erschienen, und als erstes kam die Ratte.[1] Als Dank für ihr Erscheinen bot Buddha jedem der zwölf Tiere ein Jahr an: Von nun an sollte jedes Jahr einem von ihnen gewidmet sein, dessen Namen und Gepräge tragen und zu allen Zeiten den Charakter und das Verhalten der in diesem Jahr geborenen Menschen beeinflussen. Das erste war das Jahr der Ratte, das sich fünfundzwanzig Jahrhunderte lang alle zwölf Jahre wiederholen sollte und die »Ratten-Menschen« mit Schlauheit, scharfer Intelligenz, Erfindungsgabe, Emotionalität und Vorsicht ausstattete, gepaart mit – vielleicht übertriebenem – Selbstvertrauen, Eifersucht, starkem Sexualtrieb, Gefräßigkeit, Knausrigkeit sowie momentaner Verschwendungssucht, Zerstörungstrieb und Intuition.[2]

Die Ratte oder Maus ist ein Tier mit *Yin*-Tendenz und ein Archetypus in den Religionen des Fernen Ostens: Sie kommt aus dem Norden und gehört zur Wintersonnwende, sie lebt dreihundert Jahre lang und wird weiß, wenn sie die Hundert überschritten hat. Diejenigen, die ihr Achtung entgegenbringen, beschenkt sie verschwenderisch; sie stellt allgemein ein Symbol von Reichtum und Wohlstand dar (Mäuse halten sich nie in Häusern mit spärlichen Vorräten auf), doch ist es schwer, in ihr Reich zu gelangen, denn sie ist auch Herrscherin dunkler Mächte, der Unterwelt. Als Symbol nächtlicher, heimlicher Aktivitäten steht die

Maus/Ratte sowohl für Angst als auch für Gier, aber wer sie nicht fürchtet, den beschenkt sie mit ihrer größten Gabe: dem zweiten Gesicht.[3]

In der japanischen Mythologie sitzt eine Maus prächtig geschmückt neben Daikoku, dem Gott des Reichtums, in Sibirien ist die Maus ein Sinnbild des Wohlstandes, und in Indien dient das winzige, mäuseartige Wesen Muskaka der gierigen und schlauen Gottheit Ganesha als Reittier. Ganesha ist halb Mensch und halb Elefant, er repräsentiert den Ruf der spirituellen Mächte, er ist Beherrscher der Hindernisse des Lebens, über die er die Menschen führt, um sie durch ihre Überwindung zu stärken. Muskaka dagegen ist eine Art Luzifer, der die scheinbar feindlichen Mächte jedoch nicht bekämpft, sondern sie sich nutzbar macht, indem er sie preist und auf seine Seite bringt; er ist ein Geist des Widerspruchs, der einen Suchenden zur Klarheit und zur gnadenlosen Zerstörung aller Trugbilder[4] zwingt, indem er ohne Zögern die Wahrheit verschleiert oder ihn auf Abwege führt. Die indische Provinz Rajahstan ist der einzige Ort auf der Welt, an dem auch heute noch Mäuse und Ratten geschützt, gefüttert und verehrt werden, nämlich im Tempel von Desmoke, der Karniji geweiht ist, der Göttin der Sänger und der Mäuse.[5] Nach indischer Auffassung sind auch die Ratten nur eine der unzähligen Manifestationsformen der Lebensenergie, und die Ratte besiegt sogar Yana, den Gott des Todes, durch ihre außerordentliche Vermehrungsfähigkeit.

Es gibt viele Legenden über die Anwesenheit der Ratten und Mäuse im Tempel. Eine davon erzählt, daß Karniji, die Schutzpatronin der *charani*, der Sänger der Heldentaten der Krieger, diese in Mäuse verwandelte, wenn sie sich beim *tragu*, dem kollektiven Selbstmord der Priester, das Leben nehmen mußten. Die *charani* trugen keine Waffen, obwohl sie beim Kampfgeschehen stets dabei waren: Sie gingen den Kriegern auf das Schlachtfeld voraus, sie waren die ersten, die belagerte Festungen verließen, und sie boten sich als Geiseln an, die die Einhaltung von feierlich geschworenen Pakten garantieren sollten. Wurde der Vertrag verletzt, blieb den *charani* nur der kollektive Selbstmord. Ihre Autorität war an die Furcht gekoppelt, die jemand, der den Schwur brach, vor dem Fluch des Himmels haben mußte, weil er durch seinen Treuebruch unschuldiges Blut vergossen hatte. Wenn er sich beim *tragu* tötet, ergibt der *charani* sich dem Gott des Todes. Und hier setzt die Legende ein: Die Schutzgöttin verwandelt ihn in eine Maus, in ein geringes, aber unausrottbares, also unsterbliches Wesen.[6]

Der Mäusekult ist jedoch nicht auf den Orient beschränkt. Man findet ihn auch bei den slawischen Völkern, in Griechenland, auf Sizilien, bei den nordamerikanischen Indianervölkern. Im mediterranen Raum wurde Apollo Smintheus jahrhundertelang als der Gott der Mäuse verehrt. In seinen Tempeln waren diese Tiere Gegenstand der Verehrung und wurden als Mittler zwischen Menschen und Göttern gezüchtet; wenn besonders weiße Mäuse sich dann stark vermehrten, wurde dies als Zeichen zukünftigen Wohlstands angesehen.*

Überall versuchte man, aus dem Verhalten der Mäuse Vorhersagen zu lesen. Giacomini zitiert in seinem Buch über Mäuse und Ratten Cicero[7], der sich gegen die Ausbreitung dieses Aberglaubens empört, denn wenn man den Mäusen Bedeutung beimesse, folge daraus, daß man um die Sicherheit der Republik fürchten müsse, weil Mäuse bei ihm zu Hause seine Schrift über den Staat angenagt hätten, und weil sie auch Epikurs *Über die Lebensfreude* angefressen hätten, müsse man eine Verteuerung der Lebensmit-

* M. Dansel, *Nos frères les rats*, Paris (Fayard) 1977, S. 173. Apollo Smintheus, der vor allem auf Rhodos verehrt wurde, bestrafte seinen nachlässigen Priester Crinime, indem er ihm Legionen von Mäusen auf die Felder schickte, die er nach und nach mit seinen Pfeilen erlegte. Auch in der Illias finden wir die Legende von Apollo Smintheus, der, ebenfalls mit seinen Pfeilen, Troas von der Geißel der Mäuse befreite. Vgl. D. Cinti, *Dizionario mitologico*, Mailand (Sonzogno) 1989, S. 78 u. 276.

tel befürchten. Dem stimmt Cato[8] zu, der sich sarkastisch über Calpurnius äußert, weil dieser in der Tatsache, daß Mäuse seine Schuhe angenagt hatten, ein verhängnisvolles Zeichen sah. Cato fragt, was daran so erstaunlich sei, daß Mäuse die Schuhe gefressen hätten. Erstaunlich wäre es nur zu nennen, wenn die Schuhe die Mäuse gefressen hätten.

Doch woher stammt nun die Verehrung für diese Tiere?

Vor allem ist es ihre bereits in der Antike bekannte erschreckende Vermehrungsfähigkeit, die die Mäuse zum Sinnbild der Sexualität erhob. Dafür gibt es eine Vielzahl von Belegen: Aristoteles[9] berichtet zum Beispiel, er habe einmal ein trächtiges Mäuseweibchen gefangen, in welchem er, nachdem er es getötet und aufgeschlitzt hatte, einhundertzwanzig Junge gefunden hatte; zwei davon seien Weibchen gewesen, selbst schon wieder trächtig. Nach Meinung der alten Griechen genügte es außerdem, daß Mäuseweibchen Salz leckten, um trächtig zu bleiben.[10] Die Auffassung von Mäusen als Symbol für Sexualität und Fortpflanzung ist bis in unsere Zeit überliefert, denn in den Dialekten vieler Sprachen sind zahlreiche Ausdrücke und Redewendungen lebendig, die sich auf Mäuse oder Ratten beziehen und eine sexuelle Bedeutung haben. Oft beschränken sich die sexuellen Konnotationen jedoch nicht auf die Fruchtbarkeit, sondern erwecken eine dunkle Vorstellung von der »unterirdischen« Seite der Sexualität, eine unerträgliche Vorstellung von Durchdrungenwerden, Angst vor etwas Schlüpfrigem und Verdorbenem. Eine kürzlich in den Vereinigten Staaten durchgeführte Untersuchung spiegelt diese Angst wider: 73% der Befragten nannten unter den fünf größten Ängsten, die sie plagten, die höchst unwahrscheinliche Möglichkeit, daß sie von einer aus der Kanalisation hinaufgekrochenen Ratte angegriffen werden könnten, während sie auf der Toilette sitzen.[11]

Mäuse, aber vor allem Ratten, sind allgemein Auslöser atavistischer Ängste. Das spezifische Aussehen dieser Tiere, zugleich röhrenförmig und eiförmig, fellbedeckt, glatt und dunkel, verweist sowohl auf die mütterliche Vagina als auch auf den väterlichen Penis: Freud hat dazu einige denkwürdige Seiten geschrieben.[12] Freud ist es auch, der noch auf einen weiteren Symbolaspekt von Mäusen und insbesondere kleinen Mäusen aufmerksam gemacht hat, nämlich den eines liebenswerten und schutzlosen Wesens, eines Kindes oder überhaupt einer geliebten Person.[13]

Ein großer Teil des Reigens an Legenden, der die Mäuse seit Urzeiten umgibt, gründet sich auf der außergewöhnlichen »Intelligenz« dieser Tiere. Viele Redewendungen[14] spielen auf ihre Schlauheit und Durchtriebenheit an, und die Anekdoten über verblüffende übersinnliche Fähigkeiten sind kaum zu zählen: Mäuse, die ein Gebäude kurz vor dessen Zusammensturz verlassen, die bei Annäherung eines Erdbebens aus ihren Löchern fliehen und die auch noch die sichersten Speisekammern plündern können.[15] Die Menschen haben nebenbei immer die besonderen Fähigkeiten, die Mäuse beim Entleeren von Vorratskammern an den Tag legen, bewundert. Plautus[16] notiert betrübt, daß die Maus ein äußerst listiges Tier sei, das sich mehrere Löcher und Ausgänge baut, um nach Plünderung der Speisekammern um so schneller einen Zufluchtsort erreichen zu können.

Obwohl im Grunde ein Einzelgänger, zögert die Maus nicht, sich mit anderen zu verbinden, wenn es einen Raub zu begehen gilt. Der Transport von erbeuteten Eiern (der die Menschen seit Jahrtausenden in Entzücken versetzt) ist ein schönes Beispiel für eine perfekt organisierte Verbrecherbande: Die erste Maus hält das Ei fest zwischen ihren Pfoten, um sich dann mit Schwung auf den Rücken zu drehen, woraufhin eine zweite Maus ihren Schwanz zwischen die Zähne nimmt und sie zum Mauseloch zieht.

Sicher ist es kein Zufall, daß im Italienischen die Mäuse als Diebe und die Diebe oft als Mäuse (topi) bezeichnet werden.

Auch der Name *rattus** stammt von dem lateinischen *raptus*, was Raub bedeutet, während die Bezeichnung *mus* (von der eben auch »Maus« sowie Muridae und Murinae abstammen) sich aus *muisen* herleitet, ein Wort aus einer alten Sprache, die auf der heutigen Krim gesprochen wurde, welches »etwas nehmen, ohne bemerkt zu werden« oder »leise fragen« bedeutet.

Doch für die Aufmerksamkeit oder in vielen Fällen auch die Verehrung, die der Mensch zu allen Zeiten gegenüber den Mäu-

* Nach Bourdon de Saigrais (*Histoire des rats pour mieux servir a l'Histoire universelle,* Paris 1738, S. 23) ist der Ausdruck *rattus* auch der Ursprung der französischen Verben *raser* (zerstören) und *ratiser* (verderben, abnagen, ergreifen). Nach Dansel (a a. O., S. 50) stammt die französische Bezeichnung *rat* von den niederbretonischen Wörtern *ract* oder *raz* , die onomatopoetisch das Nagegeräusch wiedergeben. Die Wurzel *rat* finden wir auch in den entsprechenden Worten für das Tier im Sanskrit, im Griechischen, Deutschen und Arabischen (ibid). Im Pikardischen hat sich möglicherweise aus *rat* das Wort *rot* gebildet, welches »Dorf« bedeutet.

Nach Aldrovandi (*De quadrupedis digitatis viviparis*, in: M. Cristaldi, *Notizie storiche sui roditiori*, Rom 1982, S. 39) hat die Bezeichnung *mus* ihren Ursprung darin, daß die Mäuse aus sich zersetzender Materie (*humus*) geboren werden; Plinius tauft die Maus neu auf den Namen *Mus musculus*, weil ihre Bewegungen an den Bizeps der Armmuskeln erinnern (G. Plinius Secundus, *Historia Animalium*, in: Cristaldi, a. a. O., S. 38).

Für Hesekiel von Milet stammt *mus* aus dem griechischen σμίνυος, woraus σμυς und schließlich *mus* wurde, eine Bezeichnung Apollons bei den Thrakern (Hesekiel von Milet: *Cronaca universale*, in: Cristaldi, a.a.O., S. 39); nach D. E. Carr (*Il crudele banchetto della vita,* Mailand (Mondadori) 1972, S. 136) dagegen entstand *mus* aus dem Sanskrit-Wort *musha*, welches »Dieb« bedeutet.

Der lateinische Begriff *sorex* (Spitzmaus), Ursprung des heutigen italienischen Wortes *sorcio*, könnte ebenfalls aus einer Nachahmung der Nagegeräusche enstanden sein oder aus dem griechischen Wort σορόν, das »Verrottung« bedeutet (Cristaldi, a. a. O., S. 38).

Die italienische Vokabel *topo* (Maus) leitet sich aus einer Verschleifung des lateinischen Ausdrucks *talpa* her, welcher eine allgemeine Bezeichnung für alle Vertreter der Familie der Talpidae ist (G. Mantinera, *Enciclopedia degli animali*, Bd. IV, Mailand (Idea Libri) 1979, S. 38).

sen zeigte, kann es noch ganz andere Motive geben. Wenn die Maus als heiliges, als sakrales Tier bezeichnet wird, muß man bedenken, daß das Adjektiv *sacer* zwei Bedeutungen hat: Es bezeichnet sowohl etwas Heiliges als auch etwas Verdammenswertes, und hinter jedem Mysterienspiel steckt auch etwas Beunruhigendes.

Die Rede ist von den Epidemien.

Es ist möglich, daß die Menschen der Antike den Zusammenhang zwischen den Nagern und Krankheiten wie Pest, Salmonellenvergiftung und Leptospirose schon entdeckt hatten. Über diesen Punkt sind sich die Historiker nicht einig, und die überlieferten Texte können die Zweifel auch nicht zerstreuen. Hier und da jedoch findet man Legenden, Traditionen und andere Zeugnisse, die das Vorhandensein eines gewissen Bewußtseins (das allerdings im Mittelalter verlorenging) von den gesundheitlichen Gefahren, die von Mäusen und Ratten ausgehen, zu bestätigen scheinen.[17]

Aber mehr als von den Epidemien schien die heilige Furcht vor den Mäusen von den Verheerungen herzurühren, die die Nager bei den Ernten anrichten konnten: Im ersten Jahrhundert unserer Zeitrechnung wurde die Gemeinde von Cosanum (in der Gegend des heutigen Orbetello) durch Mäuse und Ratten dem Hunger ausgeliefert; im Jahr 1622 wurden die Felder der Toskana verwüstet; 1693 die des römischen Hinterlandes; 1861 gab es in Hessen eine durch Mäuse verursachte Hungersnot; 1911 war die Provinz von Foggia an der Reihe … und dies sind nur einige ausgewählte Höhepunkte aus den zahlreichen »Jahren der Mäuse«, Perioden, in denen sich die Populationen der Nager plötzlich vervielfachten, ja fast verhundertfachten.[18] Die historischen Chroniken sind voller Berichte von Überfällen auf die Kornkammern durch Heerscharen ausgehungerter Nager, von ganzen Tälern, die verwüstet wurden, und von brutalen Treibjagden, die von den verzweifelten Bauern organisiert wurden.[19] Aus dieser Sicht betrachtet, zeigt die alte Ehrfurcht der Menschen vor den Mäusen ihre unheilvolle

Seite. Die Johannisfeuer, die undenkliche Zeiten lang in Europa Brauch waren, stellen eine Sakralisierung dieser Ängste dar.

Am 24. Juni wurden Feuer für eine grausame Zeremonie entzündet: Weidenkörbe mit lebenden Tieren wurden in die Flammen geworfen. Dieser Brauch, der noch bis vor wenigen Jahrzehnten in den ländlichen Gebieten Europas lebendig war, geht wahrscheinlich auf die Druiden und sehr alte heidnische Traditionen zurück und hängt mit den Fruchtbarkeitskulten der Großen Mutter und eventuell auch mit denen der Kybele[20] zusammen. Bedeutsam ist dabei, daß die geopferten Tiere sämtlich Mäusejäger sind: Füchse, Schlangen, Eulen und – vor allem – Katzen. Kein einziger Kult in ganz Europa sah die Opferung von Mäusen oder Ratten vor, dabei waren diese Tiere auf dem Land und in den Städten zu allen Zeiten reichlich vorhanden. Auf der Insel Bali dagegen kommt ein solcher Opferbrauch vor, aber ihm folgt eine beredte Zeremonie. Die die Reisfelder verheerenden Mäuse werden in großer Zahl gefangen und verbrannt, wie sonst Leichname verbrannt werden; doch zwei Mäuse werden geschont und erhalten ein Päckchen weißes Leinen als Geschenk. »Dann verbeugen sich die Menschen vor ihnen wie vor Göttern und lassen sie laufen.«[21]

Da die Menschen wußten, daß sie die Mäuse nicht ausrotten konnten, blieb ihnen nichts anderes übrig, als an ihr Erbarmen zu appellieren, wie eine alte griechische Abhandlung[22] über Landwirtschaft dem Bauern rät, der sich der Mäuse entledigen will: »Nimm ein Stück Papier und schreib darauf folgendes: ›Ich beschwöre euch, ihr Mäuse, die ihr hier anwesend seid, daß ihr weder mir schadet noch duldet, daß eine andere Maus dies tut. Ich gebe euch jenes Feld drüben (hier bezeichne man das Feld näher); sollte ich euch aber jemals wieder hier fangen, bei der Mutter aller Götter, ich werde euch in sieben Stücke reißen.‹ Schreibe dies und stecke das Papier auf einen unbehauenen Stein auf dem Felde vor Sonnenaufgang. Sieh zu, daß die beschriebene Seite nach oben zu liegen kommt.«

Ein Sinnbild der Zeit

Ein Tier, das derart fest in der kollektiven Vorstellung verwurzelt ist, konnte die großen monotheistischen Religionen, die sich vor vielen Jahrhunderten um das mediterrane Becken herum formierten, nicht gleichgültig lassen. Schon in der Bibel finden sich Flüche gegen die Maus, und die feindliche Einstellung der katholischen Kirche gegenüber diesen Tieren datiert sehr weit zurück.[1] Bourdon de Saigrais[2] überliefert eine Sage, nach der die Götter aus Furcht vor den rebellierenden Giganten nach Ägypten flüchteten und sich dort in Tiere verwandelten: »Momo wurde ein Affe, Apoll ein Rabe, Bacchus ein Ziegenbock, Vulkan ein Kalb und Pan eine Maus.« Höchstwahrscheinlich ist die Verwandlung der Götter als eine Wiederaneignung der Symbolkraft der Tiere zu sehen, die einigen Figuren der griechischen und mediterranen Mythologie Leben verliehen hatte: Vielleicht rührt die Aversion der katholischen Kirche gegen die Maus von ihrer Verbindung mit dem Gott Pan her.[3] In der christlichen Ikonographie gibt es in der Tat viele Darstellungen von Mäusen. Eine der berühmtesten ist im *Buch der Kelten* enthalten, einem auf das zehnte Jahrhundert zurückgehenden Hauptwerk der irischen religiösen Kunst, in dem eine Miniatur einige Mäuse zeigt, die eine geweihte Hostie annagen. Vermutlich symbolisiert die Hostie die christliche Welt, die von Mäusen verschlungen wird, das heißt von den aus Nordeuropa kommenden Heiden, die die irischen Klöster plünderten. Andererseits ist es auch möglich, daß die Mäusesymbolik in diesem Buch wesentlich ältere und verborgenere Bedeutungen umfaßt.[4]

So, wie die katholische Kirche versuchte, die Mäuse zu verfolgen (im fünfzehnten Jahrhundert wurden sie sogar vom Bischof von Autun exkommuniziert[5]), bemühte sich auch die weltliche

Macht, etwas gegen die von den Nagern verursachten Verwüstungen zu unternehmen: Im sechzehnten Jahrhundert wurde ein Prozeß gegen die Mäuse angestrengt, der wegen der Rolle, die der große Jurist Bartolomeus Chassenée, Advokat am Hofe Königs Franz I., dabei spielte, in die Geschichte einging.*

Aber die Gestalt der Maus (und auch der Ratte) ist zu vielschichtig, als daß man sie auf die Rolle des Antichristen oder einer »bösartigen Ausformung« der Natur an der Seite der Würmer und Heuschrecken festlegen könnte.

Zum Beispiel gibt es viele Märchen und Fabeln, in denen die Maus einen positiven oder entscheidenden Beitrag zur Handlung liefert. Oft verkörpert sie den Geist eines Ahns, der der Hauptperson von jenseits des Grabes zur Hilfe eilt – man braucht nur an die uralten Märchen von der Babajaga oder vom Aschenputtel zu denken, in denen die Mäuse der Heldin helfen, sich von einem unglücklichen Schicksal zu befreien.

Darüber hinaus wird die Allgegenwart der Maus in vielen Kulturen und Traditionen als ein Zeichen der Unsterblichkeit ange-

* In diesem wegen Vernichtung der Ernte gegen die Mäuse angestrengten Prozeß wurde Chassenée gegen seinen Wunsch als »Pflichtverteidiger« der Angeklagten nominiert. Er begann die Verteidigung mit einem geschickt geführten Wortgefecht, indem er behauptete, daß alle Mäuse der Diözese vor Gericht erscheinen müßten, da man nicht genau wisse, welche von ihnen die wahren Verantwortlichen für die Zerstörung seien. Das Gericht müsse folglich alle Mäuse der Diözese, die bei der nächsten Anhörung nicht erschienen, durch eine Bekanntmachung vorladen lassen. Der kluge Chassenée versicherte, daß diese aus Angst vor den Katzen, die zum Teil den Bauern gehörten, die die Klage gegen die Mäuse vorgebracht hatten, ihre Löcher nicht verließen: In solchen Fällen sähe das Gericht vor, daß besagte Individuen auf ihrem Hin- und Rückweg zum Gericht zu ihrem Schutz eskortiert werden müßten; ihre Feinde jedoch (also die Katzen oder ihre Besitzer) müßten eine beträchtliche Summe als Kaution hinterlegen, die sie verlören, wenn die Angeklagten auf ihrem Weg belästigt würden. Die Klage wurde schließlich zu den Akten gelegt und die Mäuse freigesprochen. (aus P. Krachmalnicoff, *Magia degli animali*, Mailand (Mondadori) 1980, S. 23; siehe auch C. D'Addosio, *Bestie delinquenti*, Neapel (Pierro) 1892. S. 66 ff.)

sehen: Zahlreiche europäische Legenden lassen die Seele sich in Form einer Maus manifestieren, und oft wird beschrieben, wie die Seele aus dem Mund eines Sterbenden in Mäusegestalt entweicht.[6]

Aber die Auslegungen, die die Gestalt der Maus im Laufe der Geschichte erfahren hat, gehen noch weit über diese – ebenfalls nicht unwichtigen – Bedeutungen hinaus. In der Hieroglyphenschrift der Zigeuner wird die Maus in Form einer Spirale dargestellt, ein uraltes Symbol, das mit dem des Labyrinths verwandt ist und auf Wiedergeburt, auf den Übergang von der Nacht zum Tag hindeutet.[7]

Der Wechsel von Tag und Nacht ist jedoch nichts anderes als eine Allegorie von Leben und Tod und der Zeit, die vergeht.

Nicht wenige christliche Kirchen sind verziert mit in Stein gehauenen Mäusen, die die Säulen annagen, und dieses Motiv ist wiederum eine Versinnbildlichung der Legende des »Menschen am Abgrund«, die wir im Buddhismus und im Brahmanismus und in dem griechischen Roman *Bàrlaam und Josaphat*, einem bis ins elfte Jahrhundert im ganzen Okzident bekannten Hauptwerk der griechisch-buddhistischen Tradition, wiederfinden. Die Variationen dieser Legende sind kaum überschaubar. Unter anderem versuchte die katholische Kirche sie zu kanonisieren, indem sie Joaasaph (den Schüler) zum Heiligen Joseph machte und die Figur von Bàrlaam (dem Meister) ganz eliminierte, die schon in der arabisch-ismaelianischen Version der Erzählung den Namen Buddha trug.[8]

Aber vertiefen wir uns in die Legende:

Eines Tages fragte der Schüler den Meister nach dem Sinn des Lebens, und der Meister antwortete mit dieser Geschichte. Ein Mann reiste durch die Wüste, als plötzlich ein wütender Elefant auf ihn zuraste. Der Mann floh und lief viele Stunden lang, bis er in der Dunkelheit der Nacht in einen Abgrund stürzte; doch es gelang ihm, sich an zwei Äste zu klammern, während seine Füße sich auf etwas abstützten, das aus der Wand des Abgrunds hervorstand. Als der Morgen kam, sah der Mann, daß die Äste, an denen er sich festhielt, unaufhörlich von einer weißen und einer schwarzen Maus angenagt wurden, daß seine Füße auf den Köpfen von vier Vipern standen und daß auf dem Grund der Schlucht ein Drache mit aufgerissenem Rachen wartete, bereit, ihn zu verschlingen. Doch auf einmal erblickte der Mann an der Spitze der Äste, an die er sich klammerte, ein wenig Honig: Er nahm eine kleine Menge davon in den Mund, und die Süße, die er schmeckte, verschaffte ihm eine solche Lust, daß er nicht mehr an die Mäuse, die die Äste durchnagten, an die Vipern, auf die er sich stützte, und an den Drachen, der ihn zu verschlingen drohte, dachte.

Der Abgrund also – und hier wird die Erzählung zur Parabel – symbolisiert die Welt voller Schlechtigkeit und Herausforderungen, die beiden Mäuse stehen für Tag und Nacht, und ihr Nagen für die dahinschwindende Zeit, die die Existenz verschlingt; die vier Vipern stellen die Säfte des Körpers dar, die sich in tödliche Gifte verwandeln können, der Drache mit aufgerissenem Rachen ist der Tod, der uns erwartet, während der Elefant das Leben bedeutet, das uns zur Flucht zwingt. Der Honig schließlich steht für die Verführbarkeit der Menschen, die sich von der wenigen Freude, die das Leben bietet, blenden lassen.

Die Maus also als Allegorie der Zeit? Welches ist nun die wichtigste Bedeutung, die die Menschen diesem Tier zuschreiben?

»Die Geschichte der Mäuse«, schreibt Michel Dansel, der die Symbolik dieser Nager aufmerksam studiert hat, »ist so eng mit der der Menschheit verbunden, daß sie vielleicht sogar all deren Facetten abdecken kann, die dunklen und die hellen Seiten. Sie kann uns zur Erkenntnis erhabener Wahrheiten inspirieren, uns aber gleichzeitig unser traurigstes und demütigendstes Spiegelbild entgegenhalten: das eines Tieres, das dazu bestimmt ist, zu verschwinden und sich vergeblich durch Dinge und Aufzeichnungen verewigen will, die jedoch selbst vom Zahn der Zeit zernagt werden wie Buchseiten von den Zähnen der Mäuse.

Als mythisches Tier, das sowohl spiritueller Reiseführer als auch hartnäckiger Tischgenosse ist, beherbergt die Maus, die in einer Vielzahl widersprüchlicher Symbolbedeutungen zu versinken scheint, auch eine noch unbekannte. Sie verkörpert eine ständige Anklage, die sich vielleicht gegen uns selbst richtet, eine Larve, die auch heute noch unsere schlechtesten Gedanken in sich verdichtet. Oft verwundert uns die privilegierte Stellung, die dieses Tier in den antiken Zivilisationen innehatte, und wenn wir Abbildungen von Mäusen über den Portalen von Kirchen und Kathedralen entdecken, sehen wir in diesem doppelköpfigen Janus banalerweise nur einen Boten der Hölle. In Wahrheit steht uns kein anderes Tier der Schöpfung so nahe wie die Maus, und die soziale Ordnung der Mäuse stellt einen Abdruck der menschlichen Gesellschaft dar, weshalb ich unsere Verwandten aus dem Schattenreich in diesem Buch wiederholt zur Unterstützung und Verdeutlichung, als dialektisches Instrument und als Transmissionsriemen benutze, um unsere Gesellschaft klarer umreißen zu können.«[9]

Nicht nur Michel Dansel sieht in den Mäusen ein Instrument, die Menschen und ihre Gesellschaft besser verstehen zu können: Die Literaturen aller Länder und aller Zeiten sind voll von fortwährenden Bezugnahmen auf die Tierchen.[10] Aber kann man jemals über diese facettenreichen Lebewesen schreiben, ohne sämtliche Licht- und Schattenseiten unserer Psyche und unserer Kultur auf sie zu übertragen?

Ein Aspekt, der mir bei der Durchsicht der aktuellen Literatur zum Thema auffiel, ist, daß sie sich nicht auf die Maus bezieht, sondern auf *Mäuse*. Man spricht zwar von dem Hund, der Katze, dem Pferd; aber bei den Mäusen wird fast immer der Plural verwendet, als wolle man ihren bedrohlichen Gemeinschaftssinn unterstreichen, als seien sie einander durch einen unberechenbaren Solidaritätssinn verbunden und kämen aus der finsteren Vergangenheit, um die selbstherrliche Isolation, in der der moderne

Mensch seine Existenz aufzubauen glaubt, in Frage zu stellen. In dieser Hinsicht machen die Mäuse uns auch heute noch angst und werden in vielen Büchern mit Ameisen und Bienen in einem Atemzug genannt. Doch in der kollektiven Vorstellung haben diese Insekten im Gegensatz zu den Mäusen einen Sinn und Zweck: die Arbeit. La Fontaine beeilte sich, die Ameisen in den Augen des aufstrebenden Bürgertums zu »adeln«, indem er sie als »Arbeiterinnen der Erde« darstellte, die fleißig, aber auch gnadenlos sind und ihre Freundin die Zikade verhungern lassen, weil sie während ihres kurzen Sommers nur gesungen hat, statt Vorräte zu sammeln. Die Bienen hingegen sind vom Menschen seit jeher glorifiziert worden, der sie, fast wie um sich dafür zu entschuldigen, daß er ihnen den Honig stiehlt, als letzte Zeugnisse eines »Goldenen Zeitalters« betrachtet.

Mit den Mäusen aber ist es anders. Sie produzieren überhaupt nichts, außer weiteren Mäusen. Sie haben keine rigide soziale Hierarchie, die einen Philosophen oder Politiker inspirieren könnte. Sie erfreuen uns nicht mit Gesang, noch liegen sie uns untertänig zu Füßen wie die Hunde. In den Augen der Menschen – vor allem der modernen Menschen – repräsentieren die Mäuse nur noch die blinde Reproduktionskraft einer Natur, die besonders heute als etwas Bedrohliches und Unbegreifliches angesehen wird. Auch darin liegt eine Ursache für die Projektion so vieler Bedeutungen und Ängste auf diese Tiere. Analysieren wir also im folgenden einige »Mäuselektüren«, von der Sage des Rattenfängers zu Hameln bis zur Erfolgsstory von Mickey Mouse.

Eine Musik für die Mäuse

Die Stadt Hameln im Herzogtum Lüneburg in Niedersachsen wurde im Jahr 1284 zur Bühne eines erschütternden Ereignisses: Sie wurde von unzähligen Ratten heimgesucht, so daß die Bewohner sich in ihren Häusern verbarrikadieren mußten. Die Stadträte traten zusammen, um über Maßnahmen gegen die Katastrophe zu beraten. Ein junger Mann namens Hans Bünting machte sich erbötig, gegen gute Bezahlung die Stadt von der Plage zu befreien. Das Angebot wurde sofort angenommen.

Der junge Mann ging also durch die Straßen und spielte dabei auf seiner Flöte, woraufhin alle Ratten erschienen und ihm folgten, auch dann noch, als er in das strudelnde Wasser der Weser stieg, die hinter der Stadt vorbeifließt.

Alle Tiere fanden auf diese Weise den Tod.

Als er seine Mission erfolgreich beendet hatte, begab sich Hans Bünting wieder zum Rathaus, um den versprochenen Lohn abzuholen, doch dieser wurde ihm von den geizigen Ältesten von Hameln verweigert, die statt dessen drohten, ihn ins Gefängnis zu werfen, wenn er auf seiner Forderung bestehen sollte.

Der verspottete Rattenfänger beschloß, sich zu rächen. So lief er noch einmal durch die Straßen von Hameln und spielte auf seinem Instrument, doch diesmal kamen alle Kinder und folgten ihm, wie durch einen Zauber angezogen, und verschwanden für immer aus ihrer habgierigen und engherzigen Geburtsstadt.

Diese Sage hat ihren Ursprung mit einiger Sicherheit in verschiedenen wahren Ereignissen, die vom Volksmund in einer einzigen Geschichte zusammengefaßt wurden.

Die Gestalt des Ratten- und Mäuse-»Verzauberers« war im mittelalterlichen Europa weit verbreitet: Eines der vielen diesbezüglichen Zeugnisse stammt von Olaus Magnus, der von einem Zauberflötisten berichtet, welcher Mäuse mit seiner Musik dazu bringt, seinen Befehlen zu folgen.[1]

Wir können natürlich vermuten, daß der Rattenfänger eine Flöte hatte, die beispielsweise Töne im Ultraschallbereich produzierte, so wie die Pfeifen, mit denen man Hunde ruft, oder daß die Tiere besonders sensibel auf Musik reagieren.* Eine andere Hypothese basiert auf den Massenwanderungen der Lemminge. Diese Nager, die Meerschweinchen ähneln, sind vor allem in Nordeuropa verbreitet und erfahren wie die Mäuse zyklische Bevölkerungsexplosionen: In riesigen Herden verlassen sie ihren ursprünglichen Lebensraum, der ihnen keine Nahrung mehr bietet, und ziehen in rasender Begierde nach neuen, nahrungsreichen Gebieten über Berge, Flüsse und Seen, wobei sie ganze Regionen verwüsten, bis sie durch Entbehrungen und Erschöpfung dezimiert werden. Wenn die Reise sie, wie es häufig vorkommt, ans Meer führt, ist ihr Ende besiegelt, denn bei dem Versuch, auch dieses zu überqueren, ertrinken sie in Massen. Die Dynamik der Lemminge-Populationen ist lange Zeit unerklärlich gewesen, und ihr periodisch auftretender Massenselbstmord hat schon immer

* Man denke nur an die »Tanzmäuse«, die sogar komplizierte Drehungen ausführen können und auch heute noch viele chinesische Haushalte erfreuen. Erzählungen über die Musikalität von Mäusen und Ratten gibt es zur Genüge; hier sei nur eine zitiert: »Eine seiner Schwestern hörte abends im Keller ein singendes Piepen, suchte mit der Laterne und fand eine Waldmaus, die neben einer Flasche Malaga saß, der hereinkommenden Dame freundlich und ohne Scheu ins Gesicht sah und sich in ihrem Gesang nicht stören ließ.« (A. E. Brehm, *Brehms Tierleben. Allgemeine Kunde des Tierreichs*, Bd. 2, Leipzig und Wien (Bibliographisches Institut) 1890, S. 514-15). Ein anderes Zeugnis über das besondere Verhältnis von Mäusen zur Musik findet sich in P. Pasquini, F. Raffaele, A. Ghigni, *La vita degli animali*, Bd. 2, Turin (UTET) 1962, S. 143: »Im Hause der Familie Santi hörten wir ein Trillern, welches mit dem Klang des Pianos fast synchron ging. (...) Da es sich wiederholte, lösten wir ein paar Bretter vom Boden und entdeckten ein Mäuschen, das ganz in seinen ›Belcanto‹ vertieft war.«

Erstaunen hervorgerufen.[2] Es wäre möglich, daß die Stadt Hameln sich auf einer von einer Horde Lemminge eingeschlagenen Route befand und irgend jemand auf die durchtriebene Idee kam, im Zuge der Ereignisse eine »Entrattung« der Stadt anzubieten. Das würde unter anderem erklären, warum die Ratsherren die Bezahlung verweigerten.

Für das Verschwinden der Kinder könnte es mehrere Erklärungen geben. Schon Freud hat darauf hingewiesen, daß die Wortwurzel *rat* in vielen Dialekten germanischen Ursprungs sowohl den Nager als auch ein Kind bezeichnen kann. Diese psychologische und linguistische Gleichsetzung wäre eine mögliche Deutung für diesen Teil der Sage. Eine andere Hypothese, die mir eine recht zufriedenstellende Erklärung zu bieten scheint, hängt mit der Geschichte des Kinderkreuzzugs im Jahre 1212 zusammen: Niklas, ein Junge aus Köln, stellte sich an die Spitze einer Schar von zwanzigtausend Heranwachsenden, um das Heilige Grab zu befreien.[3] Die Mehrheit dieser Kinder wurde von skrupellosen Reedern auf Schiffe nach Alexandria verfrachtet und dort als Sklaven verkauft. Nur eine kleine Minderheit dieses Heeres segelte wirklich nach Palästina, aber eine Serie von Schiffbrüchen vernichtete auch diese kleine Schar junger Kreuzzügler. Das Verschwinden so vieler Kinder könnte das Ereignis sein, das im Laufe der Zeit zum zweiten Teil der Sage verarbeitet wurde.

Doch jenseits dieser brüchigen Rekonstruktionen, die letztlich nur vage Hypothesen sein können, ist die Sage des Rattenfängers mit dem Kult des Pan verbunden, des Gottes der Wälder und der Ziegenherden. Sowohl der Rattenfänger als auch Pan versammeln mit ihrer Flöte Tierscharen um sich. Ich habe schon erwähnt, wie sich Pan, der »antichristliche« Gott par excellence, in der kollektiven Vorstellung des Volkes in eine Maus verwandelte. Die Legende von Hameln könnte daher auch von der Kirche benutzt worden sein, um den Gott Pan auf symbolische Weise zu unterdrücken, da er im Bewußtsein der Landbevölkerung immer noch fortlebte. Im Europa des dreizehnten Jahrhunderts mit seinen häretischen Strömungen war jedes Mittel recht, die Macht der katholischen Kirche zu festigen.[4] In einem ganz anderen Teil der Welt gibt es jedoch eine erstaunliche Parallele: Bei dem nordamerikanischen Indianerstamm der Arikara findet sich eine mindestens tausend Jahre alte Legende von einem Flötenspieler, der die engherzige und armselige Menschheit in die Fluten führt.[5]

Die an Bildern und Symbolen (der Pfeifer, die Ratten, das Wasser, die Prozession etc.) reiche Sage vom Rattenfänger ist in vielen Kunstwerken wiederaufgenommen worden: von Goethes Ballade *Der Rattenfänger* (unter anderen von Schubert und H. Wolf vertont) und Heines *Wanderratten* über den *Krysar* (Die Ballade vom Rattenfänger) von Viktor Dyk und Mozarts *Zauberflöte* bis zum *Krisolow* von Marina Zwetajewa. Verweilen wir einen Moment bei diesem letzten Werk, da es mehr als alle anderen ein völlig neues und beunruhigendes Licht auf die Mäuse wirft.

Krisolow (Der Rattenfänger), geschrieben 1925 in Prag, kann als satirische Dichtung und gegen die Gleichgültigkeit und Unehrlichkeit eines Staates, der seine Versprechen vergessen hat, gelesen werden. Die Parallele zwischen den Ratsherren von Hameln und der wachsenden sowjetischen Bürokratie ist unübersehbar und bescherte der Autorin, die sich ebensowenig wie Majakowski mit der bürokratischen Willkür in der noch jungen Sowjetunion abfinden konnte und sich umbrachte, immer wieder die Zensur. Für Zwetajewa sind der Überfluß an Nahrung in Hameln, das monströse Anschwellen von Reichtum, dem eine völlige Seelenlosigkeit folgt, die Anhäufung und die alles bestimmende Sattheit die Ursachen der Rattenplage. Die Ratten sind die Proletarier, die sich im Herzen des kapitalistischen Systems, in den Reichtümern der Bourgeoisie festgesetzt haben, um sich zu vermehren, zu verbünden und schließlich das gesamte System anzugreifen.[6] Mäuse und Ratten als Umstürzler der sozialen Ordnung – dieses Motiv findet sich häufig in der Literatur. Außerdem wird der Überfall der Nager auf die Getreidevorräte oft mit den Aufständen von Entrechteten[7] gleichgesetzt, und nicht zufällig hat Marx den Maulwurf, einen engen Verwandten der Mäuse, zum revolutionären Subjekt erhoben.[8]

Warum wird den Mäusen und ihren Verwandten auch diese Bedeutung zugeschrieben? Nach Alessi ist allein die Maus unter allen Tieren immer wieder sowohl von der religiösen als auch der weltlichen Macht als zerstörerisches Element der bestehenden Ordnung hingestellt worden.[9] So betrachtet, ist La Fontaine, der die Akzeptanz der Tiere förderte, indem er ihre Durchtriebenheit auf eine Sublimierung der damals gerade entstehenden bürgerlichen Gesinnung reduzierte, ein einmaliges Beispiel in der Literaturgeschichte. Denn es ist wohl ebenfalls kein Zufall, daß die Bezeichnung »Maulwurf« seit den fünfziger Jahren von den westlichen Medien und später auch vom Agententhriller-Autoren John Le Carré für einen kommunistischen Geheimagenten, der sich in das bürgerliche Establishment eingeschlichen hatte, verwendet wurde.

Auch wenn wir die »ideologischen« Konnotationen der Mäuse beiseite lassen, ist es nicht verwunderlich, daß die Vorstellung von unzähligen Nagern, die sich von unseren Abfällen ernähren und sich schrankenlos vermehren können, die Furcht vor einer dunklen Ebene erweckt, die unser soziales Gefüge bedroht.

Mäuse, die unsere Lebensmittel plündern, Mäuse, die fähig sind, ihr Leben für die Gemeinschaft zu opfern, Mäuse als Revolutionäre also.

Aber das sind menschliche Phantasien. Wie alle Parasiten haben auch die Mäuse kein »Interesse« daran, die Quelle ihrer Versorgung zu zerstören, und wären sicherlich höchst erstaunt, wenn sie verstehen könnten, welche Ängste ihre Existenz bei den Menschen auslöst. Doch die Darstellung der Maus als verachtetes Wesen, das auf der untersten Stufe der »Tierleiter« steht, kann auch

Sympathie erwecken und zu sagenhaftem Erfolg führen, vor allem wenn sich Millionen von Menschen mit dieser »untersten Stufe« identifizieren.

Und dieses Phänomen wollen wir nun genauer betrachten.

Die berühmteste Maus der Welt

Die Welt der Comics und Zeichentrickfilme (genau wie die vergangene der Märchen und Fabeln) wimmelt vor Mäusen: Wir kennen Speedy Gonzales und seine Kumpane, Jerry und Tuffy (die eingeschworenen Feind-Freunde von Tom), Mickey Mouse und seine Sippe, Brisby und Feivel etc. Der Grund für dieses häufige Auftauchen von Mäusen liegt außer in der Sympathie, die manche Nager bei den Menschen auslösen, vor allem in der Handlungsstruktur der Cartoons, die – fast alle – auf dem Motiv der Flucht beruhen: Die Flucht der Maus vor der Katze ist ein uraltes Spektakel, das Menschen von jeher fasziniert hat.

Doch warum ist das so? Laut Erich Fromm haben in der modernen Industriegesellschaft die riesigen Städte, die anonymen Massen, die Wolkenkratzer und das Bombardement der Massenmedien den Einzelnen zu einem kleinen, isolierten, von Gefühlen der Angst und der Bedeutungslosigkeit erfüllten Teilchen reduziert, was eine sprechende Bestätigung in der Beliebtheit findet, die bestimmte Zeichentrickfilme genießen. Darin geht es, wenn auch in ständigen Variationen, immer wieder um dasselbe Thema: Ein kleines Wesen, oft eine Maus, wird von einem ungeheuer starken Etwas verfolgt, das droht, es zu töten, zu verschlingen. Das schwächere Wesen flieht und schafft es am Ende, auf die eine oder andere Weise zu entkommen und meist dem Feind noch eins auszuwischen.

Das Publikum wäre nicht bereit, wiederholt den endlosen Variationen des Themas zu folgen, wenn dieses nicht etwas sehr Wichtiges in unserem Gefühlsleben ansprechen würde. Offenbar spiegelt das Bild des kleinen Wesens, das von einem mächtigen und bösartigen Feind bedroht wird, den Zuschauer selbst wider.

So fühlt er sich ebenfalls; mit dieser Situation kann er sich identifizieren. Der Zuschauer durchlebt all seine Ängste und Minderwertigkeitsgefühle und hat am Ende den tröstlichen Eindruck, daß er sich trotz allem retten und den »Feind« sogar besiegen kann.[1] Aber nicht immer ist den Mäusen in Comics dieses positive Schicksal vorbehalten – Art Spiegelmans meisterhaft gezeichnete Juden-Mäuse sind wahrscheinlich die berühmteste Ausnahme.[2]

Unter ihren zahlreichen verschreckten und immer auf der Flucht befindlichen Kollegen ist Mickey Mouse sicher eine Ausnahme. Sie wurde 1928 geboren, und die von ihrem Schöpfer selbst erzählte Geschichte will es, daß der junge, verarmte und beinahe völlig resignierte Walt Elias Disney einst in seiner eisigen Dachkammer saß und nach einer Figur suchte, die ihm zum Durchbruch in der Welt des Zeichentricks verhelfen sollte. Seine einzige Gesellschaft in all dem Elend war eine kleine Maus, die ihm von ihrem Loch aus zublinzelte, wie um ihm Mut zu machen. Ein Verachteter tröstet einen anderen: Auch wenn diese Episode nur Teil einer Legende ist, so diente sie doch vielen dazu, in Mickey – einem Sohn der Großen Depression – ein Sinnbild zu sehen. Diese Maus, die sich tapfer durch alle Abenteuer kämpfte und all die Widerwärtigkeiten meisterte, die sich ihr zuhauf in den Weg stellten, war in einer schwierigen Zeit der amerikanischen Geschichte ein hoffnungsvolles Beispiel. Als uneigennütziger und idealistischer Held war Mickey Mouse eine Vitalitätsspritze für Millionen von Amerikanern, für die der Börsenkrach von 1929 alle Träume zunichte machte, die die Versprechungen des marktschreierischen Kapitalismus geweckt hatten. Sie fanden in dieser Zeichentrickfigur die Ideale und die Dynamik, die den Wiederaufschwung der Roosevelt-Ära kennzeichneten.

Aber auch der, der für immer im Abgrund der Großen Depression versunken war, konnte auf eine Maus als Metapher der Einsamkeit, als armselige Prothese, durch die die eigentlichen Objekte des Begehrens ersetzt werden, zurückgreifen: Die Rede ist von der Maus, bei der Lennie, der Drop-out aus John Steinbecks Erzählung *Von Mäusen und Menschen*, Trost und Zärtlichkeit findet, ein Tier, das ein Sinnbild der Verachtung und der Ausgrenzung ist, unter der auch er leidet, und die ihn seine Reise durch ein darniederliegendes Amerika fortsetzen läßt.[3]

Doch kehren wir zu Mickey Mouse zurück. Innerhalb von drei Jahren nach ihrem ersten öffentlichen Auftritt hatte sie schon verblüffende Erfolge erzielt; es sei hier nur erwähnt, daß die Fanclubs, die ihren Namen trugen, schon 1931 über eine Million Mitglieder zählten, daß sie Kandidat für den Friedensnobelpreis war und daß der Völkerbund es fertigbrachte, ihr als »internationalem Symbol des guten Willens« eine Medaille zu verleihen. Und dieser gute Wille und die Hoffnung, »es zu schaffen, auch wenn wir heute noch ein Niemand sind«, waren es auch, was diese Maus für Millionen von Verarmten personifizierte.

Aber warum Mickey Mouse? Woher stammt die Anziehungskraft dieser Figur? Vor allem von ihrer klaren Individualität, ihrer Betriebsamkeit und – in hohem Maße – von der Tatsache, daß sie eine Maus ist. Wie Fabio Antonini, einer der aufmerksamsten Kenner von Comics und moderner Folklore, zu Recht behauptet, ist Mickey Mouse der Archetypus des Helden. Auch wenn sie nur eine Maus ist, verkörpert sie Rettung und Stärke, Ermahnung und Beruhigung – auch ein geringes Wesen kann ein Held werden.[5] Mickey Mouse ist Kind und Erwachsener zugleich, Tier und Mensch, Instinkt und Vernunft, Held und Hausmann, guter Bürger, der die Freuden der Tafel genießt, und legendäre Persönlichkeit, die sich ohne Zögern und Unsicherheiten in die furchterregendsten Abenteuer stürzt. Mickey hat auch Angst, aber er weiß sie zu überwinden, er wird manchmal von Müdigkeit überkommen, aber nicht von Mutlosigkeit, er ist groß unter der Hülle des Kleinen. Und vor allem ist er auch eine archetypische Retterfigur. Provinziell und kosmopolitisch, heimatverbunden und international, ist Mickey das Ideal des kleinen Mannes. Er kann alles, ist aber auf nichts spezialisiert; er ist kein Gelehrter, kann aber die verwickeltsten Probleme lösen; er ist kein Detektiv, weiß aber die schwierigsten Fälle aufzuklären; er ist kein Pionier, kommt aber in Dschungel und Wüste zurecht – kurzum, er ist eine Maus!

Doch die symbolische Verankerung dieser Maus in der kollektiven Phantasie der Amerikaner, die ihr zum Triumph verholfen hatte, bedingte auch das Abnehmen ihres Erfolgs: Ihre Dynamik löste sich bald in einer braven Huldigung des Status der inzwischen etablierten amerikanischen Mittelschicht auf, der Held wurde ganz bürgerlich und war kein Symbol des uneigennützigen Abenteurers mehr, sondern wurde zum Emblem des tüchtigen und gesetzestreuen Amerikaners, der fest in die sozialen Hierarchien eingebunden ist. In einem fiktiven Interview mit Mickey Mouse[6] bringt der Schriftsteller David Diefendorf diese Wandlung zum Ausdruck:

»Ich habe mich nie für andere Mäuse interessiert. Weder für ihre Probleme, noch für die Überlegenheit ihrer Rasse oder für ihre Politik, weil ich mich nie wirklich als einer von ihnen betrachtet habe. Ich fühle mich nicht einmal als Maus.« Der Niedergang Mickeys ist also unvermeidlich. Im Klima der neuerlichen Opulenz des amerikanischen Kapitalismus ist er gezwungen, die phantasievolle Poesie der unmöglichen Abenteuer aufzugeben und sich in einen scharfsinnigen und belehrenden Privatdetektiv zu verwandeln. Er hört also auf, eine Maus zu sein, und wird zu einem sympathischen und rechtschaffenen Bürger.

Ähnlich wie bei der Transformation Pinocchios von der Holzpuppe zu einem Jungen, wird auch die Anthropomorphisierung des Tieres komplett vollzogen, wodurch die Figur ihre Vitalität verliert, weil die Identifikation mit etwas »Nicht-Menschlichem«, auf das wir unsere Zweifel, Hoffnungen und Ängste projizieren konnten, ausbleibt.

DIE GESCHICHTE DER MÄUSE

Geschöpfe der Nacht

Vor ungefähr sechzig Millionen Jahren kam es auf der Erde zu schlagartigen Veränderungen. In einem relativ kurzen Zeitraum starben fast alle Lebewesen aus, die mehr als fünfundzwanzig Kilo wogen. Es verschwanden die Dinosaurier, die den Planeten einhundertfünfzig Millionen Jahre lang beherrscht hatten, die Plesiosaurier der Küstengewässer und die fliegenden Pterosaurier, es verschwanden sogar die mikroskopisch kleinen Foraminiferen, die flache Gewässer mit ihren spitzenartig fein durchlöcherten Kalkskeletten füllten. Es blieb nur eine abgezehrte Schar von Überlebenden: kleine Säugetiere, Vögel, Krokodile, Schlangen, Schildkröten, Insekten, Weichtiere und alle gegen die Kälte resistenten Pflanzen.

Über die möglichen Ursachen dieser Katastrophe ist schon viel nachgedacht worden – das Zurückgehen der Meere, verstärkte kosmische Strahlung, der Aufprall eines riesigen Meteoriten oder Kometen auf die Erde, eine abrupte Klimaveränderung, ausgelöst durch undurchschaubare Zyklen in der vulkanischen Aktivität unseres Planeten. Vielleicht werden wir nie genau wissen, was geschah.

Sicher ist jedoch, daß die kleinen Säugetiere durch das enge Gitter des Artensterbens schlüpfen konnten und sich in einer neuen Welt fast ohne natürliche Feinde wiederfanden. Die Katastrophe hatte dieser Sorte Tiere – also auch den Mäusen – den Weg für die Eroberung der Erde geebnet.[1]

Der Entwicklungsweg der Säugetiere begann im Perm, vor circa zweihundertfünfzig Millionen Jahren, als einige kleine und mittelgroße Reptilien Eigenschaften entwickelten, die es ihnen erlaubten, eine reichhaltige ökologische Nische zu besetzen: Sie konnten während der Nacht, wenn sie vor den großen, fleischfressenden Reptilien (die tagsüber aktiv waren) sicher waren, Insekten und kleine Wirbeltiere jagen. Um nachts jagen zu können, mußten diese Tiere allerdings mit einem völlig anderen thermoregulatorischen System ausgestattet gewesen sein als die Reptilien, die wir heute kennen; letztere sind nämlich Kaltblüter, das heißt ihr Leben hängt von den Temperaturbedingungen ihrer Umwelt ab (nicht zufällig bevölkert der größte Teil der existierenden Reptilien vor allem die tropischen und subtropischen Gebiete).[2] Die Protosäugetiere müssen jedoch einen Stoffwechsel besessen haben, der den heutigen Warmblütern, also Säugetieren und Vögeln, zumindest ähnelte.

Doch sich durch die kalte Nacht zu bewegen, brachte neben der Produktion und Erhaltung der Körperwärme zahlreiche andere Probleme mit sich. Zur Verbesserung jener Funktionen, die mit der nächtlichen Jagd zusammenhingen, veränderten sich auch Form und Physiologie der Körper. Was die Sinne betraf, genügte zum Beispiel das Sehvermögen allein nicht mehr, um eine erfolgreiche Jagd zu garantieren, also verfeinerten sich das Gehör, der Geruchs- und der Tastsinn. Der lange und dicke Schwanz (den die Reptilien von den Fischen geerbt hatten) wurde immer unbequemer und ließ vor allem zu viel kostbare Körperwärme entweichen: Daher wurden solche Protosäuger selektiert, die einen immer weniger imposanten Schwanz besaßen und ein stets ausgewogeneres Verhältnis zwischen Körpermasse und Körperoberfläche. Die Körperformen veränderten sich nach und nach und wurden untersetzter. Um die von der Nachtkälte betäubten Insekten jagen zu können, mußten die Protosäuger außerdem eine Jagdtechnik entwickeln, die sich von der zeitgenössischer Reptilien, die darin bestand, unbeweglich auf die Beute zu warten und sie dann einfach mit den Krallen, der Zunge oder dem Maul zu packen, völlig unterschied: Sie mußten sich auf der Suche nach Nahrung bewegen, und das bedeutete, daß ihr Organismus in der Lage sein mußte, eine kontinuierliche Fortbewegung aufrechtzuerhalten. Diese Tiere besaßen folglich einen anderen Energiehaushalt, denn Bewegung kostet wesentlich mehr Energie, als in starrem Zustand zu verharren.

Während die Reptilien, die wir heute kennen, eine langsame und wenig effiziente Verdauung haben, mußten die Protosäugetiere ein ganz anderes Verdauungssystem besitzen, welches sich mit der Zeit dahingehend verändert hatte, daß in möglichst kurzer Zeit ein Maximum an Energie aus den aufgenommenen Substanzen bezogen werden konnte. Der Energiebedarf der Muskeln ist jedoch ungleichmäßig, so daß sich ein Stoffwechselsystem perfektionierte, mit dem Energie gespeichert und wieder freigesetzt werden konnte. Es bildeten sich Zellen zur Fettansammlung, die Leber wurde größer und funktionaler, und dadurch veränderte sich auch der gesamte Blutkreislauf und erlaubte einen schnelleren Austausch von Stoffen. Bei kaum einem der heute existierenden Reptilien besitzt das Herz die Fähigkeit, arterielles von venösem Blut zu trennen, weshalb sie nie eine hohe Sauerstoffsättigung des Blutes erreichen können. Bei den Säugetieren hingegen erlaubt die Trennung von venösem und arteriellem Blut ein höheres Oxydationsniveau, was wiederum die Aufrechterhaltung einer höheren Körpertemperatur ermöglicht und eine schnelle Energieaufnahme garantiert. Wo es mehr Energie zu verbrennen gibt, wird auch mehr Sauerstoff verbraucht, und es entstehen in der Folge mehr Abfallprodukte: also entwickelte sich das Atmungssystem in bezug auf Größe und Leistungsfähigkeit fort und ebenso das Ausscheidungssystem.[3]

Die Erhöhung des Stoffwechsels konnte nur positive Auswirkungen auf die Evolution des Gehirns und seiner Leistungsfähigkeit haben. Mit der Entwicklung des gesamten Organs wuchs bei den Protosäugern auch das Neopallium oder die Großhirnrinde, der Teil des Gehirns, dem die Intelligenz zugeschrieben wird. Dieses begann sich mehrfach in sich selbst zu falten, wodurch auf kleinem Raum eine immer größere zerebrale Oberfläche entstehen konnte und eine enorme Entwicklung der zentralen geistigen Verarbeitungsfunktionen begünstigte, die schließlich die unbewußten, automatischen Systeme der Peripherie überwogen. Bei den Protosäugern muß sich also jener Prozeß ungeheuer beschleunigt haben, welcher in der tierischen Evolution zu einer fortschreitenden Ersetzung von Angeborenem durch Erworbenes, von Instinkt durch Lernen geführt hat.

Bei den weniger hoch entwickelten Arten werden fast alle Verhaltensweisen von den in der DNA kodifizierten genetischen Charakteristiken diktiert. Dadurch wird im allgemeinen von den ersten Lebensmomenten eines Tieres an ein gewisses zweckgerichtetes Verhalten sichergestellt: Es weiß bereits, was es »zu tun hat«, ohne daß es ihm zuerst beigebracht werden muß.[4]

Es ist wahrscheinlich, daß mit den Säugern das revolutionäre Konzept des Lernens seinen Einzug in die Tierwelt hielt: Mit dem weiblichen Tier, das seine Jungen pflegt und säugt, beginnt der erzieherische Prozeß. Hier hat der psychologische Graben zwischen den ganz vom Instinkt kontrollierten Tierarten und denen, die die Fähigkeit des Lernens besitzen, seinen Ursprung. Ein Reptil, wie wir es heute kennen, braucht sich nicht mehr um das Schicksal seiner Eier zu kümmern, wenn es sie einmal abgelegt hat, denn die ausschlüpfenden Jungen können fast immer zurechtkommen. Bei einem Säugetier ist das anders: Es wirft Junge, die alleingelassen und schutzlos nicht überleben können, und die umsorgt, ernährt und also erzogen werden müssen. Erziehung und Lernen sind von grundlegender Bedeutung, um sich auf Veränderungen einstellen zu können, um überleben zu können, wenn der gewohnte Lebensraum eine massive Wandlung erfährt. Wenn eine Tierart sich einmal zu einem großen Teil aus dem Gefängnis der in der DNA kodierten Verhaltensweisen befreit hat, hat sie die Möglichkeit, eine große Zahl ökologischer Nischen zu nutzen, die die Natur zur Verfügung stellt. Diese Tiere sind unabhängiger von den Umweltbedingungen, sie sind »anpassungsfähig«.[5]

Solche tiefgreifenden Veränderungen wurden durch unzählige »Kurskorrekturen« erzielt, durch die Summierung »positiver« Modifikationen in Millionen von Jahren der von der Umwelt selektierten Mutationen.

Doch obwohl die Entwicklung dieser Eigenschaften sie an die vorderste Stelle der Evolution plazierte, war das Los der Säuger zunächst kein glorreiches. Noch viele Millionen Jahre lebten sie auf einem Planeten, der von Dinosauriern beherrscht wurde, Reptilien von rätselhaften physischen und psychischen Eigenschaften. Es ist schwierig, die ökologischen Bedingungen richtig einzuschätzen, unter denen die ersten Säuger ihren Platz finden mußten; jedoch ist es sehr wahrscheinlich, daß sie die unbedeutende Rolle kleiner nächtlicher Räuber beibehielten, die sie von ihren reptilischen Vorfahren übernommen hatten.

Klein und ausgehungert

Wie sahen diese ersten Säugetiere aus? Die Rekonstruktionen, die man mit Hilfe weniger, hier und da aufgetauchter fossiler Knochenreste vorgenommen hat, lassen der Phantasie viel Raum. Dennoch kennen wir mit einer gewissen Genauigkeit die Gestalt einiger zur Evolutionskette der Säuger gehörenden Tiere namens *Lystrosaurius, Kannemeyeria, Cinognathus, Thrinaxodon, Morganucodon, Meniscotherium* und *Purgatorius* (von dem im folgenden noch die Rede sein wird): Bei ihrer Betrachtung fällt sofort auf, wie die Ausmaße sich mit der Zeit verringert und die Körperformen sich verändert haben; sich vom Gigantismus eines *Dimetrodon* (einer drei Meter langen Rieseneidechse, die ein Bindeglied zwischen Reptilien und Säugern darstellt) immer mehr entfernend, nähern sie sich der Größe und Form einer Maus an.

Für diese Evolution gibt es einen Grund.

Ein kleines Tier verbraucht Energie schneller als ein großes: Das Verhältnis zwischen Körperoberfläche und Körpermasse ist unausgewogener, was einen verhältnismäßig größeren Wärmeverlust bedeutet. Ein kleines Tier hat daher auch eine kürzere Lebenserwartung.[1] Wenn der höhere Energieverbrauch – der typisch für die kleinen Säuger ist – für das einzelne Tier auch ein Handikap bedeutet, so stellt er doch für die Art selbst einen großen Vorteil dar, da er eine Abfolge von vielen Generationen in einer kurzen Zeitspanne garantiert. Das führt zu einer schnellen Selektion von immer besser auf Umweltveränderungen reagierenden Tieren und erleichtert ihre Verbreitung in zahlreiche und unterschiedliche ökologische Nischen.

Doch das Dasein von kleinen Säugern bietet noch einen weiteren Vorteil für die Spezies. Als Beispiel kann uns ein Wesen dienen, das als »das schrecklichste Tier der Erde« bezeichnet wurde: die Spitzmaus (*Sorex araneus*). Gleich dem Kolibri ist das Leben dieser kleinen Maus mit dem gelinde gesagt gierigen Appetit (sie muß jeden Tag eine Nahrungsmenge vom Gewicht ihres eigenen Körpers fressen) eine unaufhörliche besessene Jagd nach Nahrung. Keine Gelegenheit wird ausgelassen, den Hunger zu stillen, und obwohl die Spitzmaus sich hauptsächlich von Insekten ernährt, zögert sie nicht, größere Mäuse zu zerfleischen (nachdem sie ihnen die Augen ausgerissen hat) oder lebende Frösche zu verzehren. Diese unermüdliche Jagdaktivität mußte zur Selektion eines extrem »intelligenten« Tieres führen: Nach dem Menschen ist die Spitzmaus auch tatsächlich das Tier, bei dem das Gewicht des Gehirns im Verhältnis zum Körpergewicht am höchsten ist.*

* Die Gefräßigkeit der Spitzmaus, bei der manche Unterarten ähnlich wie die Kobra ihre Beute durch Gift töten, hat zu vielen Legenden Anlaß gegeben. Bei den Eskimos ist die Überzeugung verbreitet, daß eine aufgestörte Spitzmaus sich auf den Eindringling stürzt und ihn tötet, indem sie sich in seinen Körper bis zum Herzen hineinbohrt. Man erzählt sich von einem Eskimojäger, der, als er einer Spitzmaus begegnete, mehrere Stunden lang unbeweglich wie ein Stein stehenblieb, bis das Tier sich wieder entfernt hatte. Wieder zu Hause, gratulierten seine Freunde sich und ihm ob der bestandenen Gefahr. (D. E. Carr, a. a. O., S. 131. Siehe auch P. Krachmalnicoff, a. a. O., S. 32.)
Die Gefräßigkeit von *Rattus rattus* oder *Rattus norvegicus* ist nicht geringer: In vielen Fällen sind diese Tiere gezwungen, jeden Tag das Äquivalent eines Viertels ihres Körpergewichts zu verschlingen.
Tatsächlich ist das Verhältnis zwischen dem Gewicht des Gehirns und dem Gewicht des restlichen Körpers, durch welches sich die Spitzmaus und der Mensch hervorheben, nicht die einzige Gegebenheit, die zur Messung der »Intelligenz« von Tieren in Betracht gezogen werden muß, auch wenn sie einen wichtigen Parameter darstellt. Zum Beispiel weisen die Hemisphären des Gehirns bei der Spitzmaus (die das kleinste Säugetier der Welt ist) eine völlig glatte Oberfläche auf, und fast die gesamte Hirnschale ist nichts anderes als ein äußerst wirkungsvolles Geruchszentrum: Für eine quasi ausschließliche Jagd auf Insekten (Tiere, deren Verhalten fast immer vorhersehbar ist) ist diese Ausbildung des Gehirns ausreichend. Vgl. J. Goldberg, *L'animale e l'uomo*, Florenz (Sansoni) 1973, S. 16.

Ein seltsames Schicksal bereitete die Natur den Säugetieren. Einerseits zwang sie sie zu einer andauernden und fieberhaften Suche nach Nahrung, andererseits nahm sie ihnen eine Menge wertvoller Zeit, indem sie sie täglich viele Stunden zum Schlafen zwang, eine eigentümliche »Nicht-Aktivität«, die vielleicht nötig wurde, um den Organismus die verbrauchte Energie wiedergewinnen zu lassen und um Gewebe bilden und wiederbilden zu können. Es ist noch nicht klar, welche Konsequenzen der Schlaf für das Leben der Säugetiere mit sich brachte, wir können nur Vermutungen anstellen. Höchstwahrscheinlich determinierte die Notwendigkeit des Schlafs spezifische Verhaltensweisen, wie eine Höhle oder ein Loch zu bauen oder zu besitzen und damit einen scharfen Territorialitätssinn zu entwickeln. Mit dem sich jeden Tag zyklisch wiederholenden Schlaf entstand bei den Säugern vermutlich das Bedürfnis eines eigenen Bereichs, in den sie sich zum Schlafen zurückziehen konnten. Aber der Schlaf ist vielleicht auch die Ursache ihres Sozialverhaltens: Ein Zustand der Ruhe und Erschlaffung tritt zwar zyklisch bei vielen Tierarten auf, doch ihre Wachsamkeit und die Wahrnehmungsfähigkeit für äußere Reize bleiben während dieser Zeit relativ hoch, und es genügt ein ungewohntes Geräusch oder eine ganz leichte Berührung, um das Tier sofort zu wecken. Bei der großen Mehrheit der Säuger jedoch ist der Schlaf von Phasen tiefer Isolation von äußeren Reizen gekennzeichnet; jedes Tier durchläuft also wiederholt einen Zustand äußerster Verwundbarkeit. Bei fast allen Säugetieren, die gejagt werden, zeigt sich eine recht bedeutsame Eigentümlichkeit: Je länger und tiefer ihr Schlaf ist, desto mehr wird ihr Leben von Gemeinschaftlichkeit geprägt. Die Schlafphasen sind bei vielen dieser Tiere aufeinander abgestimmt, wobei jeweils einige abwechselnd nur einen leichten Schlaf schlafen, so daß sie für äußere Reize sensibel bleiben und als Wächter für die gesamte Schar fungieren. Nach einer faszinierenden Theorie hat sich das gesellschaftliche Zusammenleben genau aus diesem Bedürfnis, gemeinsam und von einem Wachtposten geschützt zu schlafen, herausgebildet.[2]

Trotz der revolutionären physiologischen Eigenschaften und Verhaltensweisen, die sie auszeichneten, nahmen die Säugetiere, wie wir bereits gesehen haben, für viele Millionen Jahre nur eine unbedeutende Rolle im Ökosystem ein und waren im Vergleich zu den Reptilien, den wahren Herren des Planeten, auf eine Randexistenz verbannt.

Die allmähliche Zunahme ihrer Bedeutung im Ökosystem ist in erster Linie dem Auftauchen einer neuen Pflanzenart zu verdanken, nämlich den Angiospermen oder Bedecktsamern, zu denen heute eine sehr große Zahl von Pflanzen mit auffallenden Blüten und großen Früchten gehört. Schon im Eozän stellten sie eine reichhaltige Nahrungsquelle für Insekten, Vögel und kleine Säuger dar. Der Nutzen war gegenseitig, denn gleichzeitig verstreuten diese Tiere die Samen auf immer ausgedehnteren Gebieten und sorgten dafür, daß die Pflanzen überall verbreitet wurden. Es ist zudem wahrscheinlich, daß viele Samen beim Durchlaufen des Verdauungstraktes der Tiere durch die Wirkung bestimmter Enzyme im Darm besonders keimfähig wurden, wie es auch heute noch geschieht. Unter den Säugern waren es besonders die Urnager (denen wenige Früchte oder Samen entgingen), die ihren Nutzen aus der Verbreitung und der fortschreitenden Dominanz der Angiospermen zogen. Der Verdauungsapparat der Reptilien war hingegen nicht in der Lage, die in den Angiospermen in hohem Maße vorhandenen Tanninstoffe ausreichend zu verarbeiten: Die schnelle Evolution und Ausbreitung dieser Pflanzen führte nach und nach zu einem Nahrungsmangel für diese Tierklasse und begünstigte gleichzeitig die Entwicklung der »Mäuse«.

Die Ursachen eines Erfolgs

Im Laufe der Jahrtausende erfuhr das Erbgut der Säugetiere krasse Veränderungen. Der größte Teil dieser Mutationen mündete in die Geburt von »Monstern«, Tieren, die nicht überlebens- und fortpflanzungsfähig waren und die aus der Naturgeschichte wieder gestrichen wurden. In manchen Fällen jedoch wurden durch selektierte genetische Mutationen neue Merkmale eingeführt, die es einer Art erlaubten, sich besser in einen Lebensraum einzufügen und darin zu verbreiten. Dies war auch bei den Nagern der Fall, die mit vier kräftigen Schneidezähnen ausgestattet waren.

Das Vorhandensein dieser großen Schneidezähne wäre für die Tiere in einer Umgebung mit vorwiegend warmem und feuchtem Klima ohne Nutzen gewesen, wäre sogar ein Handikap gewesen: Die Flora setzte sich dort hauptsächlich aus Gräsern mit weichem und porösem Gewebe zusammen.

Zu einem gewissen Zeitpunkt jedoch kam es auf unserem Planeten zu einer drastischen Temperatursenkung. Dadurch wurden diejenigen Pflanzen bevorzugt und selektiert, die holzartige Strukturen aufwiesen, weil diese sie vor den Härten des Klimas schützen konnten und es ihnen ermöglichten, Wasser aus tieferen Erdschichten aufzunehmen. Nicht nur der Stengel bzw. Stamm verstärkte sich, auch die Wurzeln, die Äste und sogar die Samen bedeckten sich mit einer dichten Schicht aus fester Zellulose, die sie für die Mehrzahl der Tiere ungenießbar machten. Ein Instrument zu besitzen, mit dem nicht nur die robuste Schutzschicht dieser Pflanzen angegriffen werden konnte, sondern das sich auch nach der unvermeidlichen Abnutzung schnell regenerierte, hätte es also einem Tier gestattet, mit größerer Leichtigkeit an Nahrung zu gelangen, und wäre ein extrem positiver Selektionsfaktor gewesen.[1] Und wirklich kam es zu einer solchen Mutation. Es entwickelten sich Nagetiere mit vier erstaunlichen Zähnen, die sich mit außerordentlicher Geschwindigkeit regenerieren konnten. Dank dieser Werkzeuge sind jene Tiere zu den am meisten verbreiteten unseres Planeten geworden und bilden die umfangreichste Ordnung der Säugetiere (gut eintausendneunhundert Arten und fünfunddreißig Familien): Sie können daher mit Recht zu den wichtigsten Lebewesen in der Ökonomie der Natur gerechnet werden.

Um das Warum des ökologischen Erfolgs der Nager ganz zu verstehen, müssen wir uns jedoch auch kurz bei ihrer unglaublichen Fruchtbarkeit aufhalten. Fast immer zeugen Tiere von kleiner Körpergröße eine hohe Zahl an Nachkommen. Das bekannteste Beispiel ist vielleicht das Seepferdchen (*Hippocampus brevirostris*), das bis zu einer Million Eier auf einmal hervorbringen kann. Es liegt auf der Hand, daß nur ein geringer Teil dieser Eier die Möglichkeit hat, zu einem ausgewachsenen Exemplar zu werden, während alle anderen als Bestandteile des Plankton die Grundnahrung für eine große Zahl von Meereslebewesen bilden: Wäre es anders, würden die Meere heute hauptsächlich von Seepferdchen bevölkert sein.

Die Nager hingegen, und vor allem die Mäusearten, bevölkern heute tatsächlich die gesamte Erde, vom Äquator bis zu den Polen, von den Tundren bis zu den Wüsten, vom Land bis zu den Metropolen. Um zu verstehen, wie dies möglich ist, wollen wir fürs erste das Sexualverhalten der Ratten untersuchen.

Das Rattenweibchen, das sechs Paar Zitzen hat, wird sechs- bis achtmal im Jahr brünstig, für circa sechs Stunden; während dieser Zeit wird es nachhaltig von zahlreichen Männchen umworben, die es großzügigerweise alle zufriedenzustellen sucht: Ein Forscher berichtet, daß ein Weibchen in diesen wenigen Stunden dreihundert- bis fünfhundertmal gedeckt werden kann.[2] Diese »ungezügelte« sexuelle Aktivität bedeutet in Verbindung mit einer unglaublich kurzen Tragzeit und einer frühen Sexualreife jedes einzelnen Tieres ein ungeheures Potential.

Betrachten wir ein Beispiel. Ein Mensch gelangt mit etwa dreizehn Jahren zur sexuellen Reife, die Schwangerschaft dauert neun Monate, und die Zahl der Geburten ist sehr niedrig – selten hat eine Frau mehr als zehn Kinder. Wenn ein Menschenpaar zehn Kinder hätte, die wiederum alle zehn Kinder zeugten, die abermals alle zehn Kinder hätten, würde die Zahl der Nachkommen des ersten Paares in drei Generationen eintausendeinhundertzehn betragen.

Ein Weibchen der Art *Rattus norvegicus* gelangt dagegen im Alter von acht bis zwölf Wochen zur Sexualreife, kann sich drei- bis fünfmal im Jahr vermehren (die Tragzeit dauert drei bis vier Monate) und bringt vier bis zwölf Junge zur Welt. Selbst wenn dieses Tier nur drei Jahre lebt, kann es in dieser Zeit also ein Minimum von sechsundneunzig und ein Maximum von einhundertsiebzig Jungen hervorbringen. Wenn jedes dieser Jungen im Schnitt einhundertdreißig Nachkommen produziert und von diesen wiederum jedes einhundertdreißig zeugt, macht das innerhalb von drei Generationen (neun Jahre) 2 197 000 Ratten. Wenn diese Tiere sich während eines Zeitraums vermehrten, der der durchschnittlichen Dauer eines Menschenlebens entspricht (siebzig Jahre), wäre die Zahl der gezeugten Ratten eine Fünf gefolgt von zweiundvierzig Nullen, was fast einem Trillionenfachen des Gewichts der Erde entspräche![3]

Aber das ist noch nicht alles: Bei den Nagern (und besonders unter den Ratten) zeigt sich ein Phänomen, das ans Wunderbare grenzt. In dem unwahrscheinlichen Fall, daß sie eines Tages alle außer einem einzigen ausgewachsenen weiblichen Tier (man beachte: nicht einem Paar!) ausgelöscht würden, könnte die Art trotzdem überleben. Man hat nämlich entdeckt, daß ein Rattenweibchen, das schon einmal geworfen hat, in der Lage ist, sich ohne Paarung zu vermehren. Möglicherweise (es ist noch nicht richtig geklärt, wie es dazu kommt) handelt es sich dabei um ein

Phänomen der Zurückhaltung von Spermatozoen oder Zygoten. Das ist eine verwirrende Erscheinung der Natur, und noch verwirrender ist eine Fähigkeit eines bereits trächtigen Weibchens, das einem Männchen begegnet, das ihm noch besser »gefällt«: Es kann die Föten zurückbilden, indem es sie völlig wieder »aufsaugt«, um eine neue Schwangerschaft nach der Paarung mit dem neuen Partner zu beginnen.[4] Diese Eigentümlichkeiten haben bedeutsame Konsequenzen: Die Kolonisierung eines neuen Territoriums kann zum Beispiel durch Einwanderung eines einzelnen Weibchens geschehen; es bedarf dazu noch nicht einmal eines Paares wie bei allen anderen Tierarten.

Doch eine Erklärung des »Erfolgs« der Nager muß auch in der unablässigen Aufmerksamkeit gesucht werden, die diese Tiere ihren Jungen widmen. Im Unterschied zu vielen Tieren, die ihren Nachwuchs nach der Geburt ihrem »grausamen Schicksal« überlassen, hat die Sorge von »Mama Maus« für ihre Kleinen schon viele Forscher bewegt. Alfred Edmund Brehm, einer der aufmerksamsten Naturforscher des neunzehnten Jahrhunderts, widmet gut elf Seiten seines wichtigsten Werkes der Beschreibung sowohl der unermüdlichen Zärtlichkeiten des Mäuseweibchens gegenüber ihrer Nachkommenschaft als auch der Kindheit der Mäuse: einem andauernden Spiel, das sich stets unter den wachsamen und liebevollen Augen der Mutter abspielt.* Falls »Mama Maus« getötet wird, nimmt sich mit großer Sicherheit ein anderes Weibchen der kleinen Waisen an: Die Mäuseweibchen pflegen nämlich in den

* Hier eine besonders hübsche Passage bei A. E. Brehm (a. a. O., S. 502): »Am 1. März (...) bekam ich von einer weißen Ratte 7 Junge. Sie hatte sich in ihrem Drahtkäfige ein dichtes Nest von Stroh gemacht. Die Jungen hatten die Größe der Maikäfer und sahen blutrot aus. Bei jeder Bewegung der Mutter ließen sie ein feines, durchdringendes Piepen oder Quietschen hören. Am 8. waren sie schon ziemlich weiß; vom 13.–16. wurden sie sehend. Am 18. abends kamen sie zum ersten Male zum Vorschein; als aber die Mutter bemerkte, daß sie beobachtet wurden, nahm sie eine nach der an-

ersten Tagen nach einer Geburt Junge unabhängig von ihrer Herkunft. Es ist zu betonen, daß dieses »unterstüzende« Verhalten, das sich auch auf andere Nester erstreckt, ein Phänomen ist, das bis vor wenigen Jahren auf Primaten beschränkt schien.[5]

Die Kindheit der Nager und besonders der Rattenkinder wird vom Spiel bestimmt, was von hoher erzieherischer Wichtigkeit ist, weil es dazu dient, die kleinen Nager für die Bewältigung ihrer Umwelt zu schulen. Aber während das Spiel in der Kinderstube vieler hochentwickelter Säugetiere vorkommt, ist die Neugier eine Eigenschaft, die die Nager fast ausschließlich mit dem Menschen teilen, was seit 1930 erforscht wird. Zu dieser Zeit hatte H. W. Nissen, ein wahrer Pionier auf diesem Gebiet, schon herausgefunden, daß Ratten die Unannehmlichkeit einer elektrischen Entladung auf sich nehmen, um Nahrung, Wasser oder sexuelle Befriedigung zu erlangen. Doch er war verblüfft, als er feststellte, daß die Tiere nicht zögerten, eine schmerzhafte elektrische Barriere zu überwinden, nur um ein unbekanntes Labyrinth erforschen zu können. Zwei amerikanische Forscher namens Chance und Meade wollten daraufhin sehen, was passiert, wenn zwei ausgehungerte und ausgedürstete Ratten vor die Wahl zwischen Nahrung, Flüssigkeit und Erforschung von Unbekanntem gestellt werden. Zu letzterem Zweck entfernten sie die Ratten aus ihren vertrauten Käfigen und veränderten diese, bevor sie die Tiere wieder hineinließen. Bei ihrer Rückkehr fanden die Ratten Futter, Wasser und einige unbekannte, an den Wänden befestigte Objekte vor: Bevor sie fraßen oder tranken, verbrachten sie viel Zeit da-

deren ins Maul und schleppte sie in das Nest. Einzelne kamen jedoch wieder aus einem anderen Loche hervor. Allerliebste Tierchen von der Größe der Zwergmäuse mit ungefähr 3 Zoll langen Schwänzen! Am 21. hatten sie schon die Größe gewöhnlicher Hausmäuse, am 28. die der Waldmäuse. Sie saugten noch dann und wann (ich sah sie sogar noch am 2. April saugen), spielten miteinander, jagten und balgten sich auf die gewandteste und unterhaltendste Weise, setzten sich auch wohl zur Abwechslung auf den Rücken der Mutter und ließen sich von derselben herumtragen.«

mit, alle Neuerungen zu erkunden. Genaue Messungen ergaben, daß die Erkundungen mehr Zeit in Anspruch nahmen und die Menge des verzehrten Futters geringer wurde, je auffälliger die Veränderungen an der Umgebung waren. In einem anderen Experiment wurden ausgehungerte Ratten in ein Labyrinth voll mit Futter und unvertrauten Objekten geleitet. Anfänglich liefen die Ratten auf das Futter los, aber dann verzichteten sie darauf, um zuerst das gesamte Labyrinth erforschen zu können.[6] Welches andere Tier, abgesehen vom Menschen, zeichnet sich durch einen solch unersättlichen und unaufhaltsamen Drang zu erkennen, zu erforschen, zu wissen aus?

Dieses ständige Erforschen des »Neuen« hat außergewöhnliche Auswirkungen auf die Entwicklung des Gehirns und der Gehirnfunktionen im allgemeinen: Um 1964 entdeckte man, daß Ratten, die vier bis zehn Wochen in einer stimulierenden Umgebung zugebracht hatten, eine Hirnrinde von größerem Gewicht und größerer Dicke im Vergleich zu Ratten aufwiesen, die in »leerer« Umgebung aufgezogen worden waren.[7] Die Entwicklung und Selbstorganisation des Gehirns in der Folge eines Stromes willentlich erforschter Informationen in Verbindung mit einem beachtlichen Gedächtnis- und Informationsverarbeitungssystem kann nur zu einer perfekten Kontrolle über den Lebensraum führen. Von daher also rührt die ungewöhnliche »Anpassungsfähigkeit« der Mäuse und Ratten, die es ihnen gestattet hat, jeden Winkel der Erde zu besiedeln.[8]

Ein weiterer Menschen und Mäusen gemeinsamer Aspekt, der beiden das Überleben ermöglicht hat, ist ihre besondere Art des Gemeinschaftswesens.

Viele Tierarten leben in mehr oder weniger großen und festen Gruppen zusammen, in denen das Einzelwesen Schutz finden kann. Das bekannteste Beispiel einer Tiergesellschaft ist vielleicht das der Bienen. Jedes Individuum ist in wunderbarer Weise durch genau festgelegte Aufgaben und einen bestimmten Platz eingegliedert, und seine Entfernung vom Bienenstock mit dessen strikt organisiertem Lebensraum ist immer mit dem Risiko schwerwiegender Konsequenzen für sein Überleben verbunden. Man hat in der Tat beobachtet, daß eine Biene nicht länger als sechs Tage überlebt, wenn sie von ihrem Schwarm getrennt wird.

Bei Mäusen und Ratten dagegen ist ein entstandener sozialer Zusammenhang oft »informell« und nicht durch feste oder genau kodifizierte Schemata geregelt: Den mythischen »Rattenkönig«, der die Phantasie der Menschen jahrhundertelang beschäftigte, hat es nie gegeben.* In vielen Fällen bilden die Mäuse ein zeitlich begrenztes Bündnis, vor allem wenn es darum geht, Nahrung zu beschaffen. Die Volkstraditionen sind reich an Anekdoten zu diesem Thema: Zum Beispiel wird erzählt, daß die Mäuse »sich absprechen«, wenn sie einen in der Speisekammer hängenden Schinken entdeckt haben, und zwar so, daß eine das Aufhängeseil annagt, bis der Schinken herunterfällt, woraufhin die anderen sich darüber hermachen. Diese »intelligente Zusammenarbeit« könn-

* Jahrhundertelang haben die Völker Europas an die Existenz eines Mäusekönigs geglaubt, der die seinen von einem aus ineinander verschlungenen Mäuseschwänzen gebildeten Thron aus regiert. Eine eingehende Analyse dieses Glaubens unternahm der deutsche Naturforscher A.E. Brehm (a. a.O., S. 503-04): »Im Freileben kommt unter den Ratten zuweilen eine eigentümliche Krankheit vor. Mehrere von ihnen verwachsen untereinander mit den Schwänzen und bilden dann den sogenannten Rattenkönig, den man sich in früheren Zeiten freilich ganz anders vorstellte als gegenwärtig, wo man ihn in diesem oder jenem Museum sehen kann. Früher glaubte man, daß der Rattenkönig, geschmückt mit goldener Krone, auf einer Gruppe innig verwachsener Ratten throne und von hier aus den ganzen Rattenstaat regiere. So viel ist sicher, daß man zuweilen eine größere Anzahl fest mit den Schwänzen verwickelter Ratten findet, welche, weil sie sich nicht bewegen können, von Mitleidigen ihrer Art ernährt werden müssen. Möglich, daß eine durch ansteckende Krankheit bedingte Ausschwitzung der Rattenschwänze ein Aufeinanderkleben derselben zur Folge hat; man ist aber nicht imstande, etwas Sicheres darüber zu sagen. In Altenburg bewahrt man einen Rattenkönig auf, welcher von 27 Ratten gebildet wird; in Bonn, bei Schnepfenthal, in Frankfurt, in Erfurt und in Lindenau bei Leipzig hat man andere aufgefunden.«

te man natürlich auch damit erklären, daß sich ein Tier einfach von dem am Seil hängenden Fett angezogen fühlte und in der Folge die anderen ein Gratisbankett »serviert« bekamen.

Eine kompliziertere und beeindruckendere Geschichte ist hingegen die »arbeitsteilige Spezialisierung« unserer Nager, die sich in einer für die Ratten der Atlantikküsten typischen Fangtechnik zeigt. Dabei widmet sich ein Tier ausschließlich dem Sammeln von Weichtieren unter Wasser, ein zweites beherrscht die Technik, sie zu öffnen, und nur ein drittes schließlich darf sie verspeisen. Und hier stehen die Ethologen vor einem Rätsel: Welche Motivation treibt die tauchende Ratte zum Beutefang, wenn ihr hinterher der »Preis« des Fressens der Beute versagt bleibt? Aber das ist nicht alles: Das erstaunlichste Phänomen ist, daß bei einem Ausfall der Taucher-Ratte eine andere, die keine vorherige Erfahrung hat, problemlos ihren Platz einnimmt. Was bedeutet diese in wenigen Minuten erworbene »Professionalität«? Ethologen und Naturforscher sind trotz unzähliger Beobachtungen und Experimente immer noch mit dieser Frage beschäftigt.[9]

Auch heute noch verblüfft uns die Affinität des Sozialverhaltens der Ratten und Mäuse zu dem des Menschen und regt zu der Vermutung an, daß es nicht so sehr die »Gesellschaft der Mäuse« ist, die der der Menschen ähnelt, sondern daß unser Verhalten immer noch von jenen ursprünglichen, den ersten Säugetieren eigenen Tropismen geprägt ist, die bis ins Paleozän zurückreichen.

Als der Mensch noch Maus war.

Halb Mensch, halb Maus

In seiner Novelle *Die Abenteuer der Familie Raton* beschreibt Jules Verne den Verlauf der Evolution von den einfachsten tierischen Lebensformen bis hin zum Menschen (und umgekehrt) mit Hilfe der »Metempsychose«. Alle Mitglieder der Familie Raton erreichen ihr Ziel, sich in Menschen zu verwandeln; alle, außer Papa Raton, der entschlossen ist, Ratte zu bleiben und sich die Demütigungen zu ersparen, die seiner Frau und seiner Tochter, welche sich in Edelfrauen verwandelt haben, widerfahren. »Sollte eingewandt werden«, schließt Verne [1], »daß all diese hohen Herrschaften doch nichts anderes als Emporkömmlinge seien; daß sie aufgrund der Gesetze der Seelenwanderung viele schmachvolle Phasen durchgemacht haben; daß sie Weichtiere ohne Geist, Fische ohne Intelligenz, Vögel ohne Hirn, Vierfüßler ohne Urteilsvermögen gewesen sind, dann antworte ich, daß man das nicht vermuten würde, wenn man sie so schicklich sieht. Außerdem lassen sich gute Manieren lernen wie Geschichte oder Erdkunde. (...) Allerdings würde es dem Menschen gut anstehen, sich eingedenk dessen, was er in der Vergangenheit gewesen sein mochte, in Bescheidenheit zu üben, und die Menschlichkeit würde nur gewinnen.«

Doch wieviel von dieser Vergangenheit enthält unsere Gegenwart?

Bereits im vorigen Jahrhundert betonte der deutsche Wissenschaftler Ernst Häckel, daß bei der Ontogenese (der embryonalen Entwicklung jedes einzelnen Individuums) die wichtigsten Stufen der Phylogenese (der Stammesgeschichte, der Entwicklung der Art, der das Individuum angehört) wieder durchlaufen werden. Auch der menschliche Embryo, der der Art angehört, die sich an der Spitze des genealogischen Baums des Lebens befindet, scheint bei seiner Entwicklung den Weg der gesamten Evolution des Tierreichs noch einmal zurückzulegen: Er zeigt nacheinander Charakteristiken, die den Embryonen der Fische, der Amphibien, der Reptilien und der Säugetiere gleichen, und nimmt schließlich seine endgültige Form – eigentlich die der Primaten – an, nachdem er ein Stadium durchlaufen hat, das dem der Nager sehr ähnlich ist. Zwischen dem dritten und vierten Schwangerschaftsmonat gleicht das Gehirn des menschlichen Fötus dem der Föten von Nagern in erstaunlicher Weise.[2] Doch das ist nicht die einzige Ähnlichkeit, die uns den Mäusen verbindet: Wenn sich im Labor mühelos lebende Kreuzungen aus Körperzellen von Menschen und Mäusen erhalten lassen, bedeutet dies, daß die genetische Ausstattung von Mäusen und Menschen in großen Teilen ähnlich oder kompatibel ist.*

Beim Menschen finden wir darüber hinaus angeborene Verhaltensweisen, die auf ferne Zeitalter zurückgehen, und viele davon erinnern an typische Reaktionen und Verhaltensweisen von Nagern.

Doch was sagen nun die anerkanntesten Evolutionstheorien darüber aus, wann und durch welche Ursachen es zu der Entwick-

* Das erste dahingehende Experiment (1987 von D. E. Moiser und anderen Forschern des Medical Biology Institute von La Jolla in Kalifornien durchgeführt) bestand in der Einsetzung von Teilen menschlicher DNA, die die Arbeit des Immunsystems regulieren, in Zellen von Mäusen, die von einer erblichen Immunschwäche befallen waren (siehe den Artikel in »Nature« 1988, Nr. 335, zitiert in: G. Treves, *Adesso il topo imita l'uomo,* in: »Corriere Medico«, 21.9. 1988).
Kurz darauf (1988) gelang es P. Leder von der Harvard University, ein menschliches Krebsgen in Eizellen einer Labormaus einzusetzen und dadurch einen Stamm von Tieren zu erhalten, die dazu bestimmt waren, an »menschlichem« Krebs zu sterben. Diese Tiere wurden in den USA patentiert (der erste Fall dieser Art) und kommerzialisiert. Vgl. J. H. Barton, *Brevettare la vita,* in: »Le Scienze – Scientific American«, Nr. 273, Mai 1991.

lung der Primaten von jenem gemeinsamen Vorfahren her kam, der sie mit den Nagern verband?

Wir können schon gleich festhalten, daß der »Verdienst« der Entstehung der Primaten und also auch des Menschen den Mäusen zukommt.[3] Es ist sehr wahrscheinlich, daß es im Paleozän schon Vorläufer der Primaten gab. Sie waren zwar in der Lage, mit Hilfe ihrer vorderen Gliedmaßen auf Bäume zu klettern, doch bevorzugten sie vermutlich genau wie die anderen Nager das Leben auf dem Boden. Doch dann führten vermutlich die umwälzenden klimatischen Veränderungen des Paleozän, die die Pflanzenwelt drastisch reduzierten und das Nahrungsangebot begrenzten, zu einer starken Differenzierung unter den Tieren: Um überleben zu können, »spezialisierten« sich die Protoprimaten als Kletterer und besetzten eine andere ökologische Nische, in der sie nicht mit den Nagern konkurrieren mußten.

Dieser »erzwungene Auszug« hatte für die Evolution dieser Tiere, die »halb Mensch und halb Maus« waren, phantastische Folgen. In ihrer neuen Umgebung entwickelten die Protoprimaten bald die bei den Nagern latent vorhandene Fähigkeit, Farben zu unterscheiden. Unsere Vorfahren mußten nämlich beispielsweise reife von unreifen Früchten unterscheiden können, und indem sie die Fähigkeit des polychromen Sehens verfeinerten, konnten sie die Früchte essen, bevor sie verfaulten oder zu Boden fielen und Nahrung für die erdgebundenen Tiere wurden.

Auch wenn das Leben auf den Bäumen zunächst weniger Möglichkeiten als die auf dem Boden vorhandenen bot, hatte die kletternde Existenz doch außergewöhnliche Folgen für diese Tiere. Neben dem Überleben im Wettbewerb mit den Nagern führte sie dazu, daß sie die typische Haltung der auf dem Boden lebenden Tiere »mit dem Gesicht nach unten« aufgaben und eine aufrechte Positur annahmen. Die aufrechte Haltung wiederum rief eine Beschleunigung in der Entwicklung der Gehirnkapazitäten hervor. Bei einem Tier, das gezwungen ist, »mit dem Gesicht nach unten« zu leben, sitzt der Schädel am vorderen Teil der Wirbelsäule und ist dadurch im Wachstum begrenzt. Die neue, von den Protoprimaten angenommene, Position »befreite« die Hirnschale von dem durch die Schwerkraft bedingten Ungleichgewicht, der Schädel saß nun oben auf der Wirbelsäule, wo er sich im Gleichgewicht befand (egal bei welcher Körpergröße) und sich frei ausdehnen konnte, ohne auf weitere mechanische Hindernisse zu treffen. Aber nicht nur das: An oberster Stelle des Körpers sitzend, wurde der Kopf hochbeweglich und konnte viel mehr Informationen aufnehmen als zu der Zeit, als er noch dicht am Boden gehalten wurde. Die Sinnesorgane (Augen, Nase, Ohren) wurden immer wichtiger und bildeten sich für das Leben in den Bäumen aus.

Mehr Informationen bedeuteten auch mehr Reize, und mehr Reize bedeuteten eine weitere Entwicklung des Gehirns, das diese Reize verarbeiten mußte: Der Weg zur Intelligenz der Primaten und also zum Menschen war geebnet.

Aber wir wollen den urzeitlichen Vorfahren der Primaten, der den Nagern noch so ähnlich war, etwas detaillierter rekonstruieren.

Die ältesten den Primaten zuschreibbaren Fossilien, die bis heute gefunden wurden, gehen auf das Ende der Kreidezeit zurück und wurden im Westen Nordamerikas und in den Rocky Mountains entdeckt. Der erste Fund wurde an einem Ort in Montana gemacht, den die Paläontologen »Hügel des Fegefeuers« getauft hatten, weil die Arbeit dort hart war und die Ausbeute an Fossilien gering; seine Entdecker, van Alen und Sloan, beschlossen also, dieses Fossil witzig *Purgatorius* zu taufen. Es ist wahrscheinlich, daß dieser sehr alte Ahne, der nicht viel größer als eine Ratte war, auf Bäumen lebte und sich mit einem mit vierundvierzig Zähnen ausgestatteten Maul vorwiegend von Früchten und Insekten ernährte.[4] Die von den Paläontologen erarbeitete Rekonstruktion, die illustriert, wie der *Purgatorius* vermutlich ausgesehen hat, zeigt uns ein im wesentlichen mausartiges Tier mit einer langen Schnauze und einem ziemlich benommenen Ausdruck. Sein Schwanz war viel länger und dicker als der der uns bekannten Ratten, vielleicht weil er schon (wie bei den meisten heutigen Affen) zur Steuerung und Bewahrung des Gleichgewichts bei den Sprüngen von Ast zu Ast diente.

Die Überreste des *Plesiadapis*, des ersten direkten Nachfolgers des *Purgatorius*, sind hingegen dreißig Millionen Jahre jünger – er lebte vor circa vierzig Millionen Jahren. Etwa so groß wie ein Eichhörnchen, muß sich dieses Tier schon in organisierten Gruppen über ein vorwiegend bewaldetes Gebiet bewegt haben. Die Finger waren mit Krallen ausgestattet, und die extrem flexiblen Vorderpfoten erlaubten ihm ein Leben zwischen Baum und Boden. Der *Plesiadapis* muß in der Lage gewesen sein, auf Bäume zu klettern, in Sprüngen vorzurücken und sich auf dem Boden von einer bewaldeten Zone zur nächsten zu bewegen.

Die Entwicklung der Primaten führt über Arten wie *Adapis, Notarchus, Necrolemur, Rooneya Brassinella* und Millennien der Naturgeschichte zu einem Tier, das den heutigen Affen schon ähnlich ist: Ein immer längerer Rumpf und längere Gliedmaßen mit Extremitäten, die unseren Händen und Handgelenken stets verwandter werden, werden durch ein Leben in einer baumbestimmten Umgebung positiv selektiert.

Vor fünfundzwanzig Millionen Jahren erfuhr die Flora unseres Planeten eine weitere Transformation: Die riesigen Wälder, die große Teile der entstandenen Landgebiete bedeckten, zogen sich zurück und ließen Raum für eine niedrigere Vegetation. Dieses Geschehen »zwang« unsere Vorfahren, von den Bäumen herunterzusteigen und wieder nach Nahrung auf dem Erdboden zu suchen.

Der Primat, der sich nach vielen Millionen Jahren des Lebens auf Bäumen entwickelt hatte, war und ist ein Tier mit beachtlichen Gehirnkapazitäten, die von den Tausenden von Reizen des Lebens im Urwald stimuliert werden; er ist mit stereoskopischem Sehvermögen ausgestattet, was ihm erlaubt, Entfernungen genau einzuschätzen; er kriecht nicht mehr auf allen vieren, sondern stützt sich hauptsächlich auf die hinteren Extremitäten, die sich allmählich immer mehr verändern: Die Finger verkürzen sich, um einer größeren Innenfläche Raum zu geben, und die »Hinterhände«, die nicht mehr zum Zugriff auf Äste dienen, verwandeln sich nach und nach in Füße. Zur selben Zeit werden die vorderen Extremitäten, die durch das Leben auf den Bäumen schon auf sehr feine und genau abgestimmte Bewegungen spezialisiert sind, immer geschickter und führen zu einer der revolutionärsten »Erfindungen« der Natur: den Händen.

Auftritt also der Mensch, der Primat, der einen freibeweglichen Daumen hat, der aufrecht gehen kann, der die Entfernung der Dinge mit den Augen einschätzen kann, der mit wesentlich entwickelteren Gehirnkapazitäten ausgestattet ist als die anderen Tiere, der Steine fest ergreifen, Unterkünfte und Waffen bauen, Feuer entzünden und die eigene Geschichte erfinden kann.

An diesem Punkt scheinen die Geschichte der Menschen und die der Mäuse sich zu trennen: In den Höhlen der prähistorischen Menschen wurde kein einziges Fragment eines Nagerknochens gefunden (das älteste gefundene Mäusefossil stammt aus einer Zeit vor zwölfeinhalb Millionen Jahren).[5]

Erst vor siebentausend Jahren trafen sie wieder aufeinander, in der Folge einer umwälzenden Entwicklung des Ackerbaus.

Die Erfindung des Pfluges, die vor circa sechstausend Jahren im mittleren Orient stattfand, erlaubte es, die Bodenproduktivität bis zum Siebentausendfachen zu steigern. Dadurch konnten die Menschen das Nomadendasein aufgeben und sich zu seßhaften Gemeinschaften zusammenschließen, später Städte bauen und Staaten bilden.

Doch mit diesen neuen Formen gesellschaftlicher Organisation wurde auch eine wirtschaftliche und damit politische Unterwerfung geboren. In Mesopotamien hatte der König schon 3000 vor Christus die absolute Kontrolle über ein riesiges und komplexes Bewässerungssystem. Für dessen Nutzung mußten die Bauern einen beachtlichen Teil ihrer Ernte hergeben, womit der Herrscher sein Heer ernährte. Man kann daher an den immer größeren Ausmaßen der Vorratsmagazine und Kornspeicher das ständige Anwachsen einer zentralen Macht ablesen.

In Eridu, der südlichsten Stadt von Sumer (am heutigen persischen Golf gelegen), erhöhte sich das Fassungsvermögen der königlichen Kornspeicher im Verlauf von noch nicht einmal einem Jahrhundert von fünfhundert Kubikmetern auf sechzehntausend Kubikmeter. Mit dem Anstieg der Getreidemenge muß ein Anwachsen der Mäusepopulationen einhergegangen sein.

Mäuse und Ratten hatte es auch im Reich der Assyrer schon immer gegeben, aber die Horden, die nun Kisch oder Babylon heimsuchten, überstiegen alles Dagewesene. Gegen Ende des vierundzwanzigsten Jahrhunderts vor Christus befahl Sargon der Erste, König von Akkad (nahe Babylon), der sich selbst bescheiden zum Herrn der vier Weltteile proklamiert hatte, neben der Erlassung von strengen Normen zur Beseitigung fester städtischer Abfälle – es handelte sich um das erste Dokument dieser Art – die Bildung einer speziellen Truppe, die ausschließlich zum Kampf gegen die Nager bestimmt war. Leider wissen wir nichts über die Effizienz dieses Entrattungskommandos, doch kann seine Arbeit nicht von großem Erfolg gekrönt gewesen sein, da die Sumerer sich beeilten, Ninkilim, eine ihrer eigenen Gottheiten, als Schutzgöttin gegen Mäuse und Ratten zu wählen. Damit nicht genug: Auf einer von einem nicht allzu diplomatischen Beamten an den Herrscher Sargon I. gerichteten Schrifttafel heißt es: »Hier lachen sie über dich. Sie sagen, du hast die Sumerer vor den Toren und die Mäuse innerhalb der Mauern.«

Wir wissen nicht genau, welche Art Nager die Vorratsspeicher des Reiches heimsuchten, doch ist es sehr wahrscheinlich, daß es sich um eine Mäuseart handelte, die in der Folgezeit weitreichende Veränderungen im Körperbau erfuhr und heute unter keine Familie der aktuellen Taxonomie katalogisierbar wäre. Hilfe zu ihrer Identifikation könnte aus einem vertieften Studium der phylogenetischen Entwicklung der Nager erwachsen.

Einer der Stammväter dieser Ordnung war sicher der *Paramys*, welcher im Paleozän lebte. Die Rekonstruktion der Paläontologen zeigt uns ein Tierchen mit einem schlanken Rumpf, relativ langen Gliedmaßen und einem recht zugespitzten, fast schlangenartigen Maul. Ein anderes Fossil, das uns aus dem Oligozän überliefert ist, ist der *Platypitais*, ein Tier, das unserer heutigen Ratte auffällig ähnelt. Aus diesen Vorläufern haben sich dann Unmengen von Arten entwickelt, zu zahlreich, um hier auch nur erwähnt zu werden. Eine von ihnen hat es nicht bis zu uns geschafft und ist ausgestorben, ohne Abkömmlinge zu hinterlassen: Die Rede ist von *Epilagus milagulide*, einer massigen Riesenmaus, die – wer weiß warum – mit einem Horn auf der Stirn und einem Kamm aus Knochen am Hinterkopf ausgestattet war.

Andere wiederum erfuhren eine recht merkwürdige Evolution: Bei den Stachelschweinen (*Histrix cristata*) verwandelten sich die Haare in Stacheln; bei einigen Angehörigen der Familie der Dipodiden (Wüstenspringmäuse) wie der »Pyramidenmaus« *Jaculus jaculus,* die sich durch den glühend heißen Sand der Wüste bewegt (auch wenn sie eigentlich nicht »wüst« ist, da voller Mäusearten), entwickelten sich unglaublich lange und feingliedrige Pfoten, die eine thermische Isolation vom Boden garantieren und es ermöglichen, weite Sprünge zu machen.

Doch unter allen existierenden Nagerfamilien hat sich die der Mäuse sicherlich durch Fruchtbarkeit und Anpassungsfähigkeit hervorgetan, denn sie ist die verbreitetste und vielfältigste und umfaßt fast die Hälfte aller in der gesamten Ordnung vorhandenen Arten.

Alle Mäusearten haben sechs Backenzähne, sowohl im Ober- als auch im Unterkiefer, und vier kontinuierlich wachsende

Schneidezähne, die zu allem fähig sind. Die Unterfamilie der Murinae nimmt dabei eine besondere Rolle ein: Die vorderen Gliedmaßen mit vier Fingern sind kürzer als die hinteren (mit fünf Fingern); der Schwanz ist fast immer relativ lang, mit Schuppen bedeckt und spitz zulaufend; die Schnauze ist länglich, spitz und behaart, und die Oberlippe ist tief gespalten und läßt die furchtbaren Schneidezähne unbedeckt. Die Augen sind rundlich und ragen ebenso wie die Ohren aus einem weichen Pelzflaum hervor, der von härteren Haaren bedeckt ist. Unter den Murinae zeichnen sich vor allem drei Arten durch außergewöhnlichen Erfolg aus – und es ist sicher kein Zufall, daß es unter Millionen »höheren« Tierarten hauptsächlich vier geschafft haben, jeden Winkel der Erde zu bevölkern. Die erste Art ist die des *Homo sapiens sapiens*, die anderen drei gehören zur Unterfamilie der Murinae: *Mus musculus*, *Rattus rattus* und *Rattus norvegicus*.

Und hier ist, in knapper Zusammenfassung, ihre Geschichte.

Mus Musculus: Der schlimmste Freund des Menschen

Eine der anregendsten Beschreibungen der anmutigen und heißhungrigen Mäuschen ist sicherlich die im vorigen Jahrhundert von Brehm verfaßte: »Die anmutigen und zierlichen Mäuse sind trotz ihrer schmucken Gestalt und ihres heiteren und netten Wesens arge Feinde des Menschen und werden von ihm mit Ingrimm verfolgt. Man darf behaupten, daß jedermann eine im Käfige eingesperrte Maus reizend finden wird, und daß selbst Frauen, welche gewöhnlich einen zwar vollkommen ungerechtfertigten, aber dennoch gewaltigen Schrecken empfinden, wenn in der Küche oder im Keller eine Maus ihnen über den Weg läuft, diese, wenn sie genauer mit ihr bekannt werden, für ein hübsches Geschöpf erklären müssen. Aber freilich, die spitzigen Nagezähne und die Leckerhaftigkeit der Mäuse sind zwei Dinge, welche auch ein mildes Frauenherz mit Zorn und Rachegefühlen erfüllen können. Es ist gar zu unangenehm, für alle Lebensmittel beständig fürchten zu müssen, selbst wenn sie unter Schloß und Riegel liegen; es ist gar zu empörend, eigentlich gar keinen Ort im Hause zu haben, wo man allein Herr sein darf und von den zudringlichen, kleinen Gästen nicht belästigt wird. Und weil nun die Mäuse sich überall einzudrängen wissen und sich selbst an den Ratten unzugänglichen Orten einfinden, haben sie gegen sich einen Verfolgungskrieg heraufbeschworen, welcher schwerlich jemals enden wird. (...) Man kann sich schwerlich ein naschhafteres Geschöpf denken als eine Hausmaus, welche über eine gut gespickte Speisekammer verfügen kann. Sie beweist auf das schlagendste, daß der Sinn des Geschmackes bei ihr vortrefflich entwickelt ist.

(...) wo sie die Wahl hat, kürt sie sich unter dem Guten immer das Beste. (...) Wo sie etwas Genießbares wittert, weiß sie sich einen Zugang zu verschaffen, und es kommt ihr nicht eben darauf an, mehrere Nächte angestrengt zu arbeiten und selbst feste, starke Türen zu durchnagen. Findet sie viel Nahrung, welche ihr besonders mundet, so trägt sie sich auch noch einen Vorrat davon in ihre Schlupfwinkel und sammelt mit der Hast eines Geizigen an der Vermehrung ihrer Schätze. An Orten, wo sie wenig Störung erleidet, findet man zuweilen ganze Haufen von Wal- oder Haselnüssen bis zu einer halben Elle hoch in Winkeln aufgetürmt und so regelmäßig und zierlich fest aneinander geschlossen und mit allerlei Abfällen von Papier oder Kleiderstoffen überdeckt, daß man hierin kaum ein Werk der Hausmaus vermuten möchte. (...) Die Hausmaus soll schon seit den ältesten Zeiten der treueste Genosse des Menschen gewesen sein. (...) Gegenwärtig ist sie über die ganze Erde verbreitet. Sie wanderte mit dem Menschen und folgte ihm bis in den fernsten Norden und bis in die höchstgelegenen Alphütten. Wahrscheinlich gibt es gegenwärtig nur wenige Orte, wo sie fehlt, und jedenfalls hat man sie da bloß noch nicht beobachtet.«[1]

Das Dasein der *Mus musculus* als ungeladener Tischgast, ihre Gewohnheit, aus den Speisekammern der Menschen zu naschen, hat weit zurückliegende Ursprünge. Nach Auskunft der wichtigsten Forscher zu diesem Thema läßt sich die Anbindung der Mäuse an die menschliche Spezies in Gegenden um das Kaspische Meer vor circa dreiundzwanzigtausend Jahren zurückverfolgen. Die wenigen gefundenen Fossilien lassen jedoch eine eher sporadische Verbindung vermuten, die wahrscheinlich mit dem unregelmäßigen Konsum der von Menschen zurückgelassenen Nahrungsreste zusammenhing. In jenen Gebieten und zu jener Zeit ist die menschliche Gesellschaft noch eine nomadische, die den Ackerbau noch nicht entdeckt hat und gezwungen ist weiterzuziehen, wenn die Fruchtbarkeit eines Landstriches erschöpft ist. Es gibt noch keine Vorratskammern, und die menschlichen Gemeinschaften beschränken sich höchstwahrscheinlich auf wenige Dutzend Individuen, die mehr schlecht als recht von der Jagd, dem Fischfang und einigen armseligen Ernten leben. Ein elendes Leben, auch für die Mäuse, die dennoch beginnen, den Menschen zu folgen. Hin und wieder endet einer der Nager unvermeidlicherweise in einer Falle oder wird mit Steinwürfen getötet und dann von unseren Vorfahren verspeist; aber das ist ein akzeptables Risiko, wenn man all die Vorteile bedenkt, die eine Verbindung mit den Menschen den Mäusen bringt: Durch deren Abfälle können sie Nahrung in einem relativ fest umgrenzten Gebiet aufspüren, was wiederum bedeutet, daß sie mehr Zeit für ihren Nachwuchs haben. Darüber hinaus stellen die Feuer der prähistorischen Lager einen optimalen Schutz gegen nächtliche Räuber – Waldohreulen, Käuzchen, Schleiereulen – dar, weil sie deren hochsensible und stark ausgebildete Nachtsichtfähigkeit zunichte machen.

Aber woher kommt die Hausmaus? Ein Gebiet, das das heutige Kasachstan, Turkmenistan und den Iran umfaßt, wurde als die Heimat von *Mus musculus* identifiziert, von der aus ihr Triumphmarsch begann, der in zwei deutlich erkennbaren Richtungen verlief: eine kontinental (zentraleuropäisch) verlaufende und eine auf die Mittelmeerregionen zielende. Die erste Wanderungswelle umfaßte vermutlich die Abkömmlinge mit der Bezeichnung *Mus musculus hortulanus* und die zweite diejenigen mit dem Namen *Mus musculus domesticus*.

Betrachten wir einmal, worauf sich diese Theorie stützt. Im Vordergrund steht die Erkenntnis, daß die »Heimat der Maus« von einem schroffen Höhenunterschied zwischen der turanischen Tiefebene und der Hochebene von Khuasan geprägt ist. Die Entstehung dieser geographischen Barriere in einer sehr fernen Vergangenheit muß die genetische Isolierung von zwei Gruppen bewirkt haben, die sich dann auf unterschiedlichem Wege entwickelten. Zahlreiche Beweise zur Unterstützung dieser Theorie gehen auch aus einer vergleichenden Analyse der Chromosomenausstattung von Mäusen aus unterschiedlichen Gebieten hervor. Diese Art von Analyse hat es erlaubt, mit einiger Sicherheit – dank der Erkenntnis der mehr oder weniger ausgeprägten genetischen Affinität – die möglichen »Routen« zu rekonstruieren, die die verschiedenen Mäuse- und Rattenarten bei der Eroberung der Erde nahmen. In einigen Fällen hat es das Studium der genetischen Evolution der in direkter Nähe von Menschen lebenden Mäuse sogar ermöglicht, die bis dato umstrittene Geschichte einiger menschlicher Populationen nachzuvollziehen: Dies war zum Beispiel der Fall bei einigen Völkern, die abgelegene Inseln im Pazifik bewohnen, wie die Osterinsel oder die noch abgelegenere Insel Sala y Gómez.[3]

Aber bleiben wir noch ein wenig bei den Mechanismen, die die Ausweitung der von Mäusen bevölkerten Gebiete bedingt haben. Im allgemeinen beträgt ihr Territorium (*home range*) nur wenige Quadratmeter: Die dominierenden Männchen haben einen ausgeprägten Gebietssinn und verbringen einen großen Teil ihrer Zeit damit, die Grenzen ihres Bereiches mit Geruchsstoffen (Urin und Smegma) zu markieren. Eine Gruppe von Mäusen wird meistens von dem stärksten Männchen angeführt und neigt dazu, immer dasselbe Gebiet zu bewohnen. Bei der Art *Mus musculus* ist die Tendenz, neue Gebiete zu besetzen, relativ gering: Die Kolonisierung ist ein Phänomen, das langsam vonstatten geht, da nur etwa 5% der Gruppe, welche sich ausschließlich aus jungen, in der Rangordnung niedrig stehenden Tieren zusammensetzen, sich ablösen und neues Territorium besetzen können, das aber dem der alten Gruppe benachbart ist. Diese natürliche Ausbreitungstendenz kann jedoch eine unvorhergesehene und abrupte Beschleunigung erfahren, wenn die kleinen, unscheinbaren Mäuse sich in die Waren oder Transportmittel der reisenden Menschen einschleichen.

Einmal an ihrem »Bestimmungsort« angekommen, kann die sogenannte »Gründermaus« auf ernsthafte Anpassungsschwierigkeiten treffen. Nehmen wir zum Beispiel den Fall einer aus Waldgebieten stammenden Maus, die sich, nachdem sie sich in das Gepäck einer Karawane eingeschmuggelt hat, auf einmal mitten in einer Wüste wiederfindet. Ihr erstes Problem ist das der Mimese: Wenn ihr dunkles Fell sie bisher im Zwielicht des Laubwerks geschützt hat, kann sich diese Farbe jetzt als gefährlicher Nachteil erweisen, da sie sie auf dem hellen Wüstensand auffällig sichtbar macht. Zu ihrem Glück jedoch nimmt das Fell unter dem Einfluß des Sonnenlichts eine hellere Farbe an, die in Kombination mit der sowieso hellen Bauchseite eine Tarnung ergibt, die das Überleben ermöglicht. Über ähnliche, fortdauernde Anpassungen an die Umweltbedingungen haben sich die Mäuse schließlich in Europa in vier große systemische Entitäten differenziert.

Durch die Verbindung der verschiedenen Erkenntnisse über Verhaltensweisen und genetische Strukturen der vier heute von der Taxonomie identifizierten Gruppierungen konnten Forscher die Geschichte der Wanderungen einiger Mäusearten rekonstruieren. Zum Beispiel geht die Ansiedlung von *Mus sprectus* in den inneren Gebieten Nordafrikas auf die erdgeschichtliche Periode des Plio-Pleistozäns zurück. Aus Afrika kam dieses unternehmungslustige Tier dann vor nicht mehr als viertausend Jahren nach Europa, wobei es die Meerenge von Gibraltar überquerte, die iberische Halbinsel besiedelte und sich nach der Kolonisierung des Südens Frankreichs mit den zahlreichen Mäusearten wiederkreuzte, die schon seit Jahrtausenden Europa verheerten.

Das war nicht die einzige Wiederbegegnung von »Verwandten« in der Geschichte der Mäuse-Diaspora: Etwa 3000 vor Christus trafen in Zentraleuropa nach Jahrhunderten der Isolation die Arten *musculus* und *domesticus* wieder aufeinander, durchquerten Kärnten und strömten nach Italien, wo sie die ganze nördliche Poebene besiedelten.

Sehen wir uns das Eindringen der Mäuse nach Italien noch etwas genauer an. Man kann dabei vier Hauptströmungen unterscheiden: Die erste Migration fällt mit der Kolonisierung Süditaliens durch die Griechen zusammen und hat die apulischen Küsten als »Brückenkopf«; die zweite Wanderungsbewegung nimmt nach Überquerung der Karnischen Alpen die Poebene nördlich des Po ein; die dritte, ebenfalls das Gebiet nördlich des Po betreffend, findet über die Piemonteser Alpen und das Aostatal statt; die vierte dringt über die ligurische Küste in den südlichen Teil des Potals ein. Im Zeitraum zwischen 2500 und 1300 vor Christus besetzen die Mäuse also die gesamte italienische Halbinsel und erreichen im Gefolge des Menschen auch die Inseln.

Die primitiven Behausungen der Menschen (die vorwiegend aus Holz bestanden, reich an Hohlräumen und Einkerbungen waren und meist ein Strohdach hatten) boten jahrtausendelang eine sichere Zuflucht für die bescheidenen und allesfressenden Mäuse. Bei manchen Arten (wie *Apodemus sylvaticus*) beschränkte sich die Hausgemeinschaft mit den Menschen auf die kalten Monate; bei anderen (wie *Mus musculus*) erstreckte sie sich auch auf die Sommermonate. Alle hatten sie jedoch außer dem Vorhandensein von Nahrung und der relativen Abwesenheit von Feinden noch ein anderes wichtiges Motiv, sich in die winzigen Schlupflöcher zu verkriechen, die die menschlichen Wohnungen boten – nämlich sich gegen ihren furchtbaren »Cousin« *Rattus rattus* zu schützen.

Die Ratten kommen

In Australien wurde im Jahr 1917 in kaum vier Nächten eine halbe Million Ratten in einem einzigen Kornspeicher getötet.* Diese Episode, die nur eine von vielen ist, die die Chroniken berichten, vermag eine Vorstellung von der zerstörerischen Kraft dieser Tiere zu geben. Nicht wenige Naturwissenschaftler hat schon die furchtbare biologische Maschine, die die Ratte darstellt, verblüfft.** Es

* R. Barras, *Biologia: cibo e popolazione*, Mailand (Mondadori) 1976, S. 193. Zur erschreckenden Verbreitung der Ratten in Australien siehe auch A.W. Crosby, *L'espansione biologica dell'Europa*, Bari 1988, S. 11 ff., S. 176 u. S. 244 (orig. *Ecological Imperialism: The Biological Expansion of Europe*, Cambridge 1986). Die Rattenplage in Australien wurde folgendermaßen in einem in der Zeitschrift »Panorama« vom 9. 4. 1970 anonym veröffentlichten Artikel mit dem Titel *Uomini e topi, topi, topi* beschrieben: »›Es ist wie ein sich wellenartig bewegender, dunkler Teppich, der sich über Hunderte von Kilometern erstreckt und alles vernichtet, was ihm in den Weg kommt‹, beschrieb ein australischer Farmer die Invasion der Ratten, die seit einiger Zeit sein Land heimsucht. ›Sie fallen jede Nacht zu Millionen ein‹, bestätigte ein Polizeibeamter aus Onyen, einem der fruchtbarsten Gebiete, das auch die Kornkammer Australiens genannt wird. ›Wenn man mit dem Auto fährt, kann man nicht schneller als zwanzig Stundenkilometer fahren: Bei mehr als zwanzig Stundenkilometern auf dem mit Ratten bedeckten Asphalt zu bremsen, bedeutet zu schlittern und in manchen Fällen, das Auto umzukippen.‹«

** Stellvertretend für alle zitieren wir hier diese Beschreibung von R.A. Nelson (*La forma degli animali*, Rom (ALI) 1969, S. 46): »Wenn man die Gestalt einer Ratte genau betrachtet, kann man eine scheinbar nicht sehr bedeutende Besonderheit entdecken. Der Schwanz der Ratten ist wie der von nur sehr wenigen anderen Säugetieren mit Schuppen bedeckt, so wie die Fische von Schuppen bedeckt sind. (…) Der gesamte Körperbau der Ratten erinnert an die Fluidodynamik der Fische. Der fast nicht vorhandene Hals, die Struktur der Nase und der Augen, die Fähigkeit der Pfoten und der handelt sich in der Tat um ein Tier, das mit der typischen Fruchtbarkeit und Intelligenz der Nager eine außergewöhnliche physische Struktur vereint: Seine Ausmaße sind recht beträchtlich (bis

Ohren, unter Wasser eng anzuliegen und praktisch im Fell zu verschwinden, die Beschaffenheit des Fells, der Schwanz selbst (...) ergeben eine *Silhouette*, die ganz und gar ungewöhnlich für Landsäugetiere ist. Dies scheint die Hypothese nahezulegen, daß die Evolution dieser Tiere seit Dutzenden von Millionen Jahren blockiert ist, da die Natur ein praktisch perfektes Lebewesen hervorgebracht hat, das unzählige Herausforderungen seiner Umwelt durch den Gebrauch von Mechanismen überleben konnte, die es schon bei seiner Entstehung besaß. (...) Es scheint fast, als ob die Natur die Ratte als ein privilegiertes Kind betrachtet, da sie sie mit biologischen und psychozerebralen Fähigkeiten ausstattete, die sie bis in unsere Zeit und vielleicht auch noch nach uns weiterexistieren läßt.«

Eine einzelne Ratte greift einen Menschen oder größere Tiere normalerweise nur an, wenn ihr jeder andere Ausweg versperrt ist. In der Antike war es Brauch, Gefangene in Zellen voller Ratten zu werfen, um sie von diesen Tieren langsam auffressen zu lassen (vgl. M. Dansel, a. a. O., S. 99). Neuere Berichte von Menschen, die von Horden von Ratten getötet wurden, sind zum Glück sehr selten: Ein Beispiel, das es in die Nachrichten schaffte, war das tragische Ende eines englischen Bergmanns, der in einem Schacht eingeschlossen und von Ratten zerfleischt wurde (vgl. M. Jahoda, *Ratto è bello*, in: »Airone«, April 1985). Ratten zögern hingegen nicht, sich Kindern oder hilflosen Alten oder eingeschlafenen Personen zu nähern und sie quasi unbemerkt anzufressen. In den USA wurden 1980 vierzehntausend Menschen (die meisten davon Kinder) von Ratten gebissen. In Italien ist die Situation nicht viel anders, wie A. M. Perrino berichtet (*Il pericolo grigio*, in: »Panorama«, 15.4. 1985). Die Gefräßigkeit der Ratten wird durch einige finstere Episoden illustriert, wie die des berühmten Forschers Kane, dessen Schiff im polaren Packeis steckenblieb: Die Besatzung verhungerte fast wegen der unersättlichen Ratten, die in den Laderaum eingefallen waren. Napoleon Bonaparte mußte im Juni 1816 viele Tage lang fasten, weil Ratten seine sämtlichen Vorräte aufgefressen hatten (vgl. G. Scortecci, *Animali*, Rom (Labor) 1966, S. 399). Andere beeindruckende Vorkommnisse werden von Brehm berichtet (a .a. O., S. 499): »Sehr fetten Schweinen fressen sie Löcher in den Leib, dicht zusammengesperrten Gänsen die Schwimmhäute zwischen den Zehen weg, junge Enten ziehen sie ins Wasser und ersäufen sie dort, und dem Tierhändler Hagenbeck töteten sie drei junge afrikanische Elefanten, indem sie diesen gewaltigen Tieren die Fußsohlen zernagten.«

zu sechzig Zentimeter von der Schnauzen- bis zur Schwanzspitze), sein Gewicht beträgt bis zu einem Kilo, es hat äußerst scharf geschliffene Schneidezähne, die mit der Geschwindigkeit von einem Zentimeter im Monat wachsen, und ist mit einer kräftigen Muskulatur ausgestattet; neben seinen Ausmaßen und seinen »natürlichen Waffen« ist es von ziemlich aggressivem Wesen und zögert nicht, andere, auch viel größere Tiere anzugreifen (Katzen, Hunde, Schweine, sogar Menschen). Eine weitere »überlegene« Eigenschaft ist seine Resistenz gegen den stärksten Streß: Ratten können zum Beispiel sowohl bei sehr niedrigen als auch bei sehr hohen Temperaturen überleben und sich vermehren und daher alle nur möglichen Umgebungen bevölkern, von den Laderäumen von Eisbrechern, die im Packeis festsitzen (wo die Temperatur bis auf minus 45°C fallen kann), bis zu den glühendheißen Panzergerippen, die Rommel in der Wüste zurückgelassen hat.

Die Heimat dieses außerordentlichen Tieres ist Asien, wahrscheinlich Südostasien[1]: Jahrtausendelang lebte es in Wüsten, Steppen und Wäldern und vermehrte sich, ernährte sich von dem, was es vorfand, und war selbst die Lieblingsspeise einer ganzen Schar von Raubtieren. Menschliche Gemeinschaften in Asien lernten es um das siebte Jahrhundert vor Christus näher kennen, als die Ratte – wahrscheinlich zum ersten Mal in Indien[2] – ihren Kommensalismus mit dem Menschen begann. Nach und nach drangen dann vom indischen Subkontinent aus Legionen von Ratten mit Hilfe von Schiffen und Karawanen nach Afrika ein.

In Ägypten bevölkerte die Art *Rattus alexandrinus* die Kornspeicher der Pharaonen. Es ist sehr wahrscheinlich, daß von ihrer Kreuzung mit der asiatischen Ratte jenes Tier seinen Ursprung nahm, das wir heute unter dem Namen *Rattus rattus* katalogisieren.

Die Hinterpfoten dieses Tieres sind (genau wie die von *Rattus norvegicus*) unseren Händen unglaublich ähnlich.[3] Die besondere Form der Finger und die kräftigen Nägel erlauben ihm, überall hinzuklettern: auf Bäume, auf Dachböden und vor allem auf die Taue der im Hafen liegenden Schiffe. Wo immer ein Schiff liegt oder ankommt – von den antiken Dreiruderern bis zu modernen Kriegsschiffen –, gibt es auch eine Kolonie von Ratten. Und auf diese Weise, dank der Schiffe der Menschen, konnte das Tier seine Allgegenwart auf unserer Erde sicherstellen.

Die Legende besagt, daß die Art *Rattus rattus* im zwölften Jahrhundert in Europa ankam, versteckt im Bauch von Kreuzzugsschiffen, die aus Palästina zurückkehrten. Doch in Wirklichkeit kannten die Europäer die Tiere schon viele Jahrhunderte vorher: Wir finden Abbilder von *Rattus rattus* auf zahlreichen etruskischen Votivgegenständen aus Bronze, auf römischen Münzen, die in Pergamon[4] im zweiten Jahrhundert vor Christus umliefen, und auf Silbermünzen aus Cumae, die im fünften Jahrhundert vor Christus verbreitet waren. Es wird berichtet[5], daß der Kaiser Heliogabal (204–222 nach Christus) eine Schlacht zwischen tausend Mäusen, tausend Ratten und tausend Wieseln organisiert habe. Auch die Ausbreitung der antoninischen Pest und der justinianischen Pest stand wahrscheinlich mit dem Anwachsen der Ratten- und Mäusepopulationen im römischen Reich in Zusammenhang. Es ist allerdings ziemlich sicher, daß die aus Palästina zurückkehrenden Kreuzzugsschiffe einen besonders kräftigen und gefräßigen Typus von Ratte nach Europa gebracht haben: Der Naturforscher Albertus Magnus, der sich über dieses Tier äußert, erklärt, daß es Deutschland erst seit dem dreizehnten Jahrhundert bevölkert habe.[6]

Seit dem fünfzehnten Jahrhundert gibt es zahlreiche Exkommunikationen von Ratten in verschiedenen Städten Europas, was vermuten läßt, daß sie sich erst seitdem in ganz Europa durchgesetzt haben und eine demographische Explosion erfuhren, die ganze Ernten bedrohte. Der europäische Kontinent, so reich an dicht bevölkerten urbanen Zentren – und damit auch an großen Konzentrationen von Lebensmitteln –, bot einen idealen Lebensraum für ein Tier wie *Rattus rattus,* das noch lange unangefochten weitergeherrscht hätte, wenn nicht im achtzehnten Jahrhundert ein noch hungrigeres, schlaueres und stärkeres Tier seinen Siegeszug durch die asiatischen Steppen begonnen hätte. Das plötzliche Auftauchen ungeheurer Horden von *Rattus norvegicus* (die in heftigen Wettbewerb mit *Rattus rattus* traten) erstaunte die europäischen Naturwissenschaftler, die sich den Kopf darüber zerbrachen, wo dieses Tier bloß hergekommen war. Berkenhout bestimmte schließlich, daß es aus Norwegen stammte und gab ihm den Namen *norvegicus*. Doch in Wahrheit hatte das triumphale Vorrücken dieser Art nach Europa viel weiter entfernt begonnen.[7]

Im November 1727 verwüstete ein Erdbeben von unvorstellbarer Stärke weite Regionen Zentralasiens. Ganze Städte wurden in einem einzigen Augenblick hinweggefegt, und es gab Millionen von Toten (dreihunderttausend allein in der Region Kalkutta). Diese Naturkatastrophe löste vermutlich den Beginn der Diaspora von *Rattus norvegicus* aus. Es gibt viele Motive, die die Tiere dazu gebracht haben könnten, ihre unterirdischen Städte mit den endlosen labyrinthischen Gängen zu verlassen, in denen sie seit undenklichen Zeiten gelebt hatten. Der Einbruch dieser Tunnel und das reichliche Vorhandensein von Nahrung in Form der vielen Kadaver, die in der Folge des Erdbebens wahrscheinlich überall verstreut lagen, sind zwei der möglichen Gründe. Das Verlassen der unterirdischen Städte kann jedoch schon vor dem Beben stattgefunden haben, denn Mäuse und Ratten haben die Fähigkeit, das Herannahen von Erdbeben und anderen Katastrophen zu »spüren«.*

* Die Ursache dieser Fähigkeit von Mäusen und ihren Verwandten (und von vielen anderen Tieren), das Bevorstehen eines Erdbebens »vorauszuahnen«, ist in ionisierendem Gas zu suchen, das kurz vor einem Beben aus haarfeinen Rissen in der Erde austritt. Dieses Gas bewirkt bei Säugern ein Ansteigen des Serotoningehaltes im Blut, was sie unruhig macht. Tiere, die in unterirdischen Höhlen oder in einer geschlossenen Umgebung leben (wie es bei vielen Mäusearten der Fall ist), treibt diese Unruhe ins Freie, wo die Konzentration ionisierenden Gases geringer ist (vgl. H. Tribusch, *I profeti del*

Was immer die ursprünglichen Gründe waren – einmal an die Oberfläche gekommen, vermehrten sich die Ratten jedenfalls in maßloser Weise, bildeten riesige Migrationsverbände und machten sich auf den Marsch nach Europa. Im Sommer 1727 passierten sie die Gebiete nördlich des Kaspischen Meeres, erreichten die Wolga und überquerten sie schwimmend auf der Höhe von Astrachan, wobei sie enorme Verluste erlitten. Alexis Turgai, ein russischer Chronist aus dieser Epoche, schreibt[7]: »Vor mir tauchte plötzlich ein riesiges Feld in Bewegung auf, ein Feld aus Rattenkadavern, das der Strom nach Süden führte.« Doch das Heer der Ratten gab nicht auf: Nach der Überquerung der Wolga fiel es in der Ukraine ein und durchschwamm den Dnjepr, dabei eine weitere Dezimierung erleidend. Als die übriggebliebenen Ratten ihr unaufhaltsames Vorrücken fortsetzten, war es Winter, und die Wasser des Bug und des Dnjestr hatten sich in

terremoto, Mailand (Armenia) 1978, S. 26, S. 125 ff.). Dieses durch viele Zeugenaussagen bestätigte Verhalten der Mäuse (vgl. H. Tribusch, a. a. O., S. 64 ff.) wird unter anderem von chinesischen Behörden im Zusammenhang mit einer dezentralisierten seismologischen Überwachung in ländlichen Gebieten genutzt: Die Bewohner sind aufgefordert, jedes offenbar unbegründete Fliehen von Mäusehorden aus ihren unterirdischen Bauen zu melden (H. Tribusch, a. a. O., S. 49). Siehe auch die Abhandlung von G. Matteucig, *Ecologia, terremoto ed etologia*, Neapel (Edizioni Provincia di Napoli) 1985.

Schwieriger gestaltet sich die Erklärung der unzweifelhaften Fähigkeit von Mäusen, auch andere Katastrophen vorauszusehen. Nach V. Brinnel (*Disaster in Folklore*, Denver (Fox & Smithson) 1975, S. 30 ff.) können Mäuse die äußerst schwachen Vibrationen wahrnehmen und (unglaublicherweise) richtig interpretieren, die dem Zusammenbruch von baulichen Strukturen wie Bergschächten, Brücken oder Gebäuden vorausgehen, und sich so rechtzeitig in Sicherheit bringen. Brinnel weist auch darauf hin (a. a. O., S. 72), daß das in vielen Sprachen existierende Sprichwort »Die Ratten verlassen das sinkende Schiff« zu »Die Ratten verlassen das Schiff, bevor es sinkt« umformuliert werden müßte, und führt eine lange Liste von Vorkommnissen an, die dieses, nach unserem heutigen Wissensstand nicht vollständig erklärbare Phänomen, belegen.

weite Eisflächen verwandelt und stellten keine tödlichen Fallen mehr dar.

Im Jahr 1740 hatten die Ratten schon ganz Rußland eingenommen; 1753 erreichten sie Paris; 1803 fielen sie auch in die Schweiz ein. Um 1850 ist ganz Europa besetzt, und es gibt viele und beeindruckende Beschreibungen von Zeitzeugen über diese hungrigen Horden, die in jeden Winkel strömen: »In Byorstargraad (einem Dorf in der Nähe von Tirana, im Jahr 1839) kam der schwarze Fluß bei Sonnenuntergang an. ... Nichts konnte ihn aufhalten ..., weder die tosenden Sturzbäche, noch die schweren Pforten des Klosters. ... Wer nicht mit den anderen auf den Berg steigen wollte und glaubte, dem Tod zu entgehen, indem er sich hinter seiner Haustür verbarrikadierte, wurde am nächsten Tag als Skelett aufgefunden ... so war es auch in der Garnison von Syofock-Bargreb. ... Ich hätte keinen Moment an diese Verheerungen geglaubt, wenn ich sie nicht mit eigenen Augen gesehen hätte.« Der Naturforscher Helms[9] bestätigt: »Mein Schwager traf einmal in der Umgebung von Fordon, an einem schönen Herbstmorgen, auf eine Schar dieser umherziehenden Ratten, die ohne Zweifel aus mehreren tausend Tieren bestand.« Und der Naturforscher Buffon fügt betrübt hinzu: »Es sind jetzt schon fast neun oder zehn Jahre, daß diese Art sich in der Gegend von Paris ausbreitet. Man weiß nicht genau, wo diese Tiere hergekommen sind, aber sicher ist, daß sie sich in unglaublicher Weise vermehrt haben.«[10] Dasselbe Erstaunen auch in Italien: Der Abt Stoppani vertraut sogar der Poesie die schwere Aufgabe an, das Phänomen der Rattenhorden zu beschreiben.*

* Entro la città intanto dalle fogne
e dai chiusini
escono i luridi surmolotti
spiando se, dopo un secolo di strage,
c'è ancora qualche superstite
della razza infelice dei ratti,
antichi abitatori dei nostri solai.

Die großen Städte bildeten schließlich das Ziel der Wanderratten (*Rattus norvegicus*), genauer gesagt die städtischen Abwasserkanäle, in denen die Tiere vielleicht die unterirdischen, feuchten Gänge wiederzufinden glaubten, die ihre Vorfahren vor langer Zeit im fernen Asien verlassen hatten.

Li vedono i gatti ma tiran diritto,
finché non sia deciso chi abbia la ragione del più forte,
e preferiscono scorrazzare miagolando sui tetti
aspettando di agguantare per trastullo
qualche membro della famiglia infinita dei topi casarini,
che improvvidi,
e fatti baldi dalle tenebre,
escono (poveretti!)
a raccogliere le briciole cadute dai serotini deschi
o a dar l'assalto al cacio e alle farine.

Antonio Stoppani, *Il bel Paese* (1875), zitiert nach G. Monti, *Ratti, territorio, derattizzazioni*, Neapel (ORTA) 1989, S. 106.

(In der Stadt kommen unterdessen aus den Kloaken
und Kanaldeckeln
die schmutzigen Wanderratten
und spähen, ob es nach einem Jahrhundert des Gemetzels
noch irgendwelche Überlebenden
der unglücklichen Rasse der Ratten gibt,
Bewohner unserer Dachkammern von alters her.
Es sehen sie die Katzen, doch die gehen ihrer Wege,
weil nicht entschieden ist, wem das Recht des Stärkeren zukommt,
und ziehen es vor, miauend über die Dächer zu streifen
und darauf zu warten, zum Zeitvertreib
ein Mitglied der unüberschaubaren Familie der Hausmäuse zu packen,
die unvorsichtigerweise,
durch die Dämmerung kühn gemacht,
herauskommen (die Armen!),
um die von den Abendtischen heruntergefallenen Krümel aufzusammeln
oder sich auf den Käse und das Mehl zu stürzen.)

Ratten im Untergrund

Die unglaubliche Verbreitung, die die Art *norvegicus* zu dieser Zeit in den europäischen Metropolen fand, muß mit den tiefgreifenden Veränderungen in Relation gesetzt werden, die die Strukturen der Städte seit dem achtzehnten Jahrhundert erfuhren. Der intensive Verstädterungsprozeß und der damit einhergehende Anstieg des Wasserverbrauchs erforderten eine Neuanlage des gesamten Abwassersystems, das bis dato hauptsächlich auf Senkgruben beruht hatte.[1] Gestützt auf die alte »unterirdische Stadt«, die schon voller Geschichten, Legenden und Geheimnisse war, entstand somit eine neue »Unterwelt«: Victor Hugo beschreibt in den *Elenden* die Kloake von Paris, sowohl als Zufluchtsort für politisch und religiös Verfolgte als auch als Hort des Verbrechens,[2] und skizziert die Ängste, Verdachtsmomente und vagen Vermutungen, die uns auch noch heute überkommen, wenn wir an unterirdische Städte denken, an in Dunkelheit getauchte Orte, die die Ratten beheimaten.

Die Geschichte der Kloake von Paris kann stellvertretend für die Kanalisationen aller großen Städte betrachtet werden.

Schon im sechzehnten Jahrhundert war ein Versuch unternommen worden, das Labyrinth unterirdischer Gänge auszuloten, aus dem die alte Kanalisation bestand, aber dieses Projekt wurde bald wieder fallengelassen. Anfang des vorigen Jahrhunderts nahm man die Idee wieder auf, und der Plan zur Erforschung des Systems wurde diesmal durchgeführt. Bei der Gelegenheit fand man einen Stein mit der Jahreszahl 1550, der die Stelle bezeichnete, bis zu der die Kanalräumer in der Vergangenheit vorgedrungen waren, bevor sie sich geweigert hatten, weiterzugehen.

Die Expedition, die das gesamte Kanalnetz erforschen sollte, arbeitete oft unter Lebensgefahr sieben Jahre lang, um die Anlage und die gewundenen Gänge zu erfassen. Die Forscher-Kanalarbeiter fanden von allem etwas: alte Münzen, Goldschmuck, sogar das Skelett eines Orang-Utans, der Jahre zuvor aus dem Zoo entflohen war. Unter dem Justizpalast entdeckten sie Reste von Gefängniszellen, die aus alten Kanalisationsstrukturen bestanden hatten; an anderen Stellen war die Pflasterung eingebrochen, und die Abwässer hatten sich wie in einer Senkgrube angestaut.

Das Gewirr der Kanäle folgte dem Verlauf des alten Straßensystems und war wie die Straßen der alten Städte eine Ansammlung von Windungen, geknickten Kurven und Kreuzungen. Im Jahr 1880 wurde das Kanalsystem jedoch begradigt, erweitert, rationalisiert: Die Kloake ist, als Victor Hugo die oben erwähnten Passagen schreibt, völlig saniert, »gesäubert«, zweckmäßig angelegt. Aber immer noch voller Ratten.[3]

Die Kanalisation ist für die Bewohner heutiger Metropolen das, was der Wald für die Menschen im Mittelalter darstellte. Obwohl die Abwassersysteme der Großstädte heute im allgemeinen rationeller und weniger verstopft sind, nähren sie doch weiterhin atavistische Ängste und ererbte Schreckensvisionen, die unangefochten vom Horror vor den Ratten dominiert werden, den wahren Herren der metropolitanen Finsternis.

Als Städte der Dunkelheit unter den Städten des Sonnenlichts, als unendliche Labyrinthe geben die Kanalisationen das Theater für unsere Alpträume ab: Sie enthalten monströse und entsetzliche Tiere, widerliche Pflanzen, Geheimnisse, feuchte, von Säuren zerfressene Tunnelwände, Mauern aus schlüpfrigen Steinen, Schlamm, Kot und erstickende Nebel. Irgend jemand hat einmal die Kanalisation von New York als von Albino-Alligatoren mit roten Augen bevölkert beschrieben, die dort wild und bösartig hin- und herlaufen und sich von Ratten ernähren, so daß Kanalarbeiter, die es wagen, dort hinabzusteigen, dies nur bewaffnet mit Gewehren tun und entschlossen, gegen die Monster zu kämpfen. Und offenbar wünscht sich jemand eine solche Szenerie auch bei uns in Neapel und verschafft sich kleine Wassertiere, die er in die Kanalisation entläßt, in der Hoffnung, daß sie sich vermehren. Meldungen wie die über eine ein Meter lange Ratte, die in den Abwasserkanälen von Rom getötet worden sein soll, verbreiten sich wie ein Lauffeuer, und jeder fügt noch etwas hinzu.

Im Dunkeln raschelt es überall. Alles ist größer, blinder, weißer, sowohl Pflanzen als auch Tiere. Obskure Gerüchte über die Existenz von vergessenen Kanälen tauchen hin und wieder auf, über mutierte Pflanzen oder Tiere, abstoßende Wesen, vielleicht sogar Außerirdische, die sich dort eingenistet haben, um ungestört wachsen zu können und schließlich in die Wasserrohre zu kriechen, Straßen aufzubrechen und Häuser und Menschen zu verschlingen.

Um diese diffusen Ängste zu überwinden, würde es im Grunde genügen, die Kanalisation einmal zu besichtigen. In vielen Großstädten werden solche touristischen Exkursionen täglich angeboten, und das Auftauchen der unvermeidlichen Ratte bildet die »Hauptattraktion« der Führung. Aber vielleicht ist es sogar besser zu glauben, daß der Wald noch existiert, und sich weiterhin verborgene Gänge, im Hinterhalt liegende Alligatoren, Knäuel von Ratten, Haufen von Unrat, blasse, wuchernde Pflanzen etc. vorzustellen.[4]

Der gesamte Bereich der Abwasserkanäle ist hochgiftig. Außer den normalen Abwässern werden dort täglich (legal oder illegal) Tonnen von Reinigungsmitteln, Industrieabwässern und Flüssigkeiten, die Reinigungen, Werkstätten, Laboratorien und andere Betriebe verwenden, eingeleitet. Dies führt in bestimmten Fällen zu einer fast absurden Situation: Trotz des ständigen Zuflusses von Tonnen menschlicher Exkremente und Wasser, kann die Flüssigkeit in den Kanälen praktisch als steril betrachtet werden, da der Anteil der Säuren oft ausreicht, die Bakterien zu töten.

Wie kann also ein Säugetier wie die Ratte in einer solchen Umgebung leben? Die Kanalisation ist für Ratten tatsächlich kein ganz feindlicher Lebensraum, denn sie stellt einen ruhigen Ort dar, an dem sie nicht belästigt werden. Hier haben sie Wasser und Ruhe. Zahlreiche Wege retten sie aus Gefahren, und die Regenwassersiele an den Straßenrändern sind für sie die erste und wichtigste Fluchtmöglichkeit.

Den Ratten scheinen die Verschmutzungen, die Gifte, die Reinigungsmittel, die toxischen Abfälle nichts auszumachen. Vielleicht können sie aufgrund einer fortschreitenden Anpassung inzwischen alles trinken. Manche Rattenkolonien stillen ihren Durst auch mit Mengen von Meerwasser, die für uns tödlich wären.

Spontan stellt sich an dieser Stelle die Frage, ob die Kanalratten nicht anders sind als die anderen Ratten, ob sie vielleicht größer, blinder, Albinos oder sonst etwas sind.

Nein.

Sie sind nicht monströser oder anders als die normalen Ratten, die sich in den Kellern unserer Häuser verkriechen, die in den Schlachthäusern scharren und in Müllbergen wühlen. Sie sind keine Gefangenen der städtischen Unterwelt, sondern kommen und gehen wie sie wollen. Sie können überall hingelangen. Für sie stellen auch die Siphons kein ernsthaftes Hindernis dar, denn sie sind hervorragende Taucher, und wenn sie über das Abwassersystem in unsere Häuser eindringen wollten, könnten sie das ohne Schwierigkeiten tun.[5]

Dieselben Metropolen, die den Ratten diese optimalen Schlupfwinkel zur Verfügung stellen, versorgen sie auch mit einer fast unbegrenzten Menge an Nahrung in Form von Müll.

Früher existierte das Problem der Abfallbeseitigung in den Städten nicht: Die Abfälle wurden nicht entfernt, sondern einfach vor das Haus auf die Straße gekippt. Allerdings waren es auch recht magere Abfälle – hier und da ein Gemüsestrunk, eine

Käserinde, ein Stückchen Brot, das so verschimmelt war, daß man es noch nicht einmal den Armen oder den Schweinen geben konnte. Erst das Aufkommen des Kapitalismus und des Konsumdenkens führte in den Städten zu einem drastischen Anstieg des Verbrauchs von Waren und damit zu einem schwindelerregenden Anwachsen der produzierten Müllmenge. Pinocchio, ein Italiener, der vor einem knappen Jahrhundert lebte, war noch gezwungen, die Gehäuse und die Schalen der Birnen zu essen, die er zuvor hochmütig weggeworfen hatte. Heute werfen wir Obst weg, das nur ein klein wenig angeschimmelt ist oder ein paar Flecken hat. Und die Abfälle sammeln sich in immer schnellerem Rhythmus an.

In Italien fielen 1964 sechs Millionen Tonnen fester Abfälle in den Städten an; 1974 waren es elf Millionen, 1984 vierzehn Millionen.[6] 1974 bestanden nur 16,4 % der Abfälle aus weggeworfenen Lebensmittelsubstanzen, die als »Pflanzen und verwesbare Materialien« eingeordnet wurden. Zehn Jahre später war dieser Prozentsatz schon auf 29,8 angestiegen. Die ständig wachsenden Abfallmengen der Großstädte sind also immer reicher an oft gut erhaltenen Nahrungssubstanzen. Das Bild des Landstreichers, der überlebt, indem er sich von dem ernährt, was er in den Mülltonnen findet, ist inzwischen ikonographisch geworden. Das der Ratte noch nicht; vielleicht, weil wir es vorziehen, nicht über die Tatsache nachzudenken, daß es eben unser ökonomisches System ist, welches die Horden von Ratten und Mäusen in den Städten ernährt. 26 % der in Italien produzierten festen städtischen Abfälle werden überhaupt nicht entsorgt oder weiterverarbeitet, sondern einfach an wilden Müllkippen abgeladen (in Italien gibt es mindestens dreißigtausend davon[7]), die sich in wahre Aufzuchtstationen für Ratten und Mäuse verwandeln.* Wer einmal eine dieser Deponien beobachtet, wird über die unglaubliche Anzahl

* In Deutschland gibt es keine über längere Zeit bestehenden »wilden Deponien«, da illegal abgeladener Müll von den Müllabfuhren beseitigt wird. Die Kosten tragen die Kommunen über die regulären Abfallgebühren. Sta-

von Tieren erstaunt sein, die in aller Ruhe der Nahrungssuche nachgehen. Es ist genug für alle da; für Ratten, Mäuse, Vögel und sogar Schweine, die sich das Terrain in friedlichem Nebeneinander teilen. Manchmal entstehen ähnliche Müllhalden auch in den Herzen der Städte, infolge eines längeren Streiks der Müllabfuhr zum Beispiel oder wegen ungenügend arbeitender Stadtreinigungsdienste.**

Der Befall durch Ratten stellt heute auch für die fortschrittlichsten westlichen Städte ein ernstes Problem dar. In Lower Manhattan, wo 1,3 Millionen Arme in unmittelbarer Nähe der legendären Wall Street leben, sind nach offiziellen Zahlen über zweitausend Häuserblocks von Ratten verseucht.[8] Doch Ratten scheinen keine sozialen Schranken zu kennen und dringen auch in Gebäude ein, von denen man wirklich nicht behaupten kann, daß

tistiken über Abfallmengen gibt es in Deutschland erst seit 1977, beim Statistischen Bundesamt Wiesbaden (Umweltökonomische Gesamtrechnungen, letzte Ausgabe: 1994).

** Der Ärger der Bürger über solche Müllhaufen kann sich manchmal auch in humorvolle Initiativen verwandeln: »Der Nationale Verband der Rattenzüchter dankt der Kommunalverwaltung von Reggio Calabria für ihren Beitrag zum Überleben und zur Vermehrung der sympathischen Ratten durch die versäumte tägliche Entsorgung des städtischen Mülls und den Verfall, dem ganze Viertel unserer Stadt überlassen werden.
Bürger! Eure Mitarbeit ist nötig, damit unsere Sache von dem verdienten Erfolg gekrönt wird, und wir geben daher bekannt, daß unser Komitee Kurse in Rattenaufzucht abhält, bei deren Beendigung ein staatlich anerkanntes Zertifikat ausgestellt wird. Für weitere Informationen wende man sich an das Komitee für das Überleben der Ratten.
Suchst du
einen Freund für einsame Stunden?
einen Spielkameraden für deine Kinder?
ein besonderes Stück für dein Zuhause?
Ziehe eine Ratte auf!«
(herausgegeben vom Nationalen Verband der Rattenzüchter), zitiert nach R. Corradini, *Quanti topi signor Sindaco*, in: »Cronaca Vera«, 28.5. 1986)

sie von Armen und Ausgestoßenen bewohnt werden: Die Anwesenheit von Ratten im Weißen Haus, über die die Massenmedien sofort Bericht erstatteten, hat die hochentwickelten und angeblich unüberwindlichen Sicherheitssysteme, die jedes Eindringen in den bestbewachten Wohnsitz der Welt verhindern sollten, der Lächerlichkeit preisgegeben. Ein ähnlicher Vorfall war Jahre zuvor aus der Sommerresidenz des Schahs von Persien gemeldet worden.[9]

Ratten und Mäuse also überall. Selbst zwischen den reinlichen Wänden der Datenverarbeitungszentren, in den scheinbar undurchdringlichen Bunkern, die Atomsprengköpfe enthalten, in Atomkraftwerken.[10] Die durch diese Tiere hervorgerufenen Schäden sind oft groß, aber einzig und allein auf ihren ununterdrückbaren Drang, überall hineinzukriechen und unablässig zu nagen, zurückzuführen. Es steckt also keine Absicht dahinter, auch wenn manche schon fürchten, daß das blinde Spiel der Evolution und die unglaubliche Anpassungsfähigkeit dieser Wesen eines Tages ein intelligentes und unbesiegbares Tier hervorbringen könnte.

Die Rede ist von der Superratte.

Superratte

Der Archipel von Eniwetok, im Norden der Marshallinseln im Pazifik gelegen, besteht aus etwa vierzig kleinen Inseln. Den Amerikanern, unter deren Verwaltung der Archipel stand, nachdem sie ihn im zweiten Weltkrieg den Japanern weggenommen hatten, schien er abgelegen genug, um dort ihre Nuklearwaffenversuche durchzuführen. So kam es, daß in den fünfziger Jahren die im südlichen Teil der Gruppe gelegene Insel Engebi als Atomversuchsgelände ausgewählt wurde. Die wenigen Insulaner wurden evakuiert und ließen ihre Hütten, viele Erinnerungen und einige Mäuse und Ratten zurück. Auf Engebi wurden im Verlauf von vier Jahren vierzehn Atombomben und eine thermonukleare Bombe abgeworfen, die in verschiedenen Höhen über dem Boden explodierten.

Vier Jahre nach Beendigung der Versuchsreihe landeten Wissenschaftler der amerikanischen Marine, in schwere Strahlenschutzkleidung gehüllt, auf der Insel. Der Boden war wie verglast; die üppige tropische Vegetation, die einst die Insel bedeckte, war vollkommen vernichtet und ebenso alle Tiere. Alle, bis auf eine Art: die Ratten. Diese Nager gab es immer noch, und sie vermehrten sich weiterhin ungestört, gesund und kräftig.

»Die Fallen, die wir auf der Insel aufstellten, füllten sich bald mit Ratten, und es waren keine armen, von der Strahlung deformierten Kreaturen, sondern kerngesunde und robuste Exemplare«, notierte erstaunt William B. Jackson, der Hauptverantwortliche der amerikanischen Marineforschungsgruppe.[1]

Doch wie hatten die Ratten fünfzehn Atombomben überleben können? Und vor allem, wovon hatten sie sich in den vier Jahren des Infernos ernährt?

Verschiedene Hypothesen wurden aufgestellt: Die Ratten mußten sich in tiefe unterirdische Gänge verkrochen und von den Wurzeln der einst reich wuchernden tropischen Vegetation gelebt haben, und wahrscheinlich hatten sie sich nach und nach auf den Fischfang verlegt und waren in große Tiefen auf der Suche nach Fischen und Krustentieren hinabgetaucht.[2]

Doch wie gesagt, dies sind Hypothesen, die zahlreichen Faktoren keine Rechnung tragen, wie unter anderem den unvorstellbar hohen Temperaturen (im Bereich von Millionen Graden), die bei einer Nuklearexplosion herrschen, dem Seebeben, das diese hervorruft, dem Verschluß der Gänge durch den schrecklichen Überdruck, der Zerstörung von Samenzellen durch Gammastrahlen …

Engebi ist bis heute ein Mysterium geblieben. Doch immerhin kannten die Wissenschaftler, die die Horden von Ratten beobachteten, welche sich fröhlich auf diesem im nuklearen Feuer kalzinierten Felsrücken tummelten, nun die Antwort auf eine den ganzen Planeten bewegende Frage: Wer könnte je einen Atomkrieg überleben?

Phänomene wie dieses haben eine ganze Reihe von Science-fiction-Geschichten angeregt, in denen es um Kriege der Ratten gegen die Menschen geht.[3] Das ist Science-fiction, sicher, aber sie beruht auf Fähigkeiten, die die Ratten heute schon haben, wie sich mit erschreckender Geschwindigkeit zu vermehren; resistent gegen Giftstoffe zu sein; sehr hohe Dosen an Strahlungen aushalten zu können; schwere physische Traumata zu überleben (wie aus einem fünften Stockwerk zu fallen); Elektroschocks zu überstehen (bis zu 220 Volt, sechzig Sekunden lang); bei Temperaturen zwischen -40°C und +60°C zu überleben und sich zu vermehren; sich von praktisch jeder verfügbaren organischen Substanz ernähren zu können; sogar verseuchtes Wasser oder Meerwasser trinken zu können; in Öffnungen zu kriechen, die nicht viel größer sind als ein Markstück; auch härteste Materialien wie Beton, Blei oder Eisen anzunagen und zu zerstören; eine vertikale

Wand hinaufklettern zu können; fast einen Kilometer schwimmen zu können, ohne anhalten zu müssen; bis zu drei Tagen im Wasser überleben zu können[4] … die Liste der erstaunlichen Möglichkeiten dieser Tiere könnte noch seitenweise fortgesetzt werden.

Vergeblich jedoch suchen wir die Eigenschaft »Intelligenz«, jedenfalls in der Bedeutung, nach der dieser Begriff die Fähigkeit (die bis jetzt nur *Homo sapiens sapiens* besitzt), ein komplexes Problem analysieren, eine Reihe von gegliederten Handlungsschritten zur Lösung des Problems entwerfen und die nötigen Schritte unternehmen zu können, beschreibt.

Wenn dies nicht so wäre, würde sich für die Menschheit eine äußerst finstere Zukunft abzeichnen.

»Nehmen wir einmal an, daß ich mich der Stadt Mailand bemächtigen wollte. Ein Selbstmordkommando meiner Kameraden würde sich auf die Hochspannungsleitungen stürzen und damit die elektrische Versorgung der gesamten Provinz lahmlegen. Weitere Kamikazekämpfer, nicht mehr als zwei- bis dreihundert, würden in Aktion treten, um die Telefonzentralen der Stadt zu sabotieren. In einer einzigen Nacht könnten wir einen totalen Blackout auslösen, sämtliche Kommunikationsleitungen unterbrechen, das U-Bahn-Netz blockieren, die Verteilung von Benzin unterbinden … Mit anderen Worten, alles zum Stillstand bringen, was zum Funktionieren Energie benötigt. Die Stadt würde zu einem Friedhof, und in der Nacht darauf wären wir wieder in Aktion, um das wenige zu zerstören, was repariert wurde. Ein Monat würde genügen, damit die Bevölkerung die Stadt verließe. Aber wohin sollte sie gehen? Es gibt keinen Ort, auf den wir nicht unsere zerstörerische Energie richten könnten. Sicher würde uns das viele Verluste kosten. Aber daran sind wir ja gewöhnt.«

Das ist die übermittelte Erklärung eines Rattengenerals[5], der geschickt seine wirksamsten Waffen verschweigt: die Infektion der Wasserleitungen mit Cholerabakterien, die Verbreitung der Beulenpest, das Auslösen von Unfällen in hochempfindlichen Einrichtungen wie Atomkraftwerken, Flughäfen, Eisenbahnnetzen, Chemiewerken ... Zum Glück handelt es sich nur um Science-fiction.

Unter anderem müßte man sich sonst nämlich die Frage stellen, welches »Interesse« die Ratten haben könnten, ein System zu zerstören, das ihnen sichere Schlupfwinkel und reichlich Nahrung zur Verfügung stellt. Vielleicht aus »Rache« oder »Stolz«? Doch das sind typisch menschliche Schwächen, und selbst wenn die Ratten eines Tages eine höhere Intelligenz entwickeln würden, würden sie sicher nicht die Widersprüchlichkeiten unserer Psyche und unserer Kultur kopieren.

Aber wie gesagt, es handelt sich ja nur um Fiktion. Wie jene Meldungen über Gruppen von Riesenratten, die die Kanalisationen von Metropolen heimgesucht haben sollen (in den meisten Fällen sind es Nutria oder Biberratten, die aus einer Zuchtstation entflohen sind), verweisen auch diese Erzählungen wahrscheinlich eher auf gewisse Ängste der Autoren und Leser als auf eine gründliche Befassung mit realen Zuständen.

Sicher muß die Anpassung der Ratten an immer giftigere Umgebungen wie Mülldeponien zwangsläufig zu einer genetischen Auswahl führen, die darauf zielt, stets resistentere Tiere hervorzubringen. Es ist jedoch wahrscheinlich, daß sie nicht größer sein werden als die heutigen Ratten, denn zwei kleine Ratten sind für den Erfolg der Art nützlicher als eine große, und wir haben ja bereits gesehen, daß ihre Zahl das wahre Potential dieser Tiere ist.

Doch wie sieht die Zukunft der Ratten aus? Der Paläontologe Dougal Dixon schlägt in seinem wunderbaren Buch *After Man: A Zoology of the Future*[6] einige der zahllosen möglichen Tierformen vor, die durch die Evolution der jetzigen Ratten- und Mäusearten entstehen könnten. Bei Dixon hat sich die Ratte in einer Welt, in der – höchstwahrscheinlich – mit der Präsenz des Menschen nicht mehr zu rechnen ist, schließlich in einen Fleischfresser verwandelt: Wir begegnen daher der »Raubratte«, bei der sich die Schneidezähne in noch schärfere Fangzähne verwandelt haben; der »Flugspitzmaus«, ausgestattet mit einem Schwanz mit »Fallschirmvorrichtung«, der ihr lange Gleitflüge ermöglicht, um die ahnungslose Beute aus der Luft zu überraschen; dem »Teufel der Wüste«, fähig, auch die schnelle Eidechse zu packen, und vielen anderen seltsamen Tieren.

Aber könnte die Evolution der Ratten auch zu einer Tiergeneration führen, die in der Lage wäre, mit uns zu kommunizieren? Das mag eine absurde Idee scheinen, so wie es absurd erscheinen mochte, daß aus dem schüchternen Eichhörnchen, das sich vor den anderen Nagern auf die Bäume flüchtete, Millionen Jahre später das wurde, was wir heute sind. Die Evolution könnte diese und andere Überraschungen für uns bereithalten. Aber vielleicht werden wir Menschen diese Entwicklung gar nicht erleben, weil wir im Unterschied zu den Dinosauriern, die viele Millionen Jahre über die Erde geherrscht haben, schnell wieder verschwinden werden? Der Schriftsteller Günter Grass betraut in seinem Buch *Die Rättin*[7] eben jenes Tier mit der Aufgabe, von der Höhe eines Müllberges aus die letzten Worte an eine Menschheit zu richten, die sich durch einen Atomkrieg, durch die Verschwendung von Ressourcen und durch Gier und Gleichgültigkeit gegenüber dem sterbenden Leben selbst vernichtet hat. Warum hat er ausgerechnet eine Ratte für diese Aufgabe ausgewählt? Vielleicht, weil sie von jeher das am meisten verachtete, gefürchtete und gehaßte Tier ist. Und in dieser Verachtung, in diesem Haß gegenüber einem Tier, das so »anders«, aber dennoch ein Lebewesen ist, sieht Günter Grass ein Indiz für unsere gefährliche Tendenz zur Selbstzerstörung[8]: »Ich möchte die Aufmerksamkeit auf eine neue Haltung der Demut gegenüber den anderen Kreaturen, gegenüber dem Leben lenken. Wenn diese Demut sich wieder mehr verbreiten würde, wäre es all diesen Verrückten, all diesen Weltraumkriegern unmöglich, ihren Wahnsinn als Fortschritt auszugeben und sich damit zu brüsten.«

Die Menschheit von Ratten gerettet?

FLÖHE, RATTEN, MENSCHEN

Eine nicht-menschliche Krankheit

»Die Zahl der eingesammelten Nagetiere nahm ständig zu, und die Ernte war jeden Morgen reicher. Vom vierten Tag an kamen die Ratten in Gruppen heraus und starben. Aus den Verschlägen, den Untergeschossen, den Kellern, den Kloaken stiegen sie in langen, wankenden Reihen hervor, taumelten im Licht, drehten sich um sich selber und verendeten in der Nähe der Menschen. Nachts hörte man in den Gängen und den engen Gassen deutlich ihren leisen Todesschrei. Am Morgen fand man sie in den Straßengräben der Vorstädte ausgestreckt, ein bißchen Blut auf der spitzen Schnauze, die einen aufgedunsen und faulig, die anderen steif, mit gesträubten Schnauzhaaren. In der Stadt selber traf man sie in kleinen Haufen auf dem Flur oder in den Höfen. Manchmal starben sie auch einzeln in den Vorräumen der Verwaltungsgebäude, in den Schulhöfen, manchmal auf der Terrasse der Cafés. Unsere entsetzten Mitbürger entdeckten sie an den belebtesten Orten der Stadt.«

Die Seuche, die Albert Camus[1] beschreibt, ist die Beulenpest, die Königin aller Katastrophen, die in noch nicht allzu fernen Jahrhunderten Abermillionen von Menschen vernichtet hat, Heere und Reiche zerstörte und ganze Nationen in Verzweiflung stürzte. Strenggenommen kann die Pest jedoch nicht als Krankheit des Menschen betrachtet werden. Eigentlich eine Nagerseuche, kann sie zwar auch den Menschen befallen, aber dieser Aspekt – auch wenn er durch viele Millionen Tote belegt ist – bleibt eine Randerscheinung in der Geschichte dieser Tierkrankheit, die dazu beiträgt, sowohl die Populationen der Nager als auch die ihrer natürlichen Feinde (Schlangen, Wiesel, Raubvögel) in Grenzen zu halten.

Auslöser der Pest ist der *Yersinia pestis*, ein Bazillus, der seinen Namen einem der beiden Wissenschaftler verdankt, die ihn im Jahr 1894 entdeckten – Alexandre Yersin. Unter dem Mikroskop betrachtet, sieht dieser Mikroorganismus aus wie eine winzige geschlossene Sicherheitsnadel mit Beuteln genetischen Materials an den beiden Enden.

Niemand wird je wissen, wann und wie dieses Bakterium auf der Erde auftauchte; vermutlich hat es sich in vergangenen geologischen Zeitaltern entwickelt, in warmen und salzigen Meeren, zur selben Zeit, als auch zahlreiche andere einzellige Lebewesen entstanden. Wenn man sich die Mechanismen ansieht, die den Austausch zwischen den Mikroparasiten und ihren Wirtstieren regeln, wird verständlich, wie diese Mikrobe über Jahrtausende fortleben konnte.

Eine große Zahl von Mikroorganismen lebt in Symbiose mit einem Wirtsorganismus: Menschen beheimaten zum Beispiel eine vielfältige Bakterienflora im Darm, auf der Haut und im Mund, ohne daß dies irgendeinen pathologischen Effekt von Bedeutung hervorriefe. Andere Mikroparasiten lösen dagegen in dem nährenden Organismus entweder eine Immunreaktion aus, die sie schließlich tötet, oder Krankheiten, die sowohl den Wirt umbringen als auch nach kurzer Zeit die im Kadaver verbliebenen Mikroparasiten selbst. Vom ökologischen Standpunkt aus können wir daher behaupten, daß die virulenten Krankheitserreger sich kaum an die Rolle der symbiotischen Parasiten angepaßt haben. Das gilt sicherlich für *Yersinia pestis*, das fast immer zum Tod des befallenen Lebewesens führt und daher ständig von einem infizierten zu einem gesunden Organismus wandern muß, um das Überleben seiner Art zu garantieren. Das läßt vermuten, daß dieser Bazillus sich ausschließlich innerhalb von großen Nagerkolonien erhalten (und eventuell auch weiterentwickelt) hat, da die kontinuierliche starke Vermehrung dieser Tiere sein Weiterleben garantierte. Das Überwechseln von *Yersinia pestis* – und damit der Krankheit – von einem Wirt zum anderen wird durch

Insekten ermöglicht, die häufig Nager befallen und manchmal auch Menschen: die Flöhe.

Diese Parasiten gehören zur Ordnung der Aphaniptera (eintausendfünfhundert verschiedene Arten), bevölkern die Epidermis praktisch aller warmblütigen Wirbeltiere und saugen deren Blut. Von jeher ist die Art, die sich auf Menschen niederläßt, die des *Pulex irritans*, aber unter bestimmten Umständen können Menschen auch von einer anderen, viel beängstigenderen Flohart heimgesucht werden, die gewöhnlich die Art *Rattus rattus* befällt: der *Xenopsylla cheopis*. Aber sehen wir uns genauer an, wie die verhängnisvolle Übertragung der Pest vor sich geht.

Wenn ein Floh der Art *Xenopsylla cheopis* das Blut einer infizierten Ratte aufnimmt, formen die Bazillen im Inneren seines Körpers eine Art »Kultur«: Sie vermehren sich schnell und bilden mit dem Blut einen Pfropfen, der einen Beutel verstopft, den diese Flohart in der Speiseröhre hat (Präventrikel oder Vormagen). Der Floh, der selbst nicht infiziert wird, aber unter Hunger leidet, weil der Pfropfen das Schlucken verhindert, springt nach dem Tod der Ratte auf einen anderen Wirt, Mensch oder Tier. Durch seinen Biß führt er die Bazillen in das Blut des Opfers ein und infiziert es; in einigen Fällen geschieht die Ansteckung auch über das Eindringen der Exkremente des Flohs in die vom Biß hervorgerufene winzige Wunde.

Betrachten wir den Lebenszyklus dieser Parasiten noch etwas detaillierter.

Die größeren Weibchen bleiben nach ihrer Befruchtung fast nie auf dem Wirtsorganismus, sondern springen in das umgebende Terrain und suchen dort eine Ritze im Boden oder einen Ort, an dem sich Abfälle angesammelt haben und Luftfeuchtigkeit und Temperatur relativ hoch sind. Dort legen sie etwa ein Dutzend länglicher, weißlicher Eier ab. In der warmen Jahreszeit genügen vier bis sechs Tage, damit sich aus den Eiern Larven entwickeln, und im Sommer und unter guten Umweltbedingungen dauert das

Leben der Larven ungefähr zehn Tage. Wenn diese ausgewachsen sind, bilden sie eine Art gemeinsamen Kokon aus einem Seidenfaden sowie Staub- und Sandkörnern, in dem sie sich verpuppen und zu ausgewachsenen Insekten werden. Das Öffnen mehrerer Kokons kann gleichzeitig geschehen und eine Vielzahl von Tieren freisetzen. Es genügt eine kleine Erschütterung des Pflasters oder ein lauteres Geräusch, damit Hunderte von Puppen im selben Augenblick aufplatzen und neue, hungrige Flöhe entlassen. In vielen Fällen wird die Bodenerschütterung von einer Maus oder Ratte ausgelöst, auf die die kleinen Flöhe sofort aufspringen, um ihr Blut zu saugen. Hat der Nager die Pest, überträgt er deren Bazillen auf sie.

Wenn sie aus der Puppenhülle ausgeschlüpft sind, versuchen die Flöhe praktisch sofort, einen bevorzugten Wirtsorganismus zu erreichen, von dem sie durch Körperwärme oder den Geruch seines Blutes angezogen werden. Falls sie einen solchen nicht gleich finden können, geben sie sich mit anderen Nahrungsquellen zufrieden, die sie jedoch sofort wieder verlassen, sobald die Blutsorte zur Verfügung steht, die ihrem »Geschmack« am meisten entspricht. Dank ihrer Fähigkeit zu springen (sie können Sprünge von über zwanzig Zentimetern machen) ist es den hungrigen, infizierten Flöhen möglich, einen Menschen oder ein anderes Tier zu erreichen. Sie wählen einen Körperteil aus, bei dem die Haut dünn ist und gut durchblutet, stechen dort ihre Saugwerkzeuge ein und geben eine kleine Menge Speichel ab. Während des Blutsaugens schwellen sie an, lassen die Bazillen frei und übertragen die Krankheit. Danach verstecken sie sich im Fell oder in der Kleidung (vor allem in den Falten, die Kontakt mit der Haut haben) oder springen von ihrem Wirt herunter, um sich in der näheren Umgebung zu verbergen, in Stoffen, Matratzen oder einfach auf dem Boden.

Finden Flöhe optimale Lebensbedingungen vor, das heißt die richtige Sorte Blut, eine ausreichend hohe Lufttemperatur und eine nicht zu geringe Luftfeuchtigkeit, können sie mehr als fünfhundert Tage alt werden, während ein mit Bazillen infizierter Floh unter günstigen klimatischen Bedingungen (das heißt bei einer Temperatur zwischen 15°C und 20°C und einer Luftfeuchtigkeit zwischen 90% und 95%) ohne Nahrung bis zu fünfzig Tage überleben kann. Gewöhnlich verbringen Flöhe den Winter im Winterschlaf, weshalb die Höhepunkte von Beulenpestepidemien in den gemäßigten Klimazonen meist in den warmen Monaten erreicht wurden.[2]

Die Form der Beulenpest (die Bezeichnung »Pest« ist vom lateinischen *peius* abgeleitet = der Schlimmste) hat vom Zeitpunkt des Eindringens des Erregers durch die Haut eine schwankende Inkubationszeit von mindestens einem bis zu höchstens sechs Tagen. Wenn jemand von einem infizierten Floh gebissen wurde, entsteht innerhalb dieses Zeitraums eine schmerzhafte Beule oder Schwellung an den Lymphdrüsen der Leiste (wenn der Flohbiß an einem Bein stattfand), der Achselhöhlen (wenn ein Arm vom Biß betroffen war) oder des Halses (wenn der Biß am Kopf geschah). Hohes Fieber, komatöser Zustand, Herzinsuffizienz, Milz- oder Nierenentzündung und manchmal die Zerstörung des Gewebes dieser Organe und damit zusammenhängend innere Blutungen sind Folgen der Ansteckung.

Ein Arzt aus Marseille notierte über die Pestepidemie von 1720: »Die Krankheit begann mit Erbrechen und Kopfschmerzen, worauf ein heftiges Fieber folgte. Die Symptome waren ständiges Frösteln; ein schwacher, unregelmäßiger und langsamer Puls; und eine derart bemerkenswerte Schwere des Kopfes, daß der Kranke Mühe hatte, ihn aufrecht zu halten, und Opfer einer benommenen Unruhe schien, die der eines Betrunkenen ähnelte, mit starrem Blick, der Schrecken und Verzweiflung ausdrückte.«

Die Sterblichkeitsrate schwankt bei Fällen von Beulenpest, die nicht mit modernen pharmazeutischen Mitteln behandelt wurden, zwischen 60% und 85%, und der Tod tritt im Durchschnitt nach fünf Krankheitstagen ein. Aus noch nicht ganz geklärten

Gründen kann die Krankheit in manchen Fällen zu einer Vergiftung des Blutes führen (bei der sogenannten septikämischen Pest), die ausnahmslos tödlich verläuft und innerhalb von vierundzwanzig Stunden zum Ende führen kann, noch vor dem Verschwinden der Beulen. Die septikämische Form kennzeichnete die Pestepidemie von London im Jahr 1665, die Daniel Defoe so beschrieb[4]: »Es ist wahr, daß, wie die verschiedenen Ärzte unserem Lordbürgermeister berichteten, die Ansteckung zu bestimmten Zeiten so rasend um sich griff und die Leute so rasch erkrankten und so schnell starben, daß es unmöglich war und schlechterdings sinnlos, von Haus zu Haus zu gehen und nachzuforschen, wer krank war und wer gesund, oder sie mit aller Genauigkeit, die die Sache erforderte, abzusperren, wo doch beinahe jedes Haus in einer ganzen Straße befallen war (...). Manche starben ganz plötzlich, andere in zwei oder drei Tagen. Daher die vielen Meldungen über Personen, die auf dem eiligen Weg ins Lazarett auf der Straße gestorben waren.«

Aus ebenfalls nicht ganz bekannten Ursachen kann eine Infektion mit Beulenpest auch zu einer Lungenentzündung zweiten Grades führen und somit zusätzlich eine Lungenpestepidemie entstehen. Unter bestimmten Umständen kann die Krankheit von Anfang an diese Form annehmen, bei der eine Sterblichkeitsrate von 99,9% besteht und der Patient meist innerhalb von drei Tagen stirbt. Diese Pestart wird direkt von Mensch zu Mensch durch Husten oder Niesen übertragen und verbreitet sich vor allem in den kalten Jahreszeiten und Klimazonen, wo die Menschen häufiger in engem Kontakt in geschlossenen Räumen miteinander leben.

Wenn die Flöhe auch die wahren Überträger des Pestbazillus sind, so werden sie selbst doch unter der menschlichen Bevölkerung von Nagetieren verbreitet, die seit Jahrtausenden eine Beziehung des engen Kommensalismus zu den Menschen haben: Mäuse und Ratten. Bei den »Haus«ratten werden sowohl *norvegicus* als auch *rattus* von der Krankheit befallen, auch wenn erstere etwas weniger gefährlich für Menschen sind. Während *Rattus rattus* nämlich der bevorzugte Wirt von *Xenopsylla cheopis*, dem eigentlichen Pestfloh, ist, ernährt *norvegicus* vor allem den *Ceratophyllus fasciatus*, der kein Präventrikel besitzt und wahllos auf wilden und auf Hausratten lebt, wodurch er die Übertragung der Krankheit von den einen auf die anderen verursacht. Mäuse und Ratten sind also nur die »Vermittler« zwischen der menschlichen Bevölkerung und den zahlreichen wilden Nagerpopulationen, bei denen die Pest eine endemische Krankheit bleibt – man spricht in diesem Zusammenhang auch von Pestherden.

In der heutigen Zeit sind alle Regionen der Erde, in denen große Populationen grabender Nager (die in unterirdischen Tunnelsystemen leben) vorkommen, von der Pest infiziert. Die meisten dieser Herde haben sich erst in jüngster Zeit gebildet (fast alle im zwanzigsten Jahrhundert), nur drei sind sehr alt: Einer von diesen befindet sich am Fuße des Himalaya zwischen Indien und China; ein zweiter in Zentralafrika im Gebiet der Großen Seen und der dritte (jünger als die beiden anderen, die mindestens auf den Beginn des christlichen Zeitalters zurückgehen[5]) umfaßt die gesamte Ausdehnung der eurasischen Steppe, von der Mandschurei bis zur Ukraine.

Bei diesen Nagergemeinschaften in unterirdischen Höhlen kann die Infektion ständig bestehen. Die Umstände der Ansteckung (und in seltenen Fällen der Genesung), von denen oft mehrere Arten von Wirtstieren betroffen sind, die in denselben Höhlen leben, sind sehr komplex und überhaupt noch nicht bekannt. Nur wenn die Krankheit eine »jungfräuliche« Population befällt (das heißt Nager oder Menschen, die noch nie infiziert waren), greift die Ansteckung in katastrophalem Ausmaß um sich. Zum Glück ist die Ausbreitung der Pest auf unserem Planeten durch die Tatsache verlangsamt worden, daß die große Mehrheit der Nager ein gleichbleibendes Verhalten aufweist. Unter den verschiedenen Rattenarten gibt es jedoch einen beachtenswerten Unterschied, was die Leichtigkeit betrifft, mit der diese die Pest unter den Menschen verbreiten können. Die Art *rattus*, von vorwiegend seßhafter Lebensweise, liebt trockene Umgebungen und lebt vorzugsweise in Getreidespeichern und auf Schiffen und bewegt sich nie von einem Dorf zum anderen (oder von einem Hafen zum anderen), es sei denn, sie wird passiv dorthin transportiert. Selten entfernt sie sich mehr als fünf- bis sechshundert Meter von ihrem angestammten Schlupfwinkel, denn als Allesfresser muß sie sich nicht auf die Jagd nach Wildtieren begeben und begnügt sich fast immer damit, Pflanzen und Kleintiere aus der Umgebung der eigenen Höhle zu fressen. Die Menschen selbst waren es, die diesen Tieren schnelle und bequeme Transportmittel zur Verfügung stellten, so daß sie die Pest über den Erdball verbreiten konnten, und der »Transport« der Pest »via Schiff« ist wahrscheinlich ein Werk gerade dieser seßhaften Rattenart.

Norvegicus (Wanderratte) hingegen, größer und kräftiger, zeigt ein unruhigeres Verhalten. Die Tiere sind ausgezeichnete Schwimmer, lieben die Feuchtigkeit und wechseln häufig ihren Aufenthaltsort vermittels langer Wanderschaften. Sie sind wahrscheinlich auch für die Ausbreitung der Krankheit auf dem Landweg verantwortlich. Darüber hinaus ist ihr Organismus weniger empfänglich für die Infektion mit Pestbazillen als der der Art *rattus*: Das Ausbleiben der Pestepidemien in Europa seit dem achtzehnten Jahrhundert könnte der erzwungenen Entfernung von *rattus* aus den Städten zu danken sein, verursacht durch die erbarmungslose Konkurrenz des *norvegicus*.

Wenn, wie wir gesehen haben, die Beulenpest von den Flöhen der Ratten oder anderer Nager auf den Menschen übertragen wird, bedeutet das, daß ohne die Anwesenheit von infizierten Nagern und ihren mit Bazillen »gesättigten« Flöhen keine Epidemie unter den Menschen ausgelöst werden kann. Gleichzeitig ist es jedoch noch nicht einmal nötig, daß eine Horde migrierender Nager auftaucht, um die Pest unter der menschlichen Bevölkerung zu verbreiten, da die infizierten Flöhe und gelegentlich auch eine infizierte Ratte lange Distanzen in Kleidern oder anderen Waren versteckt überwinden können.

Letzten Endes ist die Geschichte des Weges der Pest also die der Handelsflotten. Eine Geschichte, die am Mittelmeer zu Beginn des christlichen Zeitalters ihren Anfang nimmt, um sich um 1200 in den asiatischen Steppen fortzusetzen und schließlich in unseren Tagen an der kalifornischen Küste anzugelangen.

Eine Geschichte der Mäuse, Ratten, Flöhe und Menschen, die wir in komprimierter Weise zu beschreiben versuchen wollen.

Eine Strasse für die Pest

»Doch du, oh Weib, mit deinem Umherschweifen, deiner Neugierde und Eitelkeit, wenn du nicht selbst fällst, bringst du viele andere zu Fall, und manchmal bist du die Ursache von Raufereien, Streit, Verwundungen und Tod unter den Männern, aber viel öfter die Ursache für den Tod vieler Seelen wegen der Sünden, die durch deine Schuld begangen werden. ... O meine geliebten Töchter in Christus ... sollte es möglich sein, daß wir aus der vergangenen Pestilenz und unserer durch die Gnade Gottes wiedererlangten Gesundheit noch nicht einmal die Lehre ziehen wollen, all die vielen Kopfputze, die vielen Stickereien und Kleiderstoffe, die vielen verschiedenen Kleidungsstücke und Verzierungen nach christlicher Zucht zu mäßigen und einzuschränken?«

Das ist ein Auszug aus der delirierenden Schmährede, die der Heilige Carolus[1] nach der furchtbaren Pest von 1575 an die Mailänderinnen richtet und mit der er praktisch den Frauen die Verantwortung für die Seuche zuschreibt.

So absurd dies auch scheinen mag, die im Wahn gesprochenen Worte haben doch einen realen Grund.

Und der liegt in der Seide.

Die Seide kommt ursprünglich aus den Gebieten nördlich des Himalaya, woher auch die *Theophilla mandarina* stammt, das Insekt, von dem die Seidenfäden gewonnen werden.[2] Um das dritte Jahrhundert vor Christus war die Seide nach Zentralasien gelangt, wo die Römer sie kennenlernten und in den Mittelmeerraum importierten. Zum ersten Mal in Rom anläßlich der Triumphfeiern Caesars (46 v. Chr.) ausgestellt, war ihr ein glänzender Erfolg beschieden, denn von diesem Moment an wurden die römischen

Patrizier die eifrigsten Konsumenten dieses anregend schimmernden Stoffes. Die Seidenmode steckte auch die Männer an: Im Jahr 16 vor Christus verbot der römische Senat unter dem Konsulat von Taurus und Libronius den Männern, »sich durch das Tragen von Seidenstoffen zu entehren«, ein Verbot, das offenbar sofort ignoriert wurde, da Seneca wenig später die ironische Frage stellt, ob seine Zeitgenossen noch in der Lage wären, sich einzukleiden, wenn sie auf den Handel mit den »Seidenleuten«, das heißt den Chinesen, verzichteten.[3] Doch während der Regierungszeit von Kaiser Aurelius (270–275 n. Chr.) wurde die Seide plötzlich im gesamten Okzident rar. Die Kaiserin Severina wies ein seidenes Gewand aus der Hand ihres Mannes zurück, weil sie es für töricht hielt, »sein Gewicht in Gold« dafür zu bezahlen. Die Tatsache, daß die Seide derart rar und teuer geworden war, legt die Vermutung nahe, etwas Gravierendes entlang der »Seidenstraße« habe den lukrativen Handel unterbrochen: möglicherweise die Pest.

Ähnlich wie beim Vorrücken des »Rückfallfiebers« auf der »Salzstraße« in Ostafrika, hatte die Entstehung eines regelmäßigen Karawanenhandels quer durch Asien auf der Grundlage des Seidentransports Konsequenzen für das Umsichgreifen der Pestepidemien.

Die Seidenhändler mußten an die Herren der Länder, durch die ihre Karawanen zogen, Schutzgeld zahlen. Damit erkauften sie sich die Dienste von Söldnern, die dem eigenen Führer zur Sicherung seines Gebietes zur Verfügung standen, wenn sie nicht gerade eine Karawane eskortierten. Der Seidenhandel unterstützte auf diese Weise die Festigung einer ganzen Reihe von Staaten (deren Herrscher Nachkommen der Steppennomaden waren), die sich entlang der Karawanenstraße vom römisch regierten Syrien bis zur nordwestlichen Grenze von China erstreckten. Der Pestbazillus schlich sich in die Seidenkarawanen über infizierte Ratten ein, die aus dem Pestherd am Himalaya stammten, oder über die Flöhe irgendeines Soldaten. Der Transport der Pest durch die Karawanen muß jedoch sehr langsam vonstatten gegangen sein, denn die erkrankten Karawanenmitglieder wurden mit einiger Sicherheit auf der Strecke zurückgelassen, bevor sie überhaupt die Möglichkeit hatten, die Seuche auf ihren Konvoi oder auf eine Stadt zu übertragen, da die Städte meist mehrere Tagesreisen voneinander entfernt lagen.

Ein Weg, der zu der schnellen Ausbreitung der Pest führte, bot sich wahrscheinlich in Form des Netzes von Karawansereien, das sich zu dieser Zeit allmählich über ganz Asien zog. Jeder Ort, an dem die Karawanen regelmäßig anhielten, um Vorräte aufzunehmen, mußte auch einer festen Gemeinschaft von Mäusen, Ratten und Flöhen ein Auskommen bieten, die nun noch von den riesigen Vorratsmengen angezogen wurden, die zur Verpflegung von Dutzenden oder sogar Hunderten von Menschen und Tieren auf der Durchreise benötigt wurden. Wenn diese Populationen von Ratten und Flöhen den Bazillus von einem »importierten Träger« (Floh, Ratte oder Mensch) erhielten, konnten sie die Krankheit im Inneren der Karawanserei ausbrüten. Von dem Moment an, in dem sich die Folgen der Ansteckung in ihrer ganzen Schrecklichkeit zeigten, breitete die Krankheit sich mittels der Menschen, die vor ihr flohen, mit großer Geschwindigkeit auf die angrenzenden Städte und Ortschaften aus. Trotzdem war das Fortschreiten der Pest in Asien insgesamt extrem langsam: Es dauerte mehr als sieben Jahrhunderte, bevor sie im Jahr 610 nach China gelangte.[4]

Viel schneller hingegen erfolgte die Verbreitung der Krankheit in die entgegengesetzte Richtung, nachdem sie erst einmal die Küsten des Mittelmeeres erreicht hatte. Die römischen Schiffe, beladen mit Nahrungsmitteln, die sie von den Häfen Afrikas und des Mittleren Ostens nach Marsala, Ostia oder Pozzuoli brachten, waren ein beliebtes Ziel für Mäuse und Ratten, sicherlich begehrter als die Gewürz- oder Stofftransporte.

Schon 161 n. Chr. hatten die Ratten Italien eingenommen: Scharen der Vorfahren des heutigen *Rattus alexandrinus* waren, versteckt zwischen den an Bord verstauten Kisten mit Eßwaren, gemeinsam mit Kaufleuten und Soldaten in See gestochen. In Italien angekommen, gingen sie mit der Nahrung an Land; während die Waren entladen und die Kielräume leer wurden, glitten sie die Taue mit einer Geschicklichkeit entlang, die die Seeleute möglicherweise amüsierte, weil sie nichts von der Gefahr, die jede einzelne Ratte verkörpern konnte, ahnten. Dieser kontinuierliche Import von Ratten erwies sich bald als fatal, denn im Jahr 161 brach die Pest in Syrien aus, wo die Römer ein wichtiges Handelszentrum errichtet hatten, und gelangte bald darauf nach Rom. Im Jahr 165, unter der Regierung von Antoninus Pius, wurde die römische Bevölkerung sowie die der Mittelmeerküsten durch die Seuche stark dezimiert, die noch weitere fünfzehn Jahre lang tobte und mit unverminderter Heftigkeit zwischen 251 und 256 von neuem ausbrach.[5]

Die langanhaltende Epidemie hatte zahlreiche Auswirkungen auf das Leben im römischen Reich. Eine der wichtigsten war die Beschleunigung der wirtschaftlichen Krise, die das Imperium bereits bedrohte. Die Entvölkerung der Küstenregionen führte zu einer drastischen Verringerung der Steuereinnahmen Roms, was wiederum die für die Besoldung des Heeres zur Verfügung stehende Geldmenge verminderte. Folge war eine Rebellion der Legionen, die sich an der Zivilbevölkerung schadlos hielten und den verteidigungslosen Gebieten um das Mittelmeer, die die *Pax romana* dem römischen Reich einverleibt hatte, mit Gewalt abpreßten, was sie abpressen konnten. Ein weiterer ökonomischer Niedergang, eine noch gravierendere Entvölkerung der Gebiete und der Ruin der wenigen noch verbliebenen Einwohner folgten.

Mit dem allmählichen Übergang der Zentralmacht in die Hände der lokalen Autoritäten verringerten sich die Mittel der Zentralverwaltung noch mehr, so daß das Reich immer verwundbarer für Angriffe von außen wurde. Das Ergebnis war ein Nachgeben der imperialen Herrschaftsstrukturen in den westlichen Provinzen und ihr prekäres Fortbestehen in den dichter bevölkerten östlichen Provinzen.[6]

Die Pest trug außerdem zur Verbreitung und zur Festigung des Christentums bei. Die Christen kannten im Gegensatz zu den Heiden die Pflicht, den Kranken beizustehen, selbst in Pestzeiten; sie kümmerten sich auch um die Sterbenden und versorgten sie mit Nahrung und Wasser. Wenn dies auf der einen Seite sicher zu einer Ausbreitung der Infektion unter den Christen führte, so verschaffte es ihnen auf der anderen ein hohes Ansehen, welches sich bald in einen massenhaften Zulauf zu der neuen Religion verwandelte. Das Christentum bot darüber hinaus eine Lebensauffassung, die auch aus plötzlichen und unvorhersehbaren Todesfällen einen positiven Wert bezog: Die »Befreiung von irdischem Leid« war schließlich äußerst wünschenswert für einen Christen, wenigstens prinzipiell gesehen. Auch die Überlebenden konnten aus dem Gedanken, daß sich für all die toten Verwandten und Freunde, die als gute Christen gestorben waren, eine himmlische Existenz öffnete, einen tiefen, unmittelbaren und heilsamen Trost gewinnen.

Eine neue Pestepidemie wütete im Jahr 542 unter Kaiser Justinian in allen Mittelmeerländern und forderte in einer Zeitspanne von zwei Jahrhunderten etwa einhundert Millionen Tote. Die uns von Prokop überlieferte Beschreibung dieser Epidemie läßt keinen Zweifel an der Art der Infektion: Beulenpest.

Eine der ersten Folgen der Eröffnung des Seehandels zwischen Ägypten und dem indischen Subkontinent scheint die Ankunft[8] einer neuen Spezies von infizierten Ratten gewesen zu sein, die aus Indien stammte und die Seuche von neuem nach Europa brachte.

Diese schlimme Pestilenz hatte weitreichende Konsequenzen: Das Scheitern der Bemühungen Justinians, die Einheit des Reiches um das Mittelmeer herum wiederherzustellen, kann zum großen Teil der Verminderung der zur Verfügung stehenden Mittel durch die Folgen der Pest zugeschrieben werden. Ebenso wird der Mißerfolg der römischen und persischen Armeen verständlich, die den muselmanischen Heeren, die seit 634 aus Arabien vordrangen, nach den von der Pest verursachten schweren Verlusten nur symbolischen Widerstand entgegensetzen konnten. Der Niedergang des Mittelmeerraumes als Zentrum der Zivilisation und die wachsende Bedeutung der nordeuropäischen Länder wurden durch eine lange Reihe von Pestepidemien befördert, vor allem in den vom Meer aus leicht erreichbaren Ländern mit gemäßigtem Klima.[9]

Aus der Zeit zwischen dem achten und dem dreizehnten Jahrhundert sind keine Berichte über Pestepidemien überliefert. Möglicherweise ist dies auf eine starke Dezimierung der menschlichen Bevölkerung (und vielleicht auch der der Ratten und Mäuse) zurückzuführen, die die Ausbreitung neuer Pestilenzen erschwerte.

Im vierzehnten Jahrhundert jedoch bricht die Seuche von neuem in Europa aus, diesmal durch die Invasion der Tataren, die während der Belagerung von Caffa am Schwarzen Meer im Jahr 1346 pestinfizierte Leichen auf den genuesischen Vorposten katapultierten; die Genueser evakuierten bald darauf mit einigen Galeeren ihre Stadt und legten 1347 in Messina an.[10] Am Ende desselben Jahres hatte sich die Pest in ganz Sizilien verbreitet und überquerte im Dezember die Meerenge. 1348 hatte sie alle Häfen Sardiniens, Korsikas und Elbas erreicht sowie die von Genua, Pisa, Venedig und Dalmatien und verbreitete sich rasch auf der ganzen italienischen Halbinsel und danach auf dem europäischen Kontinent.

Die Folgen des Schwarzen Todes, so nannten die Menschen damals die Beulenpest wegen der bläulich-schwarzen Farbe, die die Erkrankten annahmen, waren verheerend. Im Lauf von nur vier Jahren, von 1347 bis 1351, wurden rund dreißig Millionen Menschen ausgelöscht.

Nach dieser ersten katastrophalen Welle erschien die Pest in Europa in regelmäßigen Intervallen: In Italien waren die Jahre 1360–1371, 1381–1384, 1388–1390 und 1398–1400 von schweren Epidemien gekennzeichnet.

Durch Kriege befördert, beendet die Pest ihrerseits Kriege: Sie bricht Belagerungen ab und führt zum Abschluß von Verträgen; sie zwingt Juan I. von Kastilien, die Belagerung von Lissabon abzubrechen (1348), läßt den Herzog von Berry seine Truppen von Bourges abziehen (1412), veranlaßt das türkische Heer, sich von Ragusa zurückzuziehen (1464) und so weiter. Die Pest ist es, die sterbenden Heeren den Waffenstillstand auferlegt: Waffenstillstand zwischen Genua und Venedig; Waffenstillstand zwischen den Türken und Byzanz; Waffenstillstand im Bürgerkrieg von Flandern (1349); englisch-französischer Waffenstillstand (1347) – die Beispiele könnten noch lange fortgesetzt werden.[11]

Die Konsequenzen des Schwarzen Todes sind weitreichend und tiefgehend. Erst seit kurzem haben Historiker begonnen, die Auswirkungen dieser Katastrophe zu studieren, die das Überleben der europäischen Bevölkerung in Frage zu stellen schien und zahlreiche Umwälzungen in der Wirtschaft, den Siedlungsbewegungen, den Künsten und selbst den Religionen bewirkte.[12]

Wenn wir den Blick für einen Moment von Europa abwenden und auf andere Gebiete lenken, bietet sich ein nicht weniger schreckliches Bild. In Ägypten zum Beispiel scheint zwischen 1347 und 1349 ein Drittel der Bevölkerung am Schwarzen Tod gestorben zu sein. Die Pest blieb überdies mehrere Jahrhunderte lang endemisch in dem zu dieser Zeit von den Mamelukken beherrschten Land, die als Krieger aus der Kaukasusregion rekrutiert worden waren, wo sich ebenfalls eine Brutstätte der Krankheit befand.

Auch im China des vierzehnten Jahrhunderts finden wir zwei von der Pest gefährdete Grenzgebiete: Das eine liegt im Südwesten des Landes und stößt an den Himalaya, ein Gebiet, in dem die Pest seit prähistorischen Zeiten präsent ist, das andere liegt im Nordwesten und fällt mit der mongolischen Steppe zusammen. Es gibt keine sicheren Belege darüber, wie die Infektion sich bei den Nagern der mongolischen Steppe einnistete, aber mit einiger Wahrscheinlichkeit verbreitete sie sich im dreizehnten Jahrhundert, als die mongolischen Eroberer zum ersten Mal einen Stafettendienst zwischen Yunnan-Birma und der Mongolei einrichteten. Eine Hypothese wäre, daß die Pest im Gefolge der nach dem Einfall in Birma und Yunnan zurückkehrenden mongolischen Heere um 1253 die Nagerkolonien der Mongolei erreichte und sich dort in endemischer Form festsetzte. In den folgenden Jahren breitete die Pest sich vermutlich über die Steppe nach Westen aus, vielleicht mit der gelegentlichen Hilfe menschlicher Wanderungsbewegungen.[13]

Die Pest fuhr fort, Europa zu peinigen, brach hier aus, verschwand dort, um immer dann wieder zuzuschlagen, wenn die Menschen die Gefahr endgültig gebannt glaubten. In den Aufzeichnungen eines Chronisten aus Orvieto ist zu lesen: »Die erste große Pest brach im Jahr 1348 aus und war die schlimmste«; dann fügt er hinzu: »zweite Pest 1363, dritte Pest 1374, vierte Pest 1383, fünfte Pest 1389.« Eine andere Hand hat später ergänzt: »sechste Pest 1410«. Eine Aufzählung der von der Krankheit getroffenen Städte wiederholt die düstere und monotone Zeittafel des Chronisten aus Orvieto: Florenz 1348, fünfundzwanzigtausend Tote; Siena 1349, fünftausend Tote; Paris 1450, vierzigtausend Tote … eine lange Liste der Schrecken.

Das sechzehnte, siebzehnte und achtzehnte Jahrhundert kannten weitere Pestepidemien. Neapel 1528, fünfundsechzigtausend Tote; Mailand 1652, zwanzigtausend Tote; Bologna 1527, vierzigtausend Tote; Barcelona 1652, zwanzigtausend Tote; Marseille 1720, fünfzigtausend Tote; Moskau 1771, sechsundfünfzigtausend Tote … aber wir wollen die scheinbar endlose Aufzählung hier abbrechen und unsere Aufmerksamkeit auf die Geschehnisse richten, die den Verlauf einer Pestepidemie charakterisierten.

Die Stadt und ihre Ratten

Die Pest bleibt eine tödliche Krankheit bei den in unterirdischen Gemeinschaften lebenden Nagern, die sie dank ihrer außergewöhnlichen Fruchtbarkeit weitertragen und dennoch überleben können. Es scheint jedoch erwiesen, daß die Nager in einigen Gebieten der Erde eine Art Immunität entwickelt haben, die daher nicht mehr alle infizierten Tiere tötet. Die Krankheit erreicht nur das Ausmaß einer katastrophalen Epidemie, wenn sie eine Nagergemeinschaft überfällt, die keinerlei Immunkräfte gegen *Yersinia pestis* besitzt. Die Infektion wird dann leichter auf Menschen übertragen, weil die Flöhe sich nach dem Tod der Ratten neue warmblütige Wirte suchen müssen. Damit dieses Überwechseln auf Menschen möglich wird, muß jedoch ein enges Nebeneinander von Ratten, Flöhen und Menschen bestehen.

In den alten Städten, wie heute in den Vorstadtslums vieler Großstädte, besonders in armen Ländern, war diese gefährliche Situation häufig zu finden. Die häuslichen Abfälle, die meistens einfach auf die Straße geworfen wurden, machten aus den Gassen große Ställe, in denen Herden von Schweinen aufgezogen wurden, die mit den in jeder Behausung vorhandenen wohlgenährten Mäuse- und Rattenkolonien um das Futter stritten. Die persönliche Hygiene war zweifellos mit dem Zustand der Straßen vergleichbar, denn der Mangel an fließendem Wasser, an Brennmaterial und an Kleidern machte aus Baden und Wäschewaschen außergewöhnliche Ereignisse, die manchmal nur einmal im Jahr stattfanden. Man muß beispielsweise nur daran denken, daß die Damen am Hofe des Sonnenkönigs es geradezu *chic* fanden, öffentlich Flöhe oder Läuse zu zerquetschen, die aus dem Dekolleté oder aus der Perücke herausgekrochen kamen. Und das am prunkvollsten Hof Europas! Nicht schwer, sich vorzustellen, wie die Hygieneregeln der ärmeren Klassen ausgesehen haben. Nicht schwer, sich vorzustellen, wie es zu der explosionsartigen Ausbreitung der Seuche kam.[1]

Die Krankheit wurde von irgendeinem Schiff, einem mit Flöhen oder Ratten besetzten Karren oder einem infizierten Heer in die Stadt gebracht. Anfänglich wurde die Krankheit einfach verleugnet. Manzoni schreibt, jeder, der auf die Pest anspielte, sei mit ungläubigem Spott und wütender Verachtung überschüttet worden. Dieselbe Blindheit herrschte im Senat, im Rat der Dekurien und in jeder Stadtverwaltung.[2]

Von seiten der Regierenden ist das Abstreiten von Pestfällen verständlich: Man durfte das Volk nicht beunruhigen (daher die vielen Verbote von Trauerbezeugungen zu Beginn der Epidemien), aber vor allem durften die Handelsbeziehungen mit anderen Ländern nicht unterbrochen werden. Die Quarantäne bedeutete für eine Stadt in der Tat den Ruin des Handels, wachsende Versorgungsprobleme, Arbeitslosigkeit und möglichen Aufruhr. Solange die Krankheit nur eine begrenzte Zahl von Opfern forderte, konnte man immer noch hoffen, daß sie spontan wieder erlosch, bevor sie die Stadt verwüstete. Besser war es also zu schweigen. Und abzuwarten.

Aber es gab noch andere Motive für das Leugnen der Pest. Die Angst, sich mit einer unbesiegbaren Seuche konfrontiert zu sehen, für die es keine Heilungsmöglichkeiten gab, brachte die Autoritäten und besonders die Ärzte dazu, sich selbst etwas vorzumachen – das Auftauchen der Krankheit abzustreiten und die Bevölkerung zu beruhigen bedeutete, sich selbst zu beruhigen. Wenn ein Arzt es gewagt hätte, am Anfang einer Epidemie von Pest zu sprechen, wäre er von den Stadtoberen verwarnt worden, die sofort eine abwiegelnde Gegeneinschätzung verbreitet hätten. Davon abgesehen wäre der Arzt auch Gefahr gelaufen, von einer wütenden Menge gelyncht zu werden. Doch am Ende, wie Ripamonti beschreibt[3], »konnte die Pest von niemandem mehr bestritten werden, sie wurde offenkundig und auch von den hartnäckigsten Leugnern anerkannt und bekräftigte ihre Anwesenheit in allen Teilen der Stadt durch Verheerungen und Leichenhaufen, die an ein Schlachtfeld erinnerten.«

Nachdem auch die letzten Illusionen zusammengebrochen waren, mußte man der Pest also entgegentreten. Aber wie, wenn man noch nicht einmal die Ursachen kannte? Biraben[4] stellt fest, daß unter den vielen Dokumenten, die er für das Verfassen seines Monumentalwerks *Les hommes et la peste en France et dans les pays européens et mediterranéens* durchgesehen hatte, nur ganze vier flüchtig von Ratten sprachen. Und warum sollten die Menschen damals auch an die Ratten als Verbreiter der Pest denken? Diese Tiere waren genauso wie die Flöhe seit jeher in sämtlichen Behausungen allgegenwärtig: Wie hätte man also bei einem plötzlichen Auftauchen der Pest die Verbindung zwischen dem Massensterben der Nager und dem der Menschen herstellen sollen?

Ärzte und Gelehrte des Mittelalters versuchten, sich die Epidemie mit astrologischen Hypothesen und anderen Phantastereien zu erklären. Die verbreitetste Idee war die der »vergifteten Luft«, auf der einige der »prophylaktischen« Maßnahmen, wie an Kreuzungen angezündete Feuer oder das Tragen von Schutzmasken beruhten.

Nach den medizinischen Erkenntnissen des Mittelalters und der Renaissance erhöhten Melancholie und Angst die Empfänglichkeit für eine Ansteckung. Die Schlußfolgerungen aus dieser Theorie nahmen oft groteske Formen an. Paré, eine Leuchte der Wissenschaft an der Sorbonne, lehrte zum Beispiel, daß man sich »in Pestzeiten bei froher Laune halten muß, in ausgesuchter und guter Gesellschaft, hin und wieder Sängern und Musikinstrumenten zuhören und ab und an angenehme Literatur lesen oder ihr lauschen sollte.« So erklärt sich, warum die Beamten des Gesundheitswesens zu Beginn vieler Pestepidemien öffentliche

Feste abhalten ließen, um »den Einwohnern Mut und Vitalität wiederzugeben«.

Wenn man sich die von den Ärzten der Zeit empfohlenen Mittel gegen die Pest ansieht, bleibt nur ungläubiges Staunen: Säckchen mit Pulvern aus Kröten und Salamandern, vermischt mit Arsen um den Hals zu tragen; nur mit kleinen Gefäßen oder ausgehöhlten Holzäpfeln in der Hand aus dem Haus gehen, in denen sich ein mit Essig getränkter Schwamm befindet (für die Armen genügte auch eine Quitte oder eine Zitrone); die Luft der öffentlichen Aborte tief einatmen; den eigenen Urin trinken, der drei Tage lang gegoren sein mußte; auf die Pestbeulen einen jungen Hahn setzen, dem die Federn aus dem Hinterteil gerupft wurden; sich gründlich die Hoden reiben, um den Schmerz zu lindern, und dann die Haut mit einer Nadel durchstechen und durch das Loch eine dünne Schnur aus den Haaren eines Schimmels ziehen.[5]

Nachdem die »Medizin« versagt hatte, blieb nur noch die Religion. Von Anfang an hatte die Kirche die Seuche als Strafe des Allmächtigen dargestellt, der über die Sünden der Menschen und die liederlichen Zeiten erzürnt sei. So kam es zu den endlosen Prozessionen und den massenhaft besuchten Messen, bei denen der Heilige Rochus oder der Heilige Sebastian als Schutzheilige gegen die Pest angerufen wurden.

Mit der Zeit wurden andere Maßnahmen gegen die Epidemie ergriffen, wie Isolierung der Kranken und der infizierten Häuser, Sauberhaltung der Straßen, Entfernung von Abfällen und die Tötung von Tieren, die im Verdacht standen, die Pest zu verbreiten. Unglücklicherweise waren das Hauptziel dieser letzten Initiative die Katzen, denen man »Vertrautheit« mit dem Teufel nachsagte. In London wurden während der Pest von 1665 zweihunderttausend Katzen getötet.[6]

Andere Anordnungen zielten darauf, die Stadt gegen Ansteckung von außen zu schützen. 1403 führt die Stadt Venedig die Vorschrift der gelben Flagge für alle Schiffe ein, die im Verdacht stehen, die Pest an Bord zu haben; Reisende, die in die Stadt hinein wollen, müssen zuerst außerhalb der Mauern in Quarantäne bleiben, während die Waren häufig mit Dampf besprüht werden. Doch wegen der anfänglichen Weigerung, die Pest als solche anzuerkennen, wurden diese Maßnahmen immer zu spät getroffen, wenn die Epidemie sich bereits der Stadt bemächtigt hatte.

Die Todesfälle häuften sich, und die Epidemie verbreitete sich mit der Geschwindigkeit eines Feuers in einem Strohhaufen.

Panik bricht in der Stadt aus, und die einzige Rettung liegt in der Flucht. Aber wohin fliehen? Die Reichen haben einsam liegende Landsitze, aber den anderen bleibt nur, im Wald oder auf den umliegenden Feldern Zuflucht zu suchen. Hier werden die Flüchtlinge jedoch von den Bauern verjagt, die die Ansteckung fürchten, und so müssen sie auf der Suche nach Eßbarem hin- und herziehen, bis Verzweiflung und Hunger sie zurück in die Stadt treiben, wo die Epidemie auf sie wartet.

Die Stadt ist nun von der Krankheit belagert: Unter Quarantäne gestellt, wird sie oft von Truppen umgeben, die ihre Isolation garantieren.

Die Bevölkerung muß mit der täglichen Angst fertig werden und sieht sich zu einer Lebensweise gezwungen, die sich sehr von der gewohnten unterscheidet; die Menschen sind von einer Atmosphäre umgeben, in der auch die vertrautesten Strukturen zerbrechen. Die Unsicherheit resultiert nicht nur aus der Präsenz der Krankheit, sondern auch aus der Auflösung der Elemente, aus denen die alltägliche Umgebung besteht.

Alles hat sich verändert: Die Straßen sind verlassen und still, man hat sich beeilt, die Bettler vor die Stadttore zu werfen, und viele Häuser sind jetzt unbewohnt. Die Stadt ist in einen Mantel aus Angst gehüllt, Geschäfte und Märkte sind geschlossen, ebenso die Kirchen, jegliche Unterhaltung, jegliche öffentliche Zusammenkunft ist eingestellt worden. Das Gesetz wird nicht mehr respektiert, denn aus Angst vor Ansteckung wird niemand mehr verhaftet. Alle Aktivitäten sind zum Stillstand gekommen, die Familien verlieren ihren Zusammenhalt und die Straßen ihre Lebhaftigkeit. Die Bewohner versinken, unabhängig von ihrem persönlichen Zustand, in einer tödlichen Traurigkeit. Diejenigen, die gestern andere beerdigt haben, werden heute selbst begraben, und zwar oft auf den Leichen, die sie am Vortag eingesammelt haben. Die Menschen fürchten sogar die Luft, die sie einatmen, sie haben Angst vor den Toten, vor den Lebenden, vor sich selbst, sie haben Angst vor den eigenen Kleidern, die in Anbetracht der Schnelligkeit des Endes meist zum Totenkleid werden.

Die mit Leichen übersäten Straßen und Kirchen bieten einen entsetzlichen Anblick, der die Lebenden vielleicht sogar die Toten beneiden läßt. Die vertrauten Plätze und Orte sind verlassen, und allein diese ungewöhnliche Einsamkeit verstärkt die Angst und die Verzweiflung. Jeder Akt des Mitleids gegenüber Freunden und selbst gegenüber Familienmitgliedern wird verweigert, denn das Mitleid selbst ist gefährlich; und da sich alle in derselben Situation befinden, fällt es schwer, Mitleid füreinander aufzubringen: »Der Vater begibt sich nicht zum Sohn, noch die Mutter zur Tochter, noch der Freund zum Freund (...), es sei denn, daß er sofort mit ihm sterben will. (...) Einige Leute mit versteinertem Herzen haben kranke Kinder und Bedienstete aus dem Haus gejagt, haben sie auf die Straße geworfen und ihrem unglücklichen Schicksal überlassen.«[7]

Vom Rest der Welt abgeschnitten, isolieren sich die Bewohner auch untereinander, weil sie fürchten, sich gegenseitig anzustecken. Die Fenster bleiben geschlossen, und man geht möglichst nicht auf die Straße; man versucht, im eigenen Haus verbarrikadiert auszuhalten, mit Hilfe der Vorräte, die man noch anhäufen konnte. Wenn man trotzdem hinaus muß, um Lebensnotwendiges zu kaufen, sind einige Vorsichtsmaßnahmen zu beachten: Kunden und Verkäufer bleiben auf Distanz; in Mailand gingen während der Pest von 1630 manche nur mit Pistolen bewaffnet auf die Straße, um sich jede möglicherweise infizierte Person vom Leib halten zu können.

Zur erzwungenen Isolation kommt also eine freiwillige Klausur, was die Leere und Stille in der Stadt noch verstärkt. Viele werden auch in ihren Häusern eingesperrt, weil man sie als verdächtig erklärt hat: Ihre Türen und Fenster werden versiegelt und mit Brettern verrammelt.

In der von der Pest bedrängten Stadt bietet die Anwesenheit der anderen keinen Trost mehr. Der vertraute Lärm der Straßen, die alltäglichen Geräusche, die der Arbeit und den Tagen ihren Rhythmus gaben, die Begegnung mit den Nachbarn beim Verlassen des Hauses ... all das ist verschwunden: »Totale Stille liegt über dem Land, eine düstere Ruhe. (...) Früher hörte man von fern ein gewisses Rauschen oder einen undeutlichen Lärm, der die Sinne angenehm berührte und fröhlich stimmte. (...) Es steigt noch nicht einmal mehr Rauch aus den Kaminen von den Dächern der Häuser auf, als ob niemand mehr dort wohne. (...) Alles ist verschlossen, alles ist verboten.«[8]

Alles ist verboten, jedoch nicht für Ratten und Flöhe.

Die ersten Symptome der Krankheit tauchen wenige Stunden nach dem Biß des Insekts auf. Fast immer versiegt das Mitleid, das es gebieten würde, den Erkrankten zu pflegen, auch bei den Familienangehörigen; die Angst vor der Ansteckung überwiegt: »Der Erkrankte wird in eine Dachkammer oder in den abgelegensten Raum des Hauses gesperrt, ohne Möbel, ohne Bequemlichkeit, bedeckt mit alten Lumpen und mit dem, was er am meisten benutzt hat, ohne Erleichterung für das eigene Leid als einen Krug Wasser, den man in aller Eile neben sein Bett gestellt hat und aus dem er trotz seiner Schwäche selbst schöpfen muß; oft muß er seine Suppe vor der Zimmertür suchen und sich dann wieder zu seinem Lager schleppen. Er mag weinen und jammern, niemand wird ihn hören.«[9]

Unter anderen Umständen wäre die Krankheit von Ritualen begleitet worden, die den Patienten und seine Angehörigen vereint hätten, und der Tod wäre einer bestimmten Liturgie gefolgt, bestehend aus dem Herrichten des Leichnams, der Totenwache, der Aufbahrung, den Tränen und leise gemurmelten Worten, den Erinnerungen und Nachrufen, der Vorbereitung der Aufbahrungskammer, den Gebeten, dem Trauerzug, dem Begräbnis, der Anwesenheit von Verwandten und Freunden: alles Elemente eines wichtigen Ritus, eines Überganges, der sich mit Ordnung und Feierlichkeit vollziehen mußte. In Pestzeiten, wie in Kriegszeiten, geschieht der Tod eines Menschen jedoch unter den unerträglichen Bedingungen der Anarchie und der Vernachlässigung von Bräuchen, die tief im kollektiven Unbewußten verwurzelt sind. Der Tod verliert seinen persönlichen Aspekt: Auf dem Höhepunkt der Epidemie sterben die Pestkranken zu Hunderten, sogar zu Tausenden, und die Krankenhäuser und hastig bereitgestellten Notunterkünfte quellen von Sterbenden über. Wie sollte man sich da um jeden von ihnen kümmern können? Viele schaffen es noch nicht einmal bis zu den Lazaretten und sterben auf dem Weg dorthin.

Alle Chroniken, die von Pestepidemien berichten, sprechen auch von den Leichen auf den Straßen.[10] Es ist keine Rede mehr von Prunkbegräbnissen für die Reichen, noch von bescheidenen Zeremonien für die Armen; keine Totenglocken mehr, keine Kerzen um die Bahren, keine Gesänge und – sehr oft – auch keine Einzelgräber mehr. In Zeiten der Pest ist es aufgrund des Glaubens an »bösartige Ausdünstungen« am wichtigsten, sich so schnell wie möglich der Leichen zu entledigen, die sofort vor das Haus gelegt oder sogar mit Seilen aus den Fenstern herabgelassen werden. Die Leichenträger nehmen sie mit Haken auf, die an langen Stöcken befestigt sind, und stapeln sie auf die überfüllten Pestkarren, die in allen Chroniken erwähnt werden. Wenn in einer Stadt diese düsteren Karren auftauchen, denen Männer mit einer Glocke vorangehen, ist das ein Zeichen, daß die Epidemie ihren Höhepunkt erreicht und der Verfall jede Grenze überschritten hat.[11]

In dem Versuch, Trost und Hoffnung zu finden, werden Prozessionen, Messen und liturgische Zeremonien abgehalten, um den Himmel um Erbarmen anzuflehen. Aber es gibt noch einen anderen, eher abscheulichen Ritus, der dazu dient, die von der Krankheit hervorgerufenen Spannungen und Ängste in der Bevölkerung zu kanalisieren: die Jagd auf den Giftsalber.

In Europa wurden schon im Jahr 1348 die Leprakranken beschuldigt, die Pest verbreitet zu haben, indem sie sich angeblich »fleischlich« mit Gesunden verbanden, woraufhin man sie an vielen Orten massenweise verbrannte. Ein anderer Sündenbock waren die Juden: Der Schwarze Tod von 1348 brach in einer schon von Antisemitismus durchdrungenen Atmosphäre aus, und die Juden wurden angeklagt, die Epidemie durch die Vergiftung von Brunnen und Quellen ausgelöst zu haben. In Stuttgart, Straßburg, Köln und vielen anderen Städten Europas wurden Scheiterhaufen errichtet und Pogrome abgehalten; in Barcelona wurden im Jahr 1348 an einem einzigen Tag dreihundert Juden lebendig verbrannt. Oft wurde die Schuld auch »den Fremden« zugeschrieben: In den Jahren 1596 bis 1599 redeten sich die Spanier ein, daß die Epidemie, die unter ihnen wütete, flämischen Ursprungs sei; in Lothringen wurde die Pest 1627 als »ungarisch« und 1636 als »schwedisch« bezeichnet; in Toulouse sprach man 1630 von der »Mailänder Pest«. Diesen Zuweisungen folgten fast immer Pogrome gegen die jeweiligen Gemeinden der in der Stadt lebenden Fremden. Jede Verschiedenheit, auch die von Religion oder Herkunft, genügte, um Aggressionen der Bevölkerung gegen Minderheiten auszulösen. Auf Zypern massakrierten die Christen während des Schwarzen Todes die muselmanischen Sklaven, in Rußland waren die Tataren das Ziel der Verfolgung und so weiter. Aber nicht nur das: Die Bezichtigung von »Schuldigen« verlegte sich mit dem Weiterwüten der Epidemie auf das Innere der gequälten Gemeinschaft, und von diesem Zeitpunkt an konnte jeder einzelne als Feind betrachtet werden, der vernichtet werden mußte, denn die kollektive Hysterie überstieg jedes Maß. In Mailand war dies 1630 der Fall:

»Eines Tages betet ein etwa achtzigjähriger Mann kniend in der Kirche; danach will er sich wieder setzen, aber zuerst wischt er die Bank mit seinem Mantel ab; eine unglückliche Geste, aus der ein paar Frauen schließen, daß er die Bank vergiftet. Eine Menge rottet sich zusammen, schlägt den Alten und schleppt ihn ins Gefängnis, wo er der Folter unterzogen wird. Ich sah ihn, als sie ihn wegschleppten«, schreibt Ripamonti, »und habe nichts mehr von ihm gehört; ich glaube nicht, daß er mehr als wenige Augenblicke überlebt hat.« [12]

Kein Zweifel besteht über das tragische Ende von Guglielmo Piazza und Gian Giacomo Mora, die von einigen Frauen beschuldigt worden waren, Mauern und Türen mit einer gelblichen, pestbringenden Substanz eingeschmiert zu haben:

»Auf diesem verlassenen Platz stand einst der Laden des Barbiers Gian Giacomo Mora, der sich mit dem Sanitätskommissär Guglielmo Piazza und anderen verschworen hatte und durch das Verteilen todbringender Salben viele ins Verderben stürzte. Der Senat verurteilte sie als Vaterlandsfeinde und ordnete an, daß sie auf einer Schleife nach dem Richtplatz geschleppt, unterwegs mit glühenden Zangen gezwickt, jedem die rechte Hand abgehauen, vor der Bude von Mora Glied für Glied mit dem Rad zermalmt, jeder noch lebendig auf das Rad geflochten und auf demselben sechs Stunden lang ausgestellt, nach Ablauf dieser Zeit aber ihnen die Kehle abgeschnitten, der Leichnam verbrannt und die Asche in den Fluß geworfen, das Haus von Mora zerstört, an dessen Stelle die Schandsäule errichtet; endlich verboten würde, je darauf zu bauen.« [13]

Die Auflösung der familiären Strukturen, die durch den Tod herbeigeführte Entsozialisierung, die Veränderungen in den menschlichen Beziehungen und die ständige Angst in Verbindung mit einem Gefühl der Ohnmacht trugen zu einer Häufung dieser schrecklichen Vorkommnisse bei. Es wird zum Beispiel erzählt, daß in Avignon 1772 einige Krankenschwestern aus der Stadt gejagt wurden, weil sie einige Pestkranke auf dem Rücken getragen hatten. Auch Defoes fiktives Tagebuch *Ein Bericht vom Pestjahr* ist voller erschütternder Szenen: Menschen, die anfangen zu schreien, wenn der Pestkarren mit den Leichen in die Straße einbiegt, ein Kranker, der nackt auf der Straße tanzt, Mütter, die ihre Kinder töten, ein Infizierter, der mit einer Kerze sein eigenes Bett anzündet. Wahrscheinlich waren diese Szenen eher selten, während Prassereien und Ausschweifungen mit Sicherheit häufig vorkamen, getrieben von dem besessenen Wunsch, die letzten Momente des Lebens auszukosten, in einem *carpe diem*, das mit hemmungsloser Intensität gelebt, doch stets durch den bevorstehenden schrecklichen Tod verbittert wurde. Die fiebrige Sehnsucht, die letzten Augenblicke in Fröhlichkeit zuzubringen, verband sich mit der Hoffnung, vergessen zu können, was die Pest für alle bereithielt:

»Ich hatte viel Mühe, einige der zweihundertfünfzig halbverwesten und von Hunden angefressenen Leichen zu entfernen, die den Eingang meines Hauses versperrten und mir die Seuche schon hereingebracht hatten, so daß ich mich gezwungen sah, mich woanders hinzubegeben. ... Der Gestank und der Anblick der Leichen, von denen die Straßen voll sind, hindert mich seit einigen Tagen daran, auszugehen, weil ich weder das eine noch das andere ertragen kann.«[14]

Doch schließlich klang die Pest ab, um sich nach einigem neuerlichen, heftigen Aufflammen ganz zu legen. Nun wurde überall das *Te Deum* gesungen, und die Freude, das Schreckliche überlebt zu haben, manifestierte sich in einer Vielzahl von Hochzeiten.[15]

Als würde sie einem geheimnisvollen Überlebensinstinkt folgen, oder vielleicht auch einfach, um das Entsetzliche der Pest vergessen zu machen, beeilte sich die Gemeinschaft, die vom Tod gerissenen Lücken wieder zu füllen. Auf diese Weise kehrte die menschliche Bevölkerung nach wenigen Jahrzehnten wieder zu der Größe vor der Epidemie zurück.

Das gilt auch für die Populationen der Ratten.

Noch mehr Pest

Abgesehen von wenigen, begrenzten Fällen tauchte die Pest nach den furchtbaren Epidemien des siebzehnten und achtzehnten Jahrhunderts nicht wieder in Europa auf.* Noch ist nicht ganz geklärt, wo die Gründe dafür zu suchen sind. Nach Meinung einiger Forscher ist das Verdienst der Wirksamkeit prophylaktischer hygienischer und sanitärer Maßnahmen zuzuschreiben; andere vermuten, die Menschen hätten durch das Auftauchen einer neuen Krankheit Immunkörper gegen die Pest gebildet; wieder andere behaupten, das Verschwinden der Pest sei auf die Entfernung von *Rattus rattus* aus der näheren Wohnumgebung zurückzuführen.

Was die erste Hypothese betrifft, so muß man bedenken, daß die Pest, bevor sie im hohen Mittelalter in ganz Europa und dem Mittelmeerraum tobte, um die Mitte des achten Jahrhunderts schon einmal verschwunden war. Diese Tatsache dürfte sowohl das Argument der prophylaktischen und hygienischen Maßnahmen (die erst seit dem siebzehnten Jahrhundert – vor allem in Italien – ergriffen und verstärkt wurden und im achten Jahrhundert überhaupt nicht existierten) als auch die Theorie einer gegen die Pest immunisierenden Krankheit entkräften oder gar widerlegen. Was die erwähnte Krankheit betrifft, so glauben manche, daß es sich dabei um Pseudo-Tuberkulose gehandelt haben könnte, de-

* Die letzten Pestepidemien wurden 1666–67 in London, 1712 in Malmö und 1786 in Marseille verzeichnet. Zu weiteren Ausbrüchen kam es 1816 in Bari und 1819 auf Mallorca. In Italien wurde einer der letzten Fälle von Beulenpest 1945 in Bari registriert, woraufhin die Stadtverwaltung eilige Maßnahmen ergriff und in wenigen Tagen fünftausend Ratten töten ließ.

ren Bazillus dem der Pest sehr ähnlich ist. Viele Forscher läßt dies jedoch eher ratlos, weil es als sicher gilt, daß Pseudo-Tuberkulose erst seit relativ kurzer Zeit in der europäischen Bevölkerung verbreitet ist, jedenfalls erst lange Zeit nach dem Verschwinden der Pest von unserem Kontinent auftauchte.

Die dritte Hypothese aber wird trotz einiger Widersprüchlichkeiten von verschiedenen Fakten gestützt. Die allmähliche Ersetzung der Strohdächer durch Ziegeldächer und andere bauliche Veränderungen müssen dazu geführt haben, daß die menschlichen Behausungen den Ratten immer weniger zusagten. In manchen Fällen waren die architektonischen Veränderungen in den Städten auch eine Folge der großen Brände, die in der Vergangenheit viele europäische Großstädte verwüstet hatten: London wurde zum Beispiel im großen Brand von 1666 zerstört, mit dem allerdings auch das endgültige Verschwinden der Pest aus der Metropole einherging.

Man kann nicht ausschließen, daß solche Umbildungen, ebenso wie mögliche klimatische Veränderungen (man bedenke, daß das Ende des siebzehnten Jahrhunderts mit dem Höhepunkt der sogenannten kleinen Vereisung zusammenfiel) auch den Lebensraum der pestübertragenden Flöhe ungünstig verändert haben. Zusätzlich wird die dritte Hypothese durch das Auftauchen der Art *Rattus norvegicus* in Europa bestätigt, die gegen den Pestfloh *Xenopsylla cheopis* »immun« war und in allen Städten sehr schnell den »Cousin« *Rattus rattus* ersetzte.[1]

Zu Beginn des neunzehnten Jahrhunderts wütete die Pest noch im Balkan und in der gesamten Türkei. 1840 beschloß die türkische Regierung, sich Rat aus dem Ausland zu holen, und erließ daraufhin im gesamten osmanischen Reich strenge Vorschriften, nach den Regeln, die die europäischen Länder in langen Jahrhunderten der Erfahrung empirisch ausgearbeitet hatten: Überall wurden Sanitätssperren eingerichtet, außerdem Quarantänezeiten sowie »Gesundheitszeugnisse« für Personen und Waren eingeführt, und im Verlauf von wenigen Jahren war die Pest im ganzen Gebiet endgültig eliminiert. Und das lange Zeit, bevor der Pestbazillus entdeckt und die Rolle der Flöhe und Ratten bei der Verbreitung der Seuche nachgewiesen wurde.

Um die Mitte des vergangenen Jahrhunderts war die Pest noch in den Himalayagebieten zwischen Indien und China präsent, wobei der Oberlauf des Flusses Saluen die Grenze zwischen den infizierten und den unbetroffenen Gebieten bildete. Im Jahr 1855 brach eine Militärrevolte in der Provinz Yunnan aus. Die über den Saluen entsandten chinesischen Truppen, die den Aufstand niederschlagen sollten, waren nicht mit den Risiken einer Beulenpestinfektion vertraut; sie steckten sich an und trugen die Krankheit bei ihrer Rückkehr über den Fluß in die anderen Teile Chinas. Von da an traten wiederholt Pestepidemien in verschiedenen inneren Gebieten des chinesischen Subkontinents auf, ohne jedoch die Aufmerksamkeit der westlichen medizinischen Welt zu erregen – bis die Seuche 1894 Kanton und Hongkong erreichte und dort die zahlreichen blühenden europäischen Niederlassungen terrorisierte. Die Furcht vor dieser schrecklichen Krankheit, an die die Erinnerung noch nicht ganz erloschen war, veranlaßte die westlichen Regierungen, mehrere hochqualifizierte Forscherteams in die Kolonien von Hongkong und Macao zu entsenden. So kam es, daß in diesem Jahr zeitgleich und durch separate Forschungen sowohl der Schweizer Bakteriologe Alexandre Yersin im vietnamesischen Nha Trang als auch der japanische Mediziner Shibasaburo Kitasato (in Zusammenarbeit mit Behring) in Hongkong den berüchtigten Bazillus zum ersten Mal isolieren und beschreiben konnten. Die Frage, wem das Verdienst gebührt, den Erreger der Pest zuerst unter dem Mikroskop entdeckt zu haben, ist immer noch eine Quelle von Polemiken.

Im Verlauf des folgenden Jahrzehnts wurden zahlreiche Daten über die Einzelheiten der Übertragung des Bazillus von den Nagern auf die Menschen über die Flöhe von Charles Simond und einer Reihe von internationalen Arbeitsgruppen in Hongkong, Bombay, Sydney, San Francisco und Buenos Aires zusammengetragen. Das internationale wissenschaftliche Interesse wurde durch die Tatsache verstärkt, daß sich das gefürchtete Übel zehn Jahre nach seinem Auftauchen in Hongkong in allen großen Häfen der Welt von neuem manifestierte. Die Infektion wurde fast überall sofort wieder eingedämmt, aber in Indien breitete sie sich explosionsartig aus, so daß ihr zehn Jahre nach der Ankunft in Bombay (1896) schon über sechs Millionen Menschen zum Opfer gefallen waren. Berichte über die schwere Epidemie in Indien und das Auftauchen einzelner Pestfälle im Westen regten die Forschung zu weiteren Bemühungen an.

Eine der bedeutendsten Entdeckungen besagte, daß die Pest sich in Kalifornien, in Südafrika und in Argentinien bei Nagergemeinschaften festgesetzt hatte, die Erdhöhlen gruben. Die Tatsache, daß die pestinfizierten Nager in jeder Region anderen Arten angehörten und sich von den in unterirdischen Kolonien lebenden Tieren in Asien unterschieden, zählte nicht viel: Ihre Höhlen waren, unabhängig von der Art, die sie bewohnte, ideale Umgebungen für den Bazillus.

In Nordamerika hatte sich die Verlaufsfront der endemischen Infektion, seit sie zum ersten Mal bei einer Nagerpopulation vor den Toren San Franciscos beobachtet worden war, von Jahr zu Jahr weiter ausgedehnt.[2] Im Jahr 1975 erstreckte sich der Infektionsherd im Westen der USA über einen Streifen, der von Kanada bis nach Mexico reichte. Die geographische Verbreitung der Pest in Nordamerika kam dadurch zustande, daß die Lebensgewohnheiten der betreffenden erdbewohnenden Nager die besten Voraussetzungen für das Wandern der Infektion von einer unterirdischen »Stadt« zur nächsten schaffen.

Wenn ihre Jungen ein gewisses Alter erreicht haben, werden sie aus der Höhle vertrieben und machen sich auf die Suche nach einer neuen Behausung. Manche verlassen die Sippe endgültig und ziehen oft mehrere Kilometer weiter, bis sie eine neue Kolonie gefunden haben, in die sie sich einfügen können. Diese Verhaltensweise fördert die Übertragung von Infektionen von einer Nagergemeinschaft auf eine andere. Im Falle der Pest hat man beobachtet, daß auf diese Weise Distanzen von zwanzig bis dreißig Kilometern im Jahr »abgedeckt« werden.

Die Verbreitung der Pest unter den nordamerikanischen Nagern wurde durch menschliches Eingreifen noch beschleunigt. Die Besitzer großer Farmen transportierten nämlich in dem Versuch, die örtlichen Ansammlungen der Erdnager namens »Präriewölfe« (*Cynomys gunnisoni*) zu dezimieren, um mehr Weideland für das Vieh zu haben, ganze Lastwagenladungen voll pestinfizierter Nager manchmal hunderte von Kilometern weit.*

Nach 1900 kam es in Nordamerika, Argentinien und Südafrika sporadisch zu menschlichen Pesterkrankungen. 1911 entstand eine neue große Epidemie in der Mandschurei, was sich 1921 wiederholte.

Die Forscher fanden bald heraus, daß die Pest von Murmeltieren übertragen worden war, großen erdbewohnenden Nagern, deren Fell auf dem internationalen Markt gute Preise erzielte. Die Nomadenvölker der Steppen hatten diese Tiere schon von jeher gejagt und waren dabei stets (epidemiologisch korrekten) Regeln gefolgt, die sich in Jahrhunderten der Erfahrung her-

* In den Vereinigten Staaten erwiesen sich 1940 in der Folge dieses »bakteriologischen Krieges« nicht weniger als 34 Arten von Erdnagern und 35 Floharten als Träger des Pestbazillus. Die Kenntnis der Übertragungsmechanismen und die daraus folgenden prophylaktischen Maßnahmen beschränkten die Übertragung der Pest auf Menschen jedoch auf wenige Fälle. Möglich ist allerdings, daß Pesterkrankungen nicht gemeldet oder von den lokalen Behörden nicht bekanntgegeben wurden, in dem Bemühen, das Auftauchen einer derart furchterregenden Krankheit zu vertuschen. Vgl. W. H. McNeill, *Seuchen machen Geschichte. Geißeln der Völker*, München (Pfriemer) 1978, S. 117.

ausgebildet hatten und durch alte Mythen bestärkt wurden: Für die Nomaden der Mandschurei war die Jagd auf Murmeltiere mit Fallen tabu; sie durften nur mit Pfeil und Bogen erlegt werden, und wenn ein Tier sich langsam bewegte, durfte es unter keinen Umständen berührt werden. Bei Anzeichen von Krankheit bei einer Murmeltierkolonie schrieb der Brauch vor, die Zelte abzubrechen und vor der »schlechten Sorte« das Weite zu suchen. Diese traditionellen Vorschriften reduzierten höchstwahrscheinlich die Gefahr einer Pestansteckung für die Steppenvölker auf ein Minimum.

Im Jahr 1911, als die Mandschu-Dynastie ihrem endgültigen Zusammenbruch entgegenging, wurden auch die alten Anordnungen, die es den Chinesen verboten, in die Mandschurei überzusiedeln, zunehmend übertreten. Es kam zu einem ständigen Einwanderungsfluß von unerfahrenen Chinesen, die sich in der Hoffnung auf schnelle Bereicherung auf Murmeltierjagd begaben. In Unkenntnis oder Mißachtung der alten Traditionen der Einheimischen fingen sie mit Fallen wahllos kranke und gesunde Tiere: Bald brach die Pest in den chinesischen Bevölkerungsgruppen aus und verbreitete sich von Harbin, das zum zentralen städtischen Pestherd wurde, entlang der kurz zuvor in der Mandschurei gebauten Eisenbahnlinie.

Die letzte Pestepidemie, die ohne Bekämpfung durch Penicillin oder ähnliche Antibiotika verlief, brach 1947 in Birma aus. Die dabei registrierten Todesfälle beliefen sich auf 1192 bei 1518 gemeldeten Fällen, was eine Sterblichkeitsrate von 78% bedeutet. Seitdem stellt diese Krankheit zum Glück keine Geißel der Menschheit mehr dar, auch wenn ihre Herrschaft bei den Nagern ungebrochen ist: In den Vereinigten Staaten breitet sie sich unaufhörlich nach Osten aus; in Lateinamerika ist sie in weiten Gebieten des nordöstlichen Brasilien vorhanden; in Afrika sind die großen Pestherde in Zaire, in Kenia, in Tansania und Madagaskar; in Asien befinden sich die stets aktiven Zentren des Himalaya, der Mongolei, Vietnams, Kurdistans und Rußlands, wo die Pest immer noch einen riesigen Landgürtel durchsetzt, der sich vom Kaspischen Meer bis zum Fluß Amur erstreckt.*

* 1989 wurden der Weltgesundheitsorganisation 9143 Fälle von menschlicher Pest gemeldet (einschließlich 754 Todesfällen), die sich auf 16 Nationen verteilten. In Asien wurden die Pestfälle in Vietnam, Kambodscha, China und Indien registriert. In Afrika sind die Länder mit den meisten Fällen Tansania, Madagaskar, Südafrika und Niger. In Amerika wurden Pesterkrankungen in Argentinien, Bolivien, Brasilien, Ecuador und Peru angezeigt. In den USA, wo 1989 eine Zahl von 54 Fällen mit 21 Todesfällen (fast alle unter Campern) gemeldet wurde, ist die Pest in sieben Staaten präsent. Vgl. WHO (hgg. von G. Norris), *Plague and Plague Control*, New York (Oxford Press) 1991, S. 12.

Noch mehr Pest?

»Das ist ein schwerwiegender Irrtum. Wenn man ein starkes Rattengift ausstreut, kommen die Ratten aus den Kanalisationen herausgeströmt und sterben überall auf den Straßen. Die Flöhe verlassen sie und suchen sich menschliche Wirte. Du mußt unbedingt allen erklären, daß sie auf keinen Fall die Ratten töten dürfen, bevor sie nicht alle Flöhe mit dem DDT vernichtet haben. Übrigens, was gibt es Neues über den Streik der Müllabfuhr?«[1]

Dieses Zitat stammt aus einem der vielen – einem der besseren – Katastrophenromane über eine Pestepidemie in einer modernen Metropole, in diesem Fall New York. Doch wie ist es heute wirklich um eine Bedrohung unserer Gesellschaft durch die Pest bestellt? Zur Zeit ist eine Infektion mit *Yersinia pestis* relativ leicht durch eine Verabreichung von Tetrazyklin oder anderen Antibiotika zu heilen, aber das bedeutet nicht, daß der »Fall Pest« endgültig zu den Akten gelegt werden kann. Es ist sogar wahrscheinlich, daß durch die Anwendung von Antibiotika neue Stämme von *Yersinia pestis* selektiert werden, die resistenter und gefährlicher sind. Einen analogen Fall stellt die Bekämpfung der Staphylokokken und Gonokokken dar, von denen viele inzwischen gegen Penicillin resistent sind.

Doch abgesehen davon, ist *Yersinia pestis* aus genetischer Sicht eine ausgesprochen wandlungsfähige Bazillenart: Sie ist sehr empfänglich für natürliche Strahlung und besitzt Gene, die Mutationen auf völlig unvorhersehbare Weise »dirigieren« und plötzlich zur Entstehung eines wesentlich virulenteren Organismus führen können. Dieser kann zum Beispiel unangreifbar für Chloramphenicol geworden sein oder die Immunreaktion des infizierten Körpers verhindern oder eine längere Inkubationszeit bedingen.

Als ob dies nicht genügte, besteht zusätzlich eine große Wahrscheinlichkeit, daß Mutationen dieses Typs heute absichtlich in Stämmen von *Yersinia pestis* gezüchtet werden, und zwar in Labors, die sich mit bakteriologischer Kriegsführung befassen.

Die militärische Nutzung der Pest hat ihre Anfänge in alter Zeit. Wir haben schon erwähnt, daß die Tataren im vierzehnten Jahrhundert die Stadt Caffa auf der Krim-Halbinsel (die damals Teodosia hieß und eine genuesische Kolonie war) befreiten, indem sie Pestleichen über die Mauern katapultierten,[2] aber dies blieb kein Einzelfall. 1646 versuchte der Geheimdienst der Republik Venedig, die Pest unter den türkischen Truppen zu verbreiten, die Dalmatien besetzt hielten;[3] Jahrhunderte später, im Jahr 1940, ließen japanische Wissenschaftler, die der berüchtigten Einheit 731 unter General Shiro Ishii angehörten, von einem Flugzeug aus pesttragende Flöhe auf die Provinz Check Yang los und verursachten eine Epidemie in der chinesischen Bevölkerung.

Die ersten Untersuchungen der Nachkriegszeit über eine militärische Verwendung der Beulenpest gehen auf das Jahr 1947 zurück und wurden von den amerikanischen Militärärzten T. Rosebury und E. A. Kabat vom Zentrum für bakteriologische Kriegsführung in Fort Detrick, Maryland, USA, durchgeführt.[4] Es ist nicht auszuschließen, daß diese Untersuchungen in den Kriegen in Korea und Vietnam eine praktische Anwendung fanden.[5] Im Sommer 1962 kam es in Großbritannien zur Gefahr einer Pestepidemie: George Bacon, ein im militärischen mikrobiologischen Zentrum von Porton in Wiltshire arbeitender Wissenschaftler, der Experimente für bakteriologische Waffen durchführte, infizierte sich mit der Pest und ging, ohne sich dessen bewußt zu sein, nach Hause. Zehn Tage später starb er in einem städtischen Krankenhaus unter der Behandlung von Ärzten, die nichts über seine Arbeit wußten und die Möglichkeit einer Ansteckung mit *Yersinia pestis* überhaupt nicht in Betracht zogen. Durch ein »reines Wunder« (diesen Ausdruck verwendete die von der britischen Regierung einberufene Untersuchungskommission) löste dieser Zwischenfall keine Epidemie mit möglichen katastrophalen Folgen aus.[6]

Die Furcht, daß eine mittels biologischer Waffen verbreitete Infektion wie ein Bumerang auf die eigene Nation zurückfallen könnte, ist einer der größten Hinderungsgründe für den Einsatz bakteriologischer Waffen, zu denen auch der Pestbazillus gehört.

Bis heute wäre es außerdem nicht möglich, eine Sanitätssperre zu errichten, die den völligen Schutz eines bestimmten Gebietes vor dem Einfall von Ratten garantieren könnte. Die Behringstraße zum Beispiel, die Rußland vom nordamerikanischen Kontinent trennt, wurde trotz der riesenhaften Sperr- und Schutzeinrichtungen während des kalten Krieges stets in beiden Richtungen fröhlich von Millionen von Nagern überquert, die in den Vorratskammern der amerikanischen und sowjetischen Militärbasen Unterschlupf fanden.

Das bedeutet jedoch nicht, daß die Experimente mit *Yersinia pestis* in den amerikanischen Labors von Dugway Proving Ground oder in irgendwelchen hochgeheimen Militärbasen nicht eifrig weitergeführt würden.

Unter den als bakteriologische Waffen verwendbaren krankheitserregenden Mikroorganismen scheinen die Pestbazillen jedoch nicht mehr viele Militärs zu begeistern, die mehr an anderen tödlichen Erregern wie dem des Milzbrands (leicht durch Flugzeuge zu verbreiten) und der Cholera (mit denen man Wasserleitungen und Brunnen vergiften kann) interessiert sind, oder an bewegungsunfähig machenden Krankheiten wie dem Denguefieber (durch das Ausstreuen von infizierten Federn verbreitbar). Dennoch hat die Pest für die Strategen einer bakteriologischen Kriegsführung einen unbestreitbaren Vorteil, nämlich dank der Ratten überall hingelangen zu können. Militärbasen und Atomschutzbunker wären sogar nach einem atomaren Angriff wegen ihrer Lebensmittelvorräte ein begehrtes Ziel für die Horden hungriger Nager, die (wie wir gesehen haben) unglaublich hohe Strahlungsdosen ohne Schaden überstehen können. Die Zerstörung des größten Teils der Industrie und der Infrastruktur würde die Herstellung und Verteilung der zur Bekämpfung der Seuche nötigen Antibiotika verhindern, so daß die Epidemie nach einem nuklearen Holocaust die gesamte zivile und militärische Bevölkerung, die sich noch in den Bunkern oder in den Trümmern eingeschlossen befände, auslöschen würde.

Die Verwundbarkeit der Großstädte für eine Epidemie, sei es Pest oder andere Seuchen, wird auf der ganzen Welt sorgsam von Strategen des Zivilschutzes untersucht, vor allem im Hinblick auf mögliche Attacken von seiten terroristischer Gruppierungen, die bakteriologische Waffen beispielsweise durch die Entwendung von *Yersinia-pestis*-Kulturen aus Forschungsinstituten, wo sie fast nie streng bewacht werden, herstellen könnten.

Die Pest kann jedoch auch ganz zufällig in eine Metropole gelangen. Die mit der Überwachung von Krankheiten betrauten Institutionen – allen voran die Weltgesundheitsorganisation – sind in dieser Hinsicht äußerst pessimistisch. Das internationale Verkehrsnetz überzieht heute den ganzen Planeten und ermöglicht es, jeden Kontinent innerhalb weniger Stunden zu erreichen. Die Krankheit könnte also eines schönen Morgens an den Flughäfen J. F. Kennedy, Heathrow, Orly oder Leonardo da Vinci landen und ohne größere Probleme die Gesundheits- und Einwanderungsbehörden umgehen.

Wie hoch ist der »Risikofaktor Pest« heutzutage? Trotz der großen Fortschritte in Medizin und Pharmazie während der letzten hundert Jahre ist die Angreifbarkeit einer modernen Großstadt für eine schwere Infektionskrankheit wie die Pest sehr groß. Das liegt vor allem daran, daß die Entscheidungs- und Kontrollsysteme, die im Westen – besonders in den Metropolen – die politischen und sozialen Beziehungen regeln, sich in einer derartigen Vielzahl von Strukturen und Parzellen verlaufen, daß allein schon die Nachricht von der Ankunft der Pest eine zentrifugale Dynamik auslösen würde, die den Zusammenbruch vieler Systeme mit sich führen und mittelfristig die Verbreitung der Pest verursachen würde.

Aber vielleicht ist es günstiger, sich der Handlungselemente zweier Science-fiction-Erzählungen zu bedienen,[7] um diese Dynamik zu illustrieren.

Liliths Ferien in den Rocky Mountains von Colorado gehen zu Ende. Das Mädchen bringt es kaum übers Herz, das Eichhörnchen zurückzulassen, das sie liebevoll an der Haltestelle des Busses, der sie zum Flughafen bringen soll, aufgesammelt hat. Das arme Tierchen hält die Augen dauernd geschlossen, hat ein struppiges Fell und kann kaum die Pfötchen bewegen. Der Bus kommt, und Lilith hat gerade noch Zeit, dem Tier einen letzten Abschiedskuß zu geben.

Die ersten Fieberschauer und Kopfschmerzen beginnen im Flugzeug auf dem Weg nach New York City. »Vielleicht ist es die klimatisierte Luft«, vermutet die Stewardeß, als sie ihr das dritte Aspirin innerhalb einer Stunde verabreicht.

Die Ankunftshalle des Flughafengebäudes ist voller Leute, aber das Mädchen hält nach niemandem Ausschau. Seine Eltern machen Ferien in Europa, und selbst wenn sie da wären, könnte Lilith sie nicht erkennen, da die Migräne sie zwingt, die Augen fast ständig geschlossen zu halten. Seit einigen Minuten plagt sie außerdem ein Husten, der ihr fast die Brust zerreißt. Schnell ein Taxi und dann nach Hause.

Lilith ist endlich im Krankenhaus. Seit ihrer Ankunft in der Stadt sind zwei Tage vergangen, und am Ende hatte sie es geschafft, telefonisch einen alten Freund ihres Vaters zu erreichen – wobei sie sich beherrschen mußte, nicht vor Schmerzen zu schreien –, der sie ins Metropolitan Hospital brachte. Die Visite des diensthabenden Arztes dauert nur eine Minute (denn es handelt sich um ein öffentliches Krankenhaus), und die Diagnose lautet auf gram-negative Lungenentzündung. Vielleicht hätte eine gründlichere Visite eine gefährlichere Krankheit enthüllt, aber es sind so viele Kranke zu untersuchen, und außerdem werden die Symptome der Pest in den Lehrbüchern nicht mehr behandelt.

Der Tod des Mädchens tritt für die gesamte Belegschaft der Abteilung unerwartet ein. Schließlich bemerkt jemand die seltsamen blauen und roten Furunkel, die unter der Haut der armen Lilith hervorstehen, und verständigt das Gesundheitsamt. In einem anderen Teil der Stadt erstickt jemand fast an einem ständigen Husten: »Das muß die verdreckte Luft sein, die man in diesem Slum einatmet«, denkt sich der Betreffende, »ich werde besser ein wenig frische Luft im Central Park schnappen.« Die U-Bahn ist brechend voll, trotz seiner Hustenanfälle drängen sich die Leute dicht um ihn. Endlich ist er im Central Park mit seinen Bänken, mit seinen Eichhörnchen …

Im Gesundheitsamt diskutiert man derweil angeregt. Sämtliche Kontrolluntersuchungen, die man an Liliths Körper vorgenommen hat, sind ergebnislos geblieben. Nur der Test des Auswurfs mit einem fluoreszierenden Antikörper ist noch nicht durchgeführt worden, denn seit den letzten Kürzungen im Etat der Gesundheitsfürsorge ist dazu nur noch die zentrale Überwachungsstelle berechtigt.

Inzwischen könnten die Ärzte, während sie auf das Ergebnis warten, eine Autopsie versuchen, doch der Autopsiesaal ist ständig überfüllt, und es wird mindestens zwei Tage dauern, bis sie wissen, woran Lilith gestorben ist.

Am nächsten Nachmittag melden vier Krankenhäuser dem Gesundheitsamt zahlreiche Fälle einer schweren Form von Lungenentzündung. Es sind fünf Tage seit der Ankunft Liliths in der Stadt vergangen, und die unter den Achseln des Mädchens herausgeschnittenen Beulen vertreiben die letzten Zweifel des diensthabenden Pathologen: Der Befund lautet auf Infektion mit

Yersinia pestis. Man muß sofort den Bürgermeister, das Seuchenkontrollzentrum in Atlanta und das Gesundheitsministerium verständigen.

Der Vorsteher des Gesundheitsamtes versucht seit drei Stunden verzweifelt, den Bürgermeister zu erreichen. Doch der Kabinettschef im Rathaus wiederholt monoton, daß der Bürgermeister zu beschäftigt sei: Die Verhandlungen zur Beendigung des Streiks der Müllabfuhr (der seit sieben Tagen anhält) seien in die entscheidende Phase eingetreten, und man dürfe die Versammlung jetzt auf keinen Fall unterbrechen. »Hören Sie, das ist eine Notsituation ... ich wiederhole, ich kann Ihnen nicht sagen, um was es sich dabei handelt ... Also gut! Wir haben einen Todesfall mit *Yersinia pestis* hier in der Stadt ... Wie, Sie haben nicht verstanden? ... Es ist die Pest! Wir haben die Pest in New York! Verständigen Sie sofort den Bürgermeister und sagen Sie um Gottes willen niemandem sonst etwas davon.«

Weitere zwölf Stunden vergehen, bevor der Katastrophenstab der Stadtverwaltung zusammentreten kann. Inzwischen hat die Ansteckung auf das Personal der Krankenhäuser übergegriffen, und die Situation ist äußerst ernst. In zwei Kliniken haben die Direktoren dem Personal zu einer Therapie auf Tetrazyklinbasis geraten, aber nach dem dritten Todesfall mit »Lungenentzündung« ist in den Medikamentenausgaben kein einziges Fläschchen mehr davon vorhanden. Krankenschwestern, Ärzte und das Verwaltungspersonal haben die Vorräte mit nach Hause genommen, weil sie fürchten, schon ihre Familien angesteckt zu haben.

Neue Mengen des Antibiotikums müssen in anderen Staaten geordert werden, aber ohne daß der Grund sich herumspricht.

Der Vorsitzende des Zivilschutzes gibt ein anderes Problem zu bedenken: In New York City leben mehr als dreißig Millionen Ratten und Mäuse. Die Müllsäcke, die sich durch den Streik seit einer Woche in den Straßen stapeln, locken mittlerweile die Ratten auch am hellichten Tag aus der Kanalisation. Die Abfälle müßten unbedingt beseitigt werden, bevor sich die Nachricht von der Pest verbreitet, denn sonst sei noch nicht einmal mehr die Nationalgarde bereit, die Müllberge zu entsorgen.

Es ist der sechste Tag seit Liliths Ankunft in der Stadt, und die Zahl der Toten ist auf fünfundzwanzig gestiegen. Der Moment der Katastrophe, von dem an es kein Zurück mehr gibt, tritt am Morgen mit den ersten Fernseh- und Zeitungsnachrichten ein: Alle Massenmedien sprechen jetzt offen von Pest und übertreffen sich gegenseitig im Erinnern an mittelalterliche Schrecken.

Die Folgen zeigen sich bereits am späten Vormittag: Mehrere Apotheken werden überfallen; 94% des Personals bleibt den Krankenhäusern fern; dieselbe Abwesenheitsquote zeigt sich bei den Angestellten der Untergrundbahn; die Leute von der Müllabfuhr weigern sich, an ihre Arbeit zurückzukehren, bevor ihnen nicht »ernsthafte Garantien« gegeben werden. Welche das sein sollen, weiß man nicht.

Viele leeren ihre Keller und Dachböden von allem, was Ratten und Mäusen Zuflucht bieten könnte, so daß sich immer höhere Abfallberge auf den Gehwegen türmen, vor allem in Gegenden wie Harlem, South Bronx, Canal Street.

Das Fernsehen strahlt die ersten Erklärungen zur Lage aus. Gruppen von Puertoricanern beschuldigen die Regierung, die Pest absichtlich in ihren Vierteln verbreitet zu haben, um es den Bauspekulanten leichter zu machen; die Bürgermeister von New Jersey haben angeordnet, keine New Yorker mehr in ihre Städte zu lassen; in Washington munkeln dem CIA nahestehende Quellen von einem kommunistischen Plan hinter der Epidemie; der Gouverneur des Staates erklärt, das Gesundheitsministerium übertreibe den Ernst der Situation, um neue Mittel bewilligt zu bekommen.

Am frühen Nachmittag werden erste Brände in Häusern gelegt, in denen man Pestinfizierte vermutet. Die Feuerwehr und die Polizei werden daran gehindert, die Unruheherde zu erreichen, was zur Zersetzung der Ordnungskräfte beiträgt.

Endlich kommen neue Lieferungen von Tetrazyklin an, jedoch in weitaus geringeren Mengen als vorgesehen. Die Nachricht von der Pest hat sich wie ein Lauffeuer in allen Staaten verbreitet, und viele der lokalen Autoritäten haben beträchtliche Vorräte für ihre Wähler beansprucht. Dennoch besteht die Aufgabe der Verteilung des Medikaments an die New Yorker Bevölkerung, doch der kommunale Verwaltungsapparat ist zusammengebrochen, so daß sich keine Leute mehr finden, die dafür eingesetzt werden könnten.

Eine Gruppe Bewaffneter überfällt eine Polizeistation und erbeutet eine große Zahl von Waffen; sicher mit dem Ziel, sich der Tetrazyklinbestände zu bemächtigen und sie auf dem Schwarzmarkt zu verkaufen.

Der Gouverneur hat sich von neuem geweigert, die Nationalgarde einzusetzen, weil das die Ausrufung des Ausnahmezustandes und die Aussetzung aller Versicherungspolicen bedeuten würde (über diesen Punkt hat es in den vergangenen Tagen lautstarke Auseinandersetzungen zwischen Finanzleuten und städtischen Entscheidungsträgern gegeben). Erst am Abend stimmt der Gouverneur der Proklamation des Ausnahmezustandes und des Kriegsrechts zu.

Zu spät.

Waffenarsenale und -fabriken sind bereits geplündert worden, und bewaffnete Banden überfallen nun ungestraft Banken und Supermärkte.

Seit Liliths Ankunft in New York sind zwei Wochen vergangen.

Die Bundesregierung hat alle Wege aus der Stadt sperren lassen, um eine Ausbreitung der Epidemie zu verhindern. In einige Kanalisationsgräben ist dummerweise Nervengas geleitet worden, um die Ratten zu töten. Als Folge haben sich Millionen von Nagern aus den unterirdischen Gängen auf die Straßen und in die Häuser ergossen.

Ein Drittel der Stadt ist von Flammen zerstört worden; einige Viertel sind mit Barrikaden abgesperrt, um Angriffe von bewaffneten Banden zu verhindern. Lebensmittel und Tetrazyklin werden mit Fallschirmen auf die Stadt abgeworfen und geraten sofort in die falschen Hände.

Es gibt über dreihundertfünfzigtausend Tote, die wahllos aufeinandergestapelt werden. Im Central Park wird ein Massengrab ausgehoben. Die Ratten sind jetzt überall. Die Epidemie geht weiter.

JAGD AUF MÄUSE

Katzen

Die Katzenverehrung in Ägypten erreichte ihren Höhepunkt während der letzten Phase des Pharaonenreiches: Unter der Herrschaft der Pharaonen der zwanzigsten Dynastie wurde Bubastis zur Hauptstadt und der dort praktizierte Kult der Bastet zur Staatsreligion. Zu Ehren der Katzengöttin hielt das Volk prunkvolle Zeremonien ab. Im fünften Jahrhundert vor Christus nimmt Herodot an einem dieser Feste teil, bei dem – wie er berichtet – mehr als siebenhunderttausend Gläubige zugegen sind: Er beschreibt einen Frühlingstag, an dem der große Tempel von Bubastis, auf einer Insel im Nildelta gelegen, überfüllt ist mit Gläubigen, die aus allen Teilen Ägyptens gekommen sind, um das Jahresfest von Bastet, der Katzengöttin, zu begehen. Viele sind mit Booten angereist und haben Musikinstrumente dabei, denn es handelt sich um ein fröhliches Fest. Unterwegs haben sie an den Flußanlegestellen angehalten, um den Bewohnern der Dörfer ein Ständchen zu bringen. Im heiligen Innenbezirk des Tempels sitzt, umgeben von hohen Säulen, die steinerne Statue der Gottheit mit heiterem Ausdruck auf einem Thron. Der Körper ist der einer Frau, doch der Kopf der einer Katze. Bastet ist eine der mächtigsten und am meisten verehrten unter den zahlreichen ägyptischen Gottheiten, und das Volk legt ihr Fleisch, Honig, Öle und Früchte zu Füßen. Blumengeschmückte Mädchen singen und tanzen um die Statue herum und lassen Schellen erklingen, um einen lebhaften Rhythmus vorzugeben; manche tragen Gefäße, aus denen Wolken duftenden Räucherwerks steigen. Neben der Statue und hier und da im Schatten des riesigen Saales sind Tausende von Katzen zu sehen; ihre Augen funkeln im Halbdunkel, und ihr glattes Fell schimmert, wenn es einen Sonnenstrahl aufnimmt:

Es sind die Tempelkatzen, die heiligen Gefährten der Göttin. Die Priester pflegen sie liebevoll, in den Augen der Gläubigen sind sie kaum weniger heilig als die Göttin selbst.[1]

In der Religion des alten Ägypten gab es zahlreiche Tiergottheiten: Falke, Schlange, Schakal, Stier, Löwe, aber die Katze war das heiligste unter den verehrten Tieren. Während die anderen Tiere nur in bestimmten Gebieten des Niltales vergöttlicht wurden, war die Katze allen Untertanen des Pharao heilig. Herodot berichtet auch, daß die Ägypter bei Bränden erst daran dachten, das Feuer zu löschen, nachdem sie ihre Katze gerettet hatten, und daß sie sich bei ihrem Tod vor Kummer die Haare ausrissen. Wer eine Katze tötete, wurde unwiderruflich zum Tode verurteilt. Diodorus[2] war Zeuge der Verurteilung und Exekution eines römischen Bürgers, der eine Katze getötet hatte; und das, obwohl die ägyptischen Beamten ihr möglichstes getan hatten, die Menge zu beruhigen, da sie Repressalien von seiten der Eroberer befürchteten.

Die große Bedeutung der Katzen in der ägyptischen Religion läßt sich auch durch folgende Episode belegen: Zu Beginn des vierten Jahrhunderts vor Christus griffen die Perser die Stadt Memphis an und belagerten sie; es vergingen viele Monate, bis die persischen Strategen schließlich auf eine psychologische Kriegslist zurückgriffen, um die Stadt zur Aufgabe zu zwingen, und Hunderte von Katzen über die Mauern katapultierten. Die Belagerten waren so entsetzt über dieses Sakrileg, daß sie in der Überzeugung, Bastets Zorn würde sich auf die Invasoren entladen, die Stadttore öffneten.[3]

Die Verehrung des ägyptischen Volkes für die Katze ist sicher ein Verdienst der Mäuse und hat ihre Anfänge viele Jahrhunderte vor Beginn des christlichen Zeitalters.

Wenn die jährliche Überschwemmung durch die Fluten des Nils sich wieder zurückzog, waren die Ufer mit einer fruchtbaren Schlammdecke bedeckt. Auf diesen von Wüste umgebenen Landstreifen bauten die Ägypter ihr Getreide an, und das Überleben hing ausschließlich von den in riesigen Speichern gelagerten Vorräten ab. Die Kornspeicher vor dem Einfall von Mäusen und Ratten zu schützen war für Millionen von Untertanen des Pharao von existenzieller Wichtigkeit; zu diesem Zweck hatten die Ägypter schon um 6000 vor Christus begonnen, »wilde Katzen mit rötlichem Fell« (*Felis sylvestris lybica*) zu zähmen und aufzuziehen, die seit undenklichen Zeiten im Niltal lebten und Mäuse und Ratten jagten. Allmählich verfolgten sie die Mäuse auch in den Behausungen der Menschen, und um das Jahr 3000 vor Christus hatte sich die Wertschätzung der Katze in Anbetung verwandelt.

Auch in der jüdischen Mythologie ist die Existenz der Katze eng mit der der Mäuse verbunden. Eine uralte Sage erzählt, daß Noah, kaum hatte er seine denkwürdige Reise über die Wasser der Sintflut begonnen, bemerkte, wie die Arche, in die er nach göttlichem Willen auch zwei Mäuse aufgenommen hatte, von diesen Tieren überquoll, und daß sie schon die Vorräte und den Schiffsrumpf annagten. In seiner Verzweiflung wandte sich Noah an den weisen Löwen, um ihn um Rat zu fragen. Nachdem er lange überlegt hatte, gab der König der Tiere einen tiefen Seufzer von sich, machte einen Buckel und nieste heftig: Da sprangen aus seinem Maul zwei Katzen hervor, die bald alle Mäuse vernichteten – außer einem einzigen Paar, das der sanfte und kluge Noah bis zum Ende der Reise in einen Käfig sperrte.[4]

Für die Paläontologen dagegen entstand die Katze vor circa vierzig Millionen Jahren. Zu dieser Zeit lebte ein kleines Tier, das dem heutigen Wiesel ähnelte: der *Miacis*. Nach seinen fossilen Überbleibseln zu urteilen, hatte es einen schlanken, langgestreckten Körper, einen langen Schwanz, relativ kurze Pfoten, mit denen es aber gut klettern konnte, und Zähne, die sich zum Packen und Verschlingen anderer Tiere eigneten. Der *Miacis* gehört zur Familie der Miacidae, aus der sich viele der heute lebenden Tiere gebildet haben: Hunde, Waschbären, Bären, Wiesel, Hyänen, Katzen etc. Zwar handelt es sich um sehr unterschiedliche Tiere, sie teilen jedoch einige Eigenschaften und sind Fleischfresser, die ihre Jungen säugen. Vom Stamm der Miacidae teilte sich ein Zweig von ersten Tieren ab, die den Katzen schon sehr ähnelten, und dieser Zweig teilte sich bald darauf erneut in zwei deutlich verschiedene Gruppen. Die erste, schon lange Zeit ausgestorbene Gruppe war die der Säbelzahnkatzen, woraus sich Kreaturen von großem Umfang und mit ungeheuer langen Eckzähnen entwickelten (ein Mitglied dieser Gruppe war der *Smilodon*, der gefährliche Säbelzahntiger, der vor etwa fünfzehntausend Jahren ausstarb; wahrscheinlich war dieser große Räuber der erbarmungsloseste Feind des primitiven Menschen, und die Erinnerung an ihn brachte vielleicht später bei den alten Germanen den Kult der wilden Katze, des Tiers der Göttin Freya, hervor[5]). Die zweite Gruppe bildete dagegen den Ursprung der vielen Katzenarten, die heute auf allen Kontinenten vorkommen. In den Höhlen der prähistorischen Menschen wurden keine fossilen Spuren dieser Tiere gefunden,[6] was darauf hindeutet, daß Katzen und Menschen bis zur Morgendämmerung der Zivilisation getrennte Wege gegangen sind – genauer gesagt, bis zum »Auftritt« der Mäuse.

Aber kehren wir ins alte Ägypten zurück. Es waren die unternehmungslustigen Phönizier, die damit begannen, die ägyptische Katze in die Länder des Mittelmeerraums und auf die britischen Inseln zu exportieren. Vermutlich war hin und wieder eine Katze auf ein in Ägypten vor Anker liegendes phönizisches Schiff geschlüpft und von den Matrosen mit offenen Armen empfangen worden, die endlich eine Möglichkeit sahen, sich von den Ratten und Mäusen zu befreien, die mit Sicherheit auf dem Schiff ihr Unwesen trieben.

Zu Beginn der christlichen Ära stellten sie fest, daß der Transport von Katzen, bislang eher zufällig, sich in ein lukratives Geschäft verwandeln ließ, denn auch die Vorratskammern der römischen Villen waren voller Mäuse. Die Hauskatze wurde auf diese

Weise in einem großen Teil der italienischen Halbinsel zu einer Handelsware, und von da an hatte jede Katze ihren Preis, ohne jedoch zunächst in Italien heimisch zu werden. Die Phönizier achteten nämlich als schlaue Handelsleute darauf, nur Kater zu exportieren und damit ihr Monopol zu sichern.[7]

Eine neue Welle des Imports von Hauskatzen fand in Europa im Gefolge der arabischen Invasionen statt, denn auch die Muselmanen handelten mit Katzen, für die sie nach dem Vorbild ihres Propheten Mohammed, der zärtlich an seiner Katze Muezza hing, eine besondere Vorliebe hatten. Die arabischen Besetzer hinterließen umfangreiche Katzenkolonien in Italien, Spanien, Frankreich und in ganz Nordafrika. Von diesen Gebieten ging bald ein neuerlicher Katzenhandel Richtung Nordeuropa aus.

Ein Edikt von Howen Da (auch Howen der Gute) dokumentiert den Wert, den die Hauskatze im Wales des zehnten Jahrhunderts angenommen hatte, sowie die Strafen, die denjenigen erwarteten, der einen der wertvollen Mäusefänger mißhandelte, verstümmelte oder tötete. Nach diesem Edikt sollte sich der schon recht hohe Preis für ein Kätzchen an dem Tag, nach dem es seine erste Maus gefangen hatte, verdoppeln. Wer eine Katze gestohlen oder getötet hatte, mußte den Besitzer durch das Aufschütten einer Getreidemenge entschädigen, die eine am Schwanz aufgehängte Katze, die mit der Nase den Boden berührte, ganz bedeckte.[8]

Der europäischen Hauskatze schien also eine glänzende Zukunft bevorzustehen, als sich plötzlich ein von der katholischen Kirche initiierter verblendeter Feldzug gegen sie richtete.

Dafür gab es unterschiedliche Motive: Es war vor allem die Zuneigung der verhaßten Sarazenen zu Katzen, die den Christen diese Tiere nicht gerade sympathisch machte. Die Erbitterung der Theologen und Priester hatte jedoch noch tiefergehende und historische Gründe. Im Verlaufe der Ausbreitung des Christentums hatten die Oberhäupter der Urkirche die alten heidnischen

Götter zu Dämonen umgestaltet, darunter auch Bastet, die in der römischen Mythologie zuerst in der Figur der Diana (der griechischen Artemis), Göttin der Jagd und Herrin der Wälder, und später in der der Hekate, Göttin der Unterwelt, der Zaubersprüche und Magien, assimiliert wurde. In der frühchristlichen Ikonographie (die die ägyptisch-römische Mythologie wieder aufnahm) nahm die schreckenerregende Hekate bei ihren häufigen Besuchen auf der Erde die Gestalt einer Katze an, und sogar der Herr der Unterwelt verwandelte sich manchmal in eine Katze, um sich unbeachtet unter den Menschen zu bewegen. Hier hat die christliche Identifikation dieses Tieres mit dem Dämonischen ihren Ursprung, eine Verbindung, die in Europa seit vielen Jahrhunderten existiert und vielleicht anfangs noch durch die atavistische Angst vor dem Säbelzahntiger verstärkt wurde.[9]

Uralte Ängste, ausgenutzt von religiösem Fanatismus, besiegelten das Schicksal der Katze.

Im Mittelalter, eben zu der Zeit, als die aus dem Osten zurückkehrenden Kreuzzugsschiffe die pesttragenden Ratten mitbrachten, nahm die Jagd auf Katzen das Ausmaß einer Massenverfolgung an. Die Exkommunikationen dieser nützlichen Tiere sind nicht zu zählen, und jedes Unglück, sogar Meeresstürme, wurde ihnen angehängt.[10] Kaiser Friedrich der Zweite schlug sogar einen gewissen Kirchan zum Ritter, weil dieser drei Katzen durch Bisse (sic!) getötet hatte,[11] und überall wurden Scheiterhaufen entzündet, auf denen man die unglücklichen Tiere opferte. Dieser Ritus wiederholte sich noch lange regelmäßig, in Italien vor allem in der Johannisnacht.

Möglich ist, daß die Verfolgung der Katze eine irrational ehrfurchtsvolle Haltung gegenüber den Mäusen, den potentiellen Vernichtern der Ernte, verbirgt. Nicht wenige europäische Traditionen sprechen für diese These. Zum Beispiel war es ein in ganz Zentraleuropa verbreiteter Brauch, an Kreuzungen von Feldwegen eine Katze lebendig zu begraben, um »den Geist des Korns« zu erhalten, und in Schlesien wurde der Feldarbeiter, der den letzten

Maiskolben erntete, mit Blättern und Stengeln bekleidet, mit einem Schwanz versehen und als »Katze« tituliert.[12]

Doch trotz aller Verfolgungen reinigten die Katzen weiterhin die Behausungen Europas von Mäusen. Die katholische Kirche war schließlich gezwungen, ihren Bann auf schwarze Katzen zu beschränken, die mit Vorstellungen von Finsternis und Hölle in Verbindung gebracht wurden.

Nach der Überwindung der Feindseligkeiten waren die Katzen wieder hochgeschätzt. Im sechzehnten Jahrhundert wurde aus Persien die sogenannte »Angorakatze« eingeführt, deren Schönheit ihr selbst die Türen der besten Salons öffnete und zu einer Steigerung des »Images« der Katze überhaupt in allen sozialen Schichten beitrug. Nach und nach wurden Katzen wieder in die menschlichen Wohnungen aufgenommen, wo sie sich auf die Jagd nach Hausmäusen spezialisierten.

Als im achtzehnten Jahrhundert die kräftige Wanderratte (*Rattus norvegicus*) nach Europa kam, ging dies nicht mit einer merklichen Evolution der Katzen einher, die ihr Jagdgebiet schon auf die häuslichen Wände beschränkt hatten, und die Ratten, normalerweise eine natürliche Beute, ungestört in den Kanalisationen und auf den Straßen ihrer Wege ziehen ließen.

Auch der Naturforscher Brehm notiert betrübt, daß Katzen und Wanderratten einander auf den Straßen Hamburgs begegneten und sich dabei gegenseitig ignorierten.*

Die Aufzucht von Hauskatzen hat im Westen Fortbestand, auch wenn die Mäuse dank neuer Bautechniken fast völlig aus unseren

* A.E. Brehm, a. a. O., S. 507. Katzen können die großen Wanderratten töten, indem sie ihnen zuerst die Augen auskratzen und dann die Wirbelsäule durchbeißen; die Berichte über siegreiche Kämpfe der Katzen gegen die Nager (die manchmal größer als eine normale Katze sein können) sind zahlreich. Wenn jedoch keine Notwendigkeit besteht, dringend Beute machen oder das eigene Territorium verteidigen zu müssen, gehen sich streunende Katzen und Ratten lieber aus dem Weg.

Wohnungen verschwunden sind. In den Vereinigten Staaten gibt es zum Beispiel über fünfzig Millionen Hauskatzen, wobei es sich in der Mehrzahl der Fälle um verwöhnte Exemplare handelt, die den ganzen Tag auf der faulen Haut liegen und mit Fertignahrung überfüttert werden, die oft voll von Östrogen ist.

Gleichzeitig wird die Existenz der beweglichen und schlanken frei streunenden Katzen von den unerbittlichen städtischen Tierfängern bedroht.

Der Mensch fördert also, ohne sich dessen bewußt zu sein, eine Rückbildung der Katzen, indem er Tiere züchtet, die immer weniger aktiv und immer unfähiger zur Jagd auf Mäuse sind – eine Situation, die ernsthafte Gefahren bergen kann.[13]

Beschäftigen wir uns aber noch ein wenig eingehender mit den Katzen und ihrem Jagdverhalten, das heutzutage immer seltener zu beobachten ist. Die Mäusejagd ist wahrscheinlich kein im Erbgut festgelegter »automatischer Instinkt«, sondern wird von den Jungen durch die »Unterweisungen« von Mutter Katze erlernt.* Diese auf Spiel beruhende Erziehung verbindet sich mit einem Körperbau, der flinke und geräuschlose Bewegungen ermöglicht, und führt so zu erstaunlichen Resultaten: Ein gerade achtundvierzig Tage altes Kätzchen kann schon mindestens zehn Mäuse am Tag fangen; eine ausgewachsene Katze auf einem mittelgroßen

* »Sobald die Äuglein der Kleinen sich geöffnet haben, beginnt der Unterricht. (...) Plump-täppisch häkelt das eine und andere nach der sich bewegenden Schwanzspitze; (...) Nunmehr scheint der Alten die Zeit gekommen zu sein, auch das in den Kinderchen noch schlummernde Raubtier zu wecken. Anstatt des Spielzeuges, zu welchem jeder leicht bewegliche Gegenstand dienen muß, anstatt der Steinchen, Kugeln, Wollflecken, Papierfetzen und dergleichen, bringt sie eine von ihr gefangene, noch lebende und möglichst wenig verletzte Maus oder ein erbeutetes, mit derselben Vorsicht behandeltes Vögelchen, nötigen Falls eine Heuschrecke, in das Kinderzimmer. Allgemeines Erstaunen bei der kleinen Gesellschaft, doch nur einen Augenblick. Bald regt sich die Spielsucht mächtig, kurz darauf auch die

Bauernhof fängt im Schnitt zwanzig Mäuse pro Tag, das bedeutet siebentausenddreihundert pro Jahr.[14]

Ausgestattet mit einem ausgezeichneten Gehör und einem scharfen Sehvermögen, das auch den kleinsten Lichtreflex wahrnehmen kann, können Katzen stundenlang unbeweglich vor einem winzigen Mauerriß sitzen, um sich dann plötzlich auf eine Maus zu stürzen, sie mit den Krallen zu packen und sofort mit Hilfe der langen Eckzähne zu verschlingen.

Die wichtigste Gabe der Katzen beim Mäusefang besteht jedoch in ihrer Fähigkeit, immer wieder neue Fangstrategien zu entwickeln: Manchmal erlegen sie die Beute mit einem schnellen Sprung, dann wieder lassen sie sie bis zur Erschöpfung hin- und herlaufen oder »improvisieren« noch ausgefeiltere Techniken. Carl Burger, einer der aufmerksamsten Katzenbeobachter, berichtet von einem Kater, der schon seit geraumer Weile versuchte, aus einem Schwarm von anderen Vögeln einen Star zu schnappen, der auf einer Wiese nach Körnern und Insekten suchte. Jedesmal, wenn der Kater sich verstohlen näherte, erschraken die Vögel, flogen auf und kehrten erst wieder, wenn der Jäger sich entfernt hatte. Auf der Wiese weidete auch eine Kuh, die hin und wieder mitten unter den Vögeln graste, ohne sie im mindesten zu stören. Schließlich näherte sich die Kuh dem Versteck des Katers, der ihr auf den Rücken sprang und sich dort still zusammenkauerte. Als

Raublust. Solcher Gegenstand ist denn doch zu verlockend für das bereits wohlgeübte Raubzeug. Er bewegt sich nicht bloß, sondern leistet auch Widerstand. Hier muß derb zugegriffen und festgehalten werden: so viel ergibt sich schon bei den ersten Versuchen; denn die Maus entschlüpfte Murnerchen, welcher sie doch sicher gefaßt zu haben meinte, überraschend schnell und konnte nur durch die achtsame Mutter an ihrer Flucht gehindert werden. Der nächste Fangversuch fällt schon besser aus, bringt aber einen empfindlichen Biß ein: Miezchen schüttelt bedenklich das verletzte Pfötchen. Doch schon hat Hinzchen die Unbill gerächt und den Nager so fest gepackt, daß kein Entrinnen mehr möglich: das Raubtier ist fertig geworden.« A. E. Brehm, a. a. O., S. 436-37.

die Kuh dann beim Grasen wieder mitten unter die Vögel geriet, sprang der Kater plötzlich herunter und erlegte seine Beute mit Leichtigkeit.

»Es scheint fast«, schließt Carl Burger[15], »als ob dieser Kater sich durch eine Art mentalen Prozeß klarmachte, daß die Vögel von der Kuh nicht aufgestört wurden und daß er sich ihnen nähern konnte, wenn er auf den Rücken des Wiederkäuers sprang und dort still verharrte, bis sein Augenblick gekommen war. Dabei handelt es sich um einen komplexen logischen Prozeß, der es gestattet, etwas mehr als den nicht genauer definierbaren ›Jagdinstinkt‹ im Verhalten des Tieres zu sehen.«

Intelligenz etwa? Das ist ein zu vager Begriff, der bisher nur auf menschliche Fähigkeiten anwendbar ist.

Die Jagd auf so flinke und schlaue Tiere wie die Maus hat natürlich im Laufe der Jahrtausende auch bei den Katzen Fähigkeiten wie List und Schnelligkeit gefördert. Die Bewunderung der Menschen für die Katze wird teilweise durch ein gewisses Mißtrauen gegenüber ihrer Selbstgenügsamkeit beeinträchtigt, denn sie zeigen im Gegensatz zu Hunden keine große Anhänglichkeit an ihr »Herrchen« oder »Frauchen«. In Wirklichkeit ist die sogenannte Treue des Hundes nichts anderes als das instinktgeleitete hierarchische Verhalten eines Rudeltieres gegenüber dem Wesen, das es für seinen Anführer hält.

Katzen hingegen folgen keinem Anführer, entwickeln aber eine starke Bindung an ein Jagdrevier. Die berühmte Geschichte von Thurm, der Katze, die im Dezember 1964 zu dem siebenhundert Kilometer entfernten alten Haus ihres Herrn zurückkehrte, um dort auf Mäusejagd zu gehen, ist nur eine von vielen Anekdoten, die diese Eigenschaft bestätigen.[16]

Der Argwohn gegenüber der Katze und die Faszination, die sie auch auf viele Schriftsteller ausgeübt hat – auf Poe, Verlaine, Heine und viele andere –, sind gerade auf ihre »Wildheit« und »Unabhängigkeit« zurückzuführen. Der Mensch hat oft in den Augen dieses für untreu gehaltenen Tieres die Bilder einer gemeinsamen, unruhigen, gefährlichen und daher faszinierenden Vergangenheit aufscheinen sehen.

»Manchesmal überraschte ich mich dabei, wie ich ihm in die Augen sah, (...) und dieser Abgrund zog mich magisch an. In ihm gewahrte ich Äonen, die vom Töten von Mäusen und Schlangen bestimmt waren, von wilden Wäldern, vom qualvollen Warten vor einer Höhle, während der Bauch vor Hunger stach, von Fleischbissen, die dem Maul eines anderen entrissen waren, von einem erbarmungslosen Universum, grausam, aber unvermeidbar. Dann blickten wir gemeinsam auf das im Kamin lodernde Feuer, auf die Wände des komfortablen Hauses, die dicke Eichentür, die uns vor der Außenwelt schützte ... Schließlich sah ich wieder in die Augen des Katers und kostete die Schauer der Angst.«[17]

Eulen

Die Ordnung der Eulenvögel umfaßt zahlreiche eingeschworene Feinde der Mäuse. Unter den einhundertdreiunddreißig Arten, aus denen sie besteht, gebührt der erste Platz der Mäusejäger sicherlich der Waldohreule. Die Geschichte der Eule beginnt im Eozän, und um sie zu verstehen, muß man sie notwendigerweise mit der der Mäuse in Verbindung bringen.

Der Schlüssel zur Erklärung der plötzlichen Expansion der Nager und damit auch ihrer Jäger, die im Eozän ihren Anfang nahm, liegt in der Verbreitung der Angiospermen oder Bedecktsamer. Der biologische Erfolg dieser Pflanzen in jener Periode ist zu einem beträchtlichen Teil der »Zusammenarbeit« mit einigen Tierarten, vor allem Insekten und Nagern, zu verdanken. Auf der anderen Seite führte die Ausbreitung der kleinen Säugetiere auch zur Selektion vieler Arten von Jägern, darunter die Raubvögel.

Insektenfressende Vögel gab es wahrscheinlich schon seit dem Jura, aber für die Jagd der schnellen und unvorhersehbar sich bewegenden Nager mußte sich ein neuer Vogeltypus entwickeln. So entstanden zwei auch heute noch existente Ordnungen: die Falconidae (Falken) und die Strigidae (Eulen). Die Eulenvögel sind im Gegensatz zu den Falkenformen Nachttiere und können dadurch fast überall leben: Ihre Gewohnheit, tagsüber zu schlafen, ermöglicht es ihnen, selbst in die heißesten Wüstengebiete vorzudringen.[1]

Unter allen Vogelarten, die zu dieser Gruppe gehören, ist die Waldohreule das am besten für die Jagd auf kleine Nager ausgebildete Lebewesen, und nicht zufällig wird sie in vielen Texten als »Katze mit Flügeln« beschrieben. Dieser Ruf entstand durch die ungeheure Menge an Mäusen, die sie erlegen kann. Der

Naturforscher Eric Hosking machte sich einmal die Mühe zu zählen, wie viele Nager in einer einzigen Nacht von Mutter Eule zu ihren vier Jungen ins Nest gebracht wurden: Die Beute bestand aus einundneunzig Wühlmäusen, einundzwanzig Ratten, acht gemeinen Hausmäusen, zwei Feldmäusen und einer Zwergspitzmaus.[2]

Dieses Gemetzel wiederholt sich jede Nacht seit sechzig Millionen Jahren, und die Populationen der Nager werden dadurch in der Natur in genau abgesteckten Grenzen gehalten.

Die Eule als perfekte Maschine zur Mäusejagd verdient es, aus der Nähe betrachtet zu werden.

Beginnen wir bei den Flügeln. Die Natur hat die Eulen mit einer großen Flügelspannweite ausgestattet (bis zu eineinhalb Metern beim Uhu); dazu kommt eine besondere Anordnung der Federn: Sie sind an den Rändern fein gefranst und an der Oberfläche mit samtartigen Härchen bedeckt, was das Geräusch des Luftzuges um die Flügel dämpft.

Die aerodynamische Anordnung erlaubt es, auch bei hoher Geschwindigkeit absolut leise auf die Beute zuzugleiten. Die arme Maus – die im allgemeinen ein hervorragendes Gehör besitzt – bemerkt daher den Angriff meistens zu spät, nämlich wenn sie sich schon in den Fängen des Raubvogels befindet.

Doch die außergewöhnlichste Eigenschaft der Eule ist ihr verblüffendes Sehvermögen. Ein Beispiel kann das vielleicht besser erläutern. Stellen wir uns vor, wir befänden uns auf offenem Meer, in einer Nacht ohne Mondlicht und bei bedecktem Himmel – die Dunkelheit wird uns undurchdringlich erscheinen. Aber eine Waldohreule hat ebenso wie die Schleiereule oder ein Käuzchen ein 55 000mal besseres Sehvermögen als wir Menschen,[3] und unsere »Dunkelheit« ist für sie sehr hell – als befänden wir uns statt auf dem dunklen Meer in einem hell erleuchteten Büro.

Die kleine Maus mag sich vor den erbarmungslosen Augen der Eule beispielsweise in dichteres Laub flüchten, aber wenn sie es wagt, auch nur ein Blättchen zu bewegen, mit den Pfötchen zu zappeln oder – schlimmer noch! – zu quieken, ist sie verloren: Nicht das leiseste Geräusch entgeht einer Eule auf der Jagd in einer windstillen Nacht.

Im Vergleich zu anderen Vögeln haben die Eulen sehr entwickelte Gehöröffnungen, die hinter den Rändern der Gesichtsscheibe versteckt sind; wegen ihrer konkaven Form vermutet man, daß diese Gesichtsscheibe die Funktion eines Parabolschirmes hat, der Schallwellen auffängt und sie zu den Gehöröffnungen leitet. Zusätzlich können die Tiere vermittels kleiner, fransiger Federn, die sich vor und hinter den Gehöröffnungen befinden, deren Form beliebig verändern.

Manchmal kann man sehen, wie Eulen während des Dösens das Gefieder um die Gesichtsscheibe herum aufstellen oder andrükken, was zeigt, daß die Ohren dabei sind, die Umgebung zu »sondieren«. Die auditiven Rezeptoren können sich darüber hinaus genauestens auf das Pfeifen der Mäuse einstellen und es aus sämtlichen Hintergrundgeräuschen herausfiltern. Der Kopf der Eule ist zudem groß genug und die Gehöröffnungen weit genug auseinander gelegen, daß sie Töne in »stereo« hören kann; jedes Geräusch erreicht beide Ohren in einem winzigen zeitlichen Abstand, der jedoch genügt, um die Herkunftsrichtung zu bestimmen. Und da die Eule ihren Kopf um fast dreihundertsechzig Grad drehen kann, ist sie in der Lage, die Quelle des Geräuschs mit großer Genauigkeit zu bestimmen. Hat sie ein von einer Maus produziertes Geräusch identifiziert, schwingt sie sich von neuem zum Angriff, wobei sie dank ihres leisen Flugs sogar noch während der Annäherung an ihre Beute – mit einer Kursabweichung von höchstens einem Grad[4] – Geräusche lokalisieren kann, und fängt die versteckte Beute mit hoher Erfolgsquote.

Wie kam es zur Entstehung dieses perfekten Mäusefängers? Eine mögliche Erklärung könnte in einer bestimmten Dynamik der demographischen Entwicklung der Nager liegen, wie sie sich in den sogenannten »Mäusejahren« zeigt. Ein Eulenpärchen benötigt im

Durchschnitt ein Jagdrevier von mindestens dreißig Hektar, um im Laufe des Jahres genug Nager zum Überleben erbeuten zu können, ohne den Bestand der Beutetiere ernsthaft zu gefährden. Der Termin der Brutzeit und die Zahl der zu fütternden Eulenjungen spielen bei der Erhaltung dieses Gleichgewichts eine große Rolle.

Das Eulenweibchen legt seine Eier so, daß der Zeitpunkt des Schlüpfens der Jungen mit der Zeit des größten Nahrungs- bzw. Beuteangebots zusammenfällt. Außerdem können die Eulen die Zahl der abgelegten Eier je nach Menge der verfügbaren Nahrung regulieren. Auf diese Weise steht den Eulenjungen wie verwöhnten Kindern meistens ein Überangebot an Futter zur Verfügung, was sie trotzdem nicht davon abhält, es ihren Eltern gierig aus dem Schnabel zu reißen.

Zu manchen Zeiten, eben in den »Mäusejahren«, kommt es zu einer ungewöhnlich starken Vermehrung der Nager. Bedingt durch dieses Überangebot an Nahrung kann das Eulenmännchen das Weibchen leicht mit Nahrung versorgen, so daß dieses alle abgelegten Eier auch ausbrütet. Die Zahl der abgelegten und ausgebrüteten Eier (bis zu fünf pro Eulenpaar und größer als gewöhnlich) führt zu einem beträchtlichen Anstieg der Eulenpopulation. Die Jungen wachsen zu gesunden und starken Exemplaren heran und beginnen ihrerseits, Jagd auf die große Masse der Mäuse zu machen; doch von Anfang an sind sie fast alle zum Hungertod verurteilt. Auf die Bevölkerungsexplosion der Nager folgt nämlich gewöhnlich eine drastische Reduzierung ihrer Vermehrung, so daß die Zahl der Jäger plötzlich zu groß ist und die Jagd härter und mühseliger wird.

Es überleben nur die Eulen, die am besten für die Jagd geschaffen sind, deren Eigenschaften am besten für das Überraschen der jetzt rar und wachsam gewordenen Beute ausgeformt sind. Die anderen verhungern. Im Gegenzug werden wiederum auch nur die flinksten und schlauesten Mäuse überleben. Diese erbarmungslose natürliche Selektion ist es, die ein derart perfektes Räuber-Beute-Paar hervorgebracht hat.[5]

Die Jagd der Eulen auf Mäuse setzte sich über Jahrmillionen fort, bis der gemeinsame Lebensraum durch den Eingriff des Menschen unwiderruflich verändert und gefährdet wurde. Der erste Schritt in diesem Prozeß war die Zerstörung der Wälder durch Holzverbrauch und zur Gewinnung von Weide- und Ackerland.

Die zunehmende Industrialisierung der Landwirtschaft in unserem Jahrhundert hat die Lebensgewohnheiten der Feldmäuse und damit auch die der Waldohreulen, Schleiereulen und Käuzchen ebenfalls durcheinandergebracht. Neue Verfahren und Maschinen führten zu tiefgreifenden Veränderungen, die die Mäusepopulationen stark reduzierten. Traktoren haben die Zugpferde ersetzt, die früher überall große Mengen an Futter für die Mäuse verstreuten, vorbei sind die Tage, in denen das Getreide zu Garben gebunden wurde und die Garben aufeinandergehäuft auf das Dreschen warteten. Das waren noch glückliche Zeiten für die Nager, als das Korn einer Vielzahl von hungrigen und nachwuchsreichen Feldmäusen, Wühlmäusen und Ratten buchstäblich in den Mund fiel.

Doch das menschliche Eingreifen schädigt in direkter Weise nicht nur die Mäuse, denn auch die Räuber haben ihre Probleme. Eine Erfindung, die die Existenz der Raubvögel stark beeinträchtigt, ist das Drahtnetz, das ihnen den Zugang zu Kirchtürmen, Dachluken, Grotten und vielen anderen sicheren Zufluchtsorten und Nistplätzen verwehrt.

Durch immer weniger Raum zum Nisten und ein reduziertes Beuteangebot befinden sich die Eulen in einer schwierigen Lage. Weitere Umweltveränderungen haben noch mehr zu ihrer Gefährdung beigetragen: Sie ziehen es beispielsweise vor, von Büschen oder Strohhaufen aus zu jagen, doch die Anlage der Felder bringt es heute mit sich, daß riesige Flächen für die Tiere unwirtlich geworden sind. Der Pflug wird über Wiesen gezogen, auf denen früher die Feldmäuse gediehen; Sümpfe und Moore, in denen die Raubvögel gern im Mondschein jagten, sind trockengelegt worden; die landwirtschaftlichen Maschinen sind größer geworden und erfordern größere Feldflächen, um wirtschaftlich zu sein, was wiederum zum Verschwinden der Hecken, ein ideales Jagdrevier, beigetragen hat.

Auch der Auto- und Lastwagenverkehr und die künstliche Beleuchtung durch die Scheinwerfer, die ihr empfindliches Sehvermögen behindert, spielen eine wichtige Rolle beim Rückzug der Eulenvögel.

Doch der schwerste Schaden wird den Eulen und allen Raubvögeln von den Insektiziden zugefügt, die überall auf den Feldern verstreut und auch von den Mäusen aufgenommen werden, bei denen sie eine Verlangsamung der Bewegungsabläufe hervorrufen. Die verseuchten Mäuse werden so eine leichte Beute für die Raubvögel, die an den vergifteten Bissen sterben oder sterile Eier legen. Sind die Räuber erst einmal ausgelöscht, bemächtigen die Mäuse sich bald wieder der Felder.[6]

Arme Eulen! So perfekt für die Mäusejagd ausgestattet, werden sie von ihrer eigenen Beute vergiftet! Arme Eulen – obwohl die Menschen sie sich zunutze gemacht haben, um sich von den Mäusen zu befreien (indem sie zum Beispiel in den Dächern der Getreidespeicher Löcher ließen), so haben sie sie doch auch als Unglücksbringer verfolgt, vielleicht, weil sie gern in Ruinen nisten oder weil sie so vollkommen bewegungslos verharren, bevor sie die Flügel ausbreiten und zu ihrem lautlosen Flug ansetzen, der mit dem unvermeidlichen Tod einer Maus endet.

Im Laufe der Zeiten haben diese Raubvögel die verschiedensten Mythen genährt. Die Römer nannten die Waldohreule *striges*, was »Hexe« bedeutet; für die Griechen war das Käuzchen (ein Vetter der Eule) hingegen das Symbol Athenes, der kriegerischen Göttin der Weisheit, während die Tataren der Eule sogar göttliche Ehren erwiesen (vielleicht, weil sie auch die pestbringenden Ratten töten konnte) und ihr die Rettung des Mongolenreiches zuschrieben.[7] Schon immer waren Schriftsteller und Dichter von

Eulen fasziniert, deren Ruf für Shakespeare den im Schmerz versunkenen Unglücklichen an das Leiden Christi erinnert[8] oder die für den galizischen Dichter Anon Paz über die Mäuse »regieren«.[9]

Heute erschallt der Ruf der Eule zum Glück wieder öfter. Man hat schließlich Maßnahmen getroffen, diese nützlichen Vögel zu schützen und zu ihrer Vermehrung beizutragen, so daß sie inzwischen immer öfter auch in städtischen Gebieten auftauchen. Im New Yorker Central Park sind zum Beispiel hunderte von künstlichen Nestern in der Hoffnung installiert worden, daß die Eulen sich dort niederlassen und zur Reduzierung der riesigen Kolonien von Mäusen, Ratten und Wühlmäusen, die den Park verheeren, beitragen.[10]

Noch ist nicht klar, wie die Eulen es anstellen, ihre hochsensiblen akustischen und visuellen Sensoren so einzustellen, daß sie vom Lärm und den Lichtern der Stadt nicht taub und blind werden. Dies ist ein weiteres der vielen Rätsel, von denen sie umgeben sind.

Normalerweise hat eine Eule ein außergewöhnlich langes Leben; manche werden achtundsechzig Jahre alt. Man kann sich mit einigem Vergnügen einen dieser alten und weisen Raubvögel vorstellen, der DDT, Wilderer und Ausstopfer überlebt hat und nun bewegungslos auf einem Gesims oder einem stillgelegten Schornstein hockt und wachsam darauf wartet, daß sein geschworener Feind, der in der seligen Illusion befangen ist, das Leben im »Asphaltdschungel« würde ihn vor den Naturgesetzen bewahren, aus einem Straßenschacht herauskommt.

Menschen

»Schließlich will ich zu Nutz und Frommen mancher meiner Leser eine Falle beschreiben, welche zwar dem menschlichen Herzen nicht eben Ehre macht, aber wirksam ist.« Brehm[1] fährt fort, auf circa zehn Seiten verschiedene Arten von Fallen zu beschreiben, von denen einige wirklich schaurig, andere einfallsreich und spektakulär sind und die alle im Laufe der Jahrtausende erfunden wurden, um eines der größten Probleme zu lösen: die Befreiung von den Mäusen. Überflüssig zu sagen, daß die endlose Liste nur die grundlegende Unwirksamkeit der Fallen beweist, denen zwar die erste Maus einer Schar zum Opfer fällt, die von den anderen aber bald darauf gemieden werden.

Die Geschichte des Kampfes der Menschen gegen Mäuse und Ratten ist vor allem eine Geschichte der Niederlagen.

Zwei besonders vernichtende ereigneten sich 1890 auf Hawaii und 1964 in China. Im ersten Fall machte eine Kommission sogenannter Experten den Vorschlag, einige Paare von Mungos (natürliche Feinde von Mäusen und Ratten) zur Bekämpfung der Rattenplage auf den Inseln einzuführen. Unbegreiflicherweise merkte niemand, daß es sich bei der importierten Mungoart um Tagtiere handelte, während Ratten vor allem nachts aktiv sind. Die Folgen waren katastrophal: Die beiden Tierarten begegneten sich nie, trugen aber jede für sich dazu bei, einen großen Teil der Ernte zu zerstören und die Bevölkerung zu tyrannisieren.[2]

In China hingegen wurde im vollen Schwunge der Kulturrevolution beschlossen, den Kampf gegen die Ratten in die »Hände des Volkes« zu geben. Die seit Jahrtausenden bestehenden effizienten Entrattungskommandos wurden aufgelöst und ein kleiner

Geldbetrag und eine Auszeichnung als Belohnung für alle ausgesetzt, die dem Ortskomitee der Partei den Kadaver einer Ratte brachten. Der Erfolg schien alle Erwartungen zu übertreffen: Monatelang wurden unter den anfangs zufriedenen, später verblüfften und schließlich bestürzten Blicken der Funktionäre täglich Hunderttausende von Ratten herangebracht. Die Flut der getöteten Ratten schien nicht abzunehmen, bis man bemerkte, daß die Bauern die Tierchen liebevoll aufzogen, um sie dann zu töten und an die Partei zu verkaufen. Die »Kampagne der Entrattung« wurde daraufhin eingestellt, begleitet von »Volksprozessen« und exemplarischen Hinrichtungen.[3]

Die Verteidigungsmöglichkeiten der Mäuse und Ratten gegen den Menschen liegen vor allem in drei angeborenen Eigenschaften. Die erste ist das ausgeprägte Mißtrauen gegen alles Neue, das eine Maus jede Nahrung, die sie nicht genau kennt, zurückweisen läßt. Obwohl sie ein beispielhafter Allesfresser ist, verbringt sie einen großen Teil ihrer Zeit damit, die Umgebung ihres Lochs oder ihrer Höhle zu inspizieren. Sie kennt dort jeden Strauch, jede Furche, jede Nahrungsquelle und traut nur dem, was nicht neu ist. Wenn in diesen Bereich ein vergifteter Köder plaziert wird, nähert sich zuerst das Oberhaupt der Kolonie und beschnuppert diesen mit Argwohn. Dann läßt der Anführer fast immer das älteste Tier vortreten, das das neue Fressen probieren und eventuell daran sterben muß. Nachdem es den Köder gefressen hat, wird es von allen Mitgliedern der Schar unter Beobachtung gehalten. Es müssen mindestens achtundvierzig Stunden vergehen, ohne daß sich Vergiftungserscheinungen zeigen, bevor ein anderes Tier den Köder versuchen darf.[4]

Diesem vielleicht grausamen, aber wirkungsvollen System fügen Ratten und Mäuse noch ein außergewöhnliches Talent, Fallen und Hindernisse zu umgehen, sowie ihre wahrhaft erschreckende Vermehrungsfähigkeit hinzu, die es auch einer fast ausgelöschten Schar ermöglicht, sich in kürzester Zeit zu erneuern.

Stammt die neue Gruppe von einem Paar ab, das dem Gift, welches die alte Kolonie tötete, entkommen ist, ist sie gegenüber diesem Gift immun.

Manchmal kann die Resistenz gegen ein Gift von Nagern sogar »absichtlich« herbeigeführt werden. Das ist der Fall bei den fruchtbaren Hamstern (*Cricetus cricetus*), die heute vor allem in Syrien vorkommen. Man stellte fest, daß diese Tiere begonnen hatten, nach und nach immer größere Mengen der Blätter von *Colchium autumnale* zu fressen, einer giftigen Pflanze von geringem Nährwert. Das Rätsel dieser merkwürdigen Diät löste sich, als sich herausstellte, daß die von den Hamstern bald erreichte Gewöhnung an das Gift ihnen Schutz garantierte: Sie wurden nicht mehr von Räubern wie Eulen oder Katzen angegriffen, die bis heute einen weiten Bogen um diese vergifteten Bissen machen.[5]

Untersuchen wir noch ein wenig die verschiedenen Strategien, die Menschen anwenden, um sich von Mäusen und Ratten zu befreien.

Eine der ältesten Methoden ist der Gebrauch von giftigen Pflanzen. Das erste schriftliche Zeugnis geht auf das Jahr 1500 vor Christus zurück: Der Papyrus von Ebers beschreibt die rattenvernichtenden Eigenschaften der *Scilla marittima*, einer Zwiebelpflanze mit weißen oder roten schuppenartigen Blättern, die auf sandigen Gebieten und an den felsigen Küsten des Mittelmeeres wächst.

Ein anderes seit dem Altertum verwendetes pflanzliches Mittel ist das Strychnin, ein starkes Gift, das von der *Nux vomica* produziert und in Eier, tote Vögel, reife Früchte oder anderes Futter eingeführt wird, in der Hoffnung, daß Mäuse oder Ratten sich darauf stürzen würden.

Doch es gibt noch mehr pflanzliche Stoffe, aus denen Rattengift hergestellt werden konnte: Ein Aufguß aus Wurzeln und Blättern des *Helleborus foetidus* und Rhododendron, vermischt mit

Fett und Maisgrieß, wird in vielen antiken Texten empfohlen. Der Naturforscher Plinius[7] schlägt eine Mischung aus dem Saft der Eberwurz (*Masticogna atractylis gummifera*), Wasser, Öl und Mehl vor, während Konstans II. Pogonatos, Herrscher von Konstantinopel im siebten Jahrhundert, ein fragwürdiges Mittel anpreist: »Wenn du vor einem Mauseloch Asche von Eichenholz ausstreust, laufen sie darüber und bekommen die Räude und sterben.« Die Liste der zur Vergiftung der Nager verwendeten Pflanzen ist lang, und man kann daraus ableiten, daß diese sich immer wieder an einzelne Gifte gewöhnten und immun wurden.[8]

Genauso lang ist die Liste der Pflanzen, die nur in der bescheidenen Absicht, die Mäuse fernzuhalten oder zu vertreiben, auf verschiedenste Weise zubereitet wurden. Der lateinische Naturforscher Trogus berichtet, daß die germanischen Frauen ihre Bettdecken mit einem Pulver aus Wermut bestreuten, um sie gegen das Angenagtwerden durch Mäuse zu schützen.[9] Andere »abstoßende« Pflanzen waren die Poleiminze, die Springwolfsmilch, der Mäusedorn, der Rizinus, die Eibe und viele mehr.

Auch mit Mineralien versuchte man, Mäuse zu vergiften. Der Naturforscher Konrad Gessner[10] gibt ein Rezept aus einer mittelhochdeutschen Handschrift wieder. Danach sollte man in einer Pfanne etwas geräuchertes und in Stückchen geschnittenes Fleisch anbraten und, wenn es abgekühlt ist, ungelöschten Kalk hinzufügen. Dieses Präparat verteilt man auf kleine Tellerchen und stellt sie auf die Mäusepfade. Neben jedes Tellerchen stellt man einen kleinen Napf mit Wasser, aus dem die Mäuse trinken können. Auf diese Weise sollen die Mäuse schnell verenden. Ebenfalls bei Gessner finden wir einen Ratschlag des großen Avicenna, der das Realgar oder Rauschrot (eine Mischung aus Schwefel, ungelöschtem Kalk und Arsen) als ein hervorragendes Gift gegen Mäuse bezeichnet. Die grundsätzliche Unwirksamkeit antiker und moderner Mäusegifte wird durch eine Betrachtung des Albertus Magnus in seinem Text *De animalibus* entlarvt,[11] in der er verkündet, daß man rötliches Arsen in geringer Menge in einem Stück Speck verwenden müsse. Er selbst habe dieses Rezept an zwei mit einer Falle gefangenen Mäusen ausprobiert, die innerhalb einer Stunde verendet seien. Es handelte sich also um gefangene Mäuse, die nur die Wahl hatten, zu verhungern oder die einzig verfügbare Nahrung zu fressen, nämlich den vergifteten Köder.

Für Mäuse in Freiheit stellt sich die Situation ganz anders dar. Seit die Mäuse die Technik des »alten Vorkosters« entwickelten, konnten sie sämtliche Gifte überleben, die der Mensch in seinen immer raffinierteren Laboratorien zusammenbraute: Zinkphosphat, Arsentrioxyd, Alphanatiltiurea, Bariumkarbonat, Natriumchlorat, Strychninsulfat, Natriummonochloracetat, Castrix, Endrin …

Im Jahr 1948 glaubte man, endlich die »absolute Waffe« gegen Mäuse gefunden zu haben.

Carl Roderick und Samuel Shelfield, zwei amerikanische Veterinäre, hatten beobachtet, daß einige Arten von Schimmelpilzen und manche hülsenfruchtartige Kräuter (wie Steinklee und Bockshornklee) bei Tieren schwere innere Blutungen hervorriefen. Die von den Pflanzen produzierte blutgerinnungshemmende Substanz wurde später von Wilhelm Link isoliert, der sie Kumarin taufte.

Die Vorteile des Kumarins im Kampf gegen die Nager erwiesen sich anfangs als beträchtlich: Die ersten Symptome einer Vergiftung traten mit Verzögerung ein (bis zu fünf Tagen nach der Aufnahme der Substanz), und der Tod geschah wie durch eine natürliche Ursache; das vergiftete Tier wurde immer schwächer, fraß nicht mehr und mußte sich, nach Luft schnappend, vor den Bau schleppen, weil seine Lungen immer schlechter durchblutet wurden. Dieses Verhalten trug zur Wirksamkeit des Giftes bei, da es die sterbende Maus vom Rest der Schar trennte, so daß sich kein Mißtrauen gegen die vergifteten Köder ausbreiten konnte.

Der Erfolg des Kumarins schien festzustehen, und die amerikanische Chemieindustrie, die riesige Profite aus einem Monopol auf die tödliche Substanz erwachsen sah, beeilte sich, sie patentieren zu lassen: so entstand das Warfarin.

Nach Angaben vieler Fachleute wandte der Industriekonzern, der das Patent auf das »amerikanische Wundergift« innehatte, zuerst die Marketingtechnik des »Dumping« an, das heißt, sie verkauften ihr eigenes Produkt anfangs unter dem Selbstkostenpreis, um die Konkurrenz auszuschalten. Bis 1955 bestanden 75% des weltweiten Angebots an Ratten- und Mäusegiften aus Warfarin und seinen Derivaten (Kumchlorin, Kumaphenol, Dikumarol, Tomorin etc.).

Hier und da warnten Wissenschaftler, die besorgt über die massenhafte Verwendung eines einzigen Typs von Rattengift waren, vor der Gefahr einer Selektion gegen Warfarin resistenter Tiere, aber ihre Stimmen verhallten ungehört.[12] Der Mensch schien den uralten Kampf gegen Mäuse und Ratten endlich gewonnen zu haben.

Bis 1960 eine schockierende Nachricht um die Welt ging: Auf einem schottischen Bauernhof war eine Kolonie von Ratten entdeckt worden, die gegen das Warfarin resistent schien. Die Reaktion, die durch die Verbreitung dieser Entdeckung ausgelöst wurde, war unmittelbar und ausnahmsweise effizient.

Aber lassen wir hier das »Engl/and/off Magazine« sprechen:

»Doktor Reynold ist ein typischer Landtierarzt. Er hatte die Stelle des Gemeindetierarztes in Brunswich – sechzig Kilometer von Perth entfernt – ursprünglich nur zur Vertretung eines Kollegen angenommen. Er war überzeugt, dort nur wenige Wochen bleiben zu müssen, doch seitdem waren mittlerweile neun Jahre vergangen. (...) Er kannte die Probleme der Coys gut, deren Farm selbst am hellichten Tag von gefräßigen Ratten heimgesucht wurde, die aus den endlosen unterirdischen Gängen in der Heidelandschaft hervorgekrochen kamen. Er kannte auch Norton, einen Vertreter der Firma T. R. Hammet, die vor Jahren das Warfarin in der Region eingeführt hatte. Ein gewissenhafter Mann, dieser Norton. Als erstes hatte er dem Doktor einen Besuch abgestattet, um ihm die Wirkungsweise des sagenhaften amerikanischen Giftes zu erklären (...) sicher hoffte er, den Tierarzt ebenfalls in einen Vertreter der T. R. Hammet zu verwandeln. Das war ihm zum Teil geglückt, und Reynold empfahl den Bauern von Brunswich nun schon seit drei Jahren Warfarin. (...) Die Resultate zeigten sich in Haufen vergifteter Mäuse oder Ratten, die jeden Morgen auf den in der Heide verstreuten Höfen mit Benzin verbrannt wurden. Die Nager schienen nach und nach zu verschwinden, und nur die eine oder andere Eule war darüber betrübt. Und Norton natürlich.

Am fünfzehnten September wurde Doktor Reynold dringend auf die Farm der Coys gerufen (...) der Anblick war entsetzlich: Ratten, Ratten überall ... im Getreidespeicher, in den Kellern, selbst im Haus. Entsetzt beobachteten der alte Coy und Norton von einem Hügel aus die unzähligen dunklen Flecken, die sich über das Gelände bewegten. (...) Sie hatten die Köder mit Warfarin kontrolliert: alle waren von den Ratten gefressen worden. (...) Reynold eilte in sein Büro, um einen Blick in seine Bücher zu werfen, (...) am Nachmittag telegrafierte er dem Landwirtschaftsministerium in Edinburgh: ›Alarmierende Situation – riesige Kolonie von Ratten immun gegen Warfarin – zerstören die Ernte – erbitte dringend Entsendung eines Inspektors.‹ Von Edinburgh wurde die Nachricht nach London weitergeleitet. Es waren zwei Wochen nötig, um die vertrockneten Beamten des Ministeriums vom Ernst der Lage zu überzeugen. (...) Die Mitglieder der von London nach Brunswich entsandten Kommission kehrten mit vor Angst versteinerten Gesichtern in ihre Büros zurück. Die Situation war äußerst ernst: Wenn diese Rattenkolonie sich ausbreitete, wären sämtliche Ernten in Gefahr; in ganz Großbritannien gab es nur zwei Tonnen eines anderen Rattengifts. Man mußte vom Kontinent weitere, sich von Warfarin unterscheidende Gifte importieren und vor allem diese Rattenkolonie vernichten. (...) Die Stadtverwaltung von Brunswich wurde zum Hauptquartier. Um den Tisch saßen drei Beamte des Ministeriums, Doktor Reynold und ein schweigsamer Oberst. Das Wappen auf seiner Uniform wies ihn als Offizier der Chemiewaffenkorps des Heeres aus (die theoretisch fünf Jahre zuvor hätten aufgelöst werden sollen). Die Diskussion drehte sich darum, wie man die Ratten aus ihren unterirdischen Tunneln herauslocken und dann töten sollte. Der Vorschlag, Senfgas einzusetzen, löste einen lebhaften Wortwechsel aus. Senfgas ist ein blasenziehendes Gas. Es wurde während des Ersten Weltkrieges entwickelt, um Verbrennungen auf der Haut der Soldaten hervorzurufen und sie dazu zu bringen, sich die Gasmasken vom Gesicht zu reißen. Konnte dieses Gas bei Ratten wirken? Vielleicht ja, vielleicht nein. Jedenfalls mußte man schnell handeln, denn die Nachricht von der Immunität der Ratten gegen das Warfarin war von den Zeitungen schon verbreitet worden und hatte in ganz Europa zu Hamsterkäufen an anderen Rattengiften geführt. (...) Die Szene hatte etwas Irreales. Mit dem ersten Licht des Tages begannen die Soldaten der Chemiekorps, eingehüllt in gespenstische weiße Overalls und mit bedrohlich aussehenden Gasmasken ausgerüstet, ihre Arbeit. (...) Das Gas wurde mit Druck in jede Vertiefung im Heideboden geleitet. Die Ratten kamen zu Tausenden heraus; mit ihren vom Gas verätzten Augen waren sie eine leichte Beute für die mit spitzen Stöcken bewaffneten Soldaten (manche Ratten wurden auch durch Karabinerschüsse getötet). Der ›Kriegsschauplatz‹ (ein Gebiet von siebzig Quadratmeilen) war in zehn Sektoren unterteilt worden, und die Operation dauerte zwei Wochen, in denen sechsundfünfzigtausend Ratten getötet wurden. Viele Jahre später erfuhr man, daß der Verteidigungsstab im Falle eines Fehlschlagens der Aktion vorgesehen hatte, das von den Superratten besetzte Gebiet mit Nervengas bombardieren zu lassen.«[13]

Seitdem sind immer wieder Kolonien von Ratten auf unserem Planeten entdeckt worden, die gegen sehr hohe Dosen von Warfarin (bis zum Hundertfachen der »tödlichen« Menge) resistent sind, und alle wurden mit »traditionellen« Giften bekämpft und vernichtet.[14]

Da das Mißtrauen gegen noch so saftige vergiftete Leckerbissen fast alle Versuche der Ratten- und Mäusebekämpfung zunichte machte, entwickelten die Menschen noch eine andere Strategie: Gift in Pulverform. Mäuse und Ratten sind entgegen landläufiger Meinungen sehr saubere Tiere und verbringen einen großen Teil des Tages mit ihrer Toilette, wobei sie ihr Fell ständig lecken und glätten. Warum also nicht ihre Pfade mit einem Giftpulver bestreuen, das sie bei dieser täglichen Reinigung zwangsläufig aufnehmen müssen?

Theoretisch dürfte es bei dieser Vergiftungsmethode keinen Ausweg für die Tiere geben. In der Praxis dagegen spüren die Ratten auf irgendeine Weise die Gefahr, die von dem hauchdünn auf ihrem Territorium ausgestreuten Pulver ausgeht, und bedecken es sehr sorgfältig mit mühevoll zusammengescharrter Erde.[15]

Also hat man wieder etwas Neues versucht, um den Nagern den Garaus zu machen, und kam auf Giftgas, insbesondere auf Phosphorwasserstoff (PH_3). Dieses Gas wirkt natürlich nur in geschlossenen Räumen und hat den Nachteil, die gesamte Umgebung und eventuell vorhandene Lebensmittelvorräte schwer zu vergiften. Aber auch die Bekämpfung mit Giftgas, die nicht nur kompliziert, sondern auch teuer ist, hat sich oft als nutzlos erwiesen. 1926 glaubte man zum Beispiel, ein vor Kopenhagen liegendes Schiff von Ratten befreit zu haben, indem man Zyandämpfe hineinleitete; nach Beendigung der »Säuberungsaktion« erbleichten die herbeigeeilten Wissenschaftler, als sie sahen, auf welche Weise die Rattenkolonie dem Tod entkommen war: Einige Ratten hatten sich, bevor sie verendeten, in die Leitungen gequetscht und so das Eindringen des Gases in den Laderaum verhindert und die Kolonie gerettet. Das Verblüffendste dabei war, daß die Tiere, die sich »geopfert« hatten, die ältesten der Gruppe waren.[16]

Sogar die Experten der Elektronik haben sich in den Kampf gegen Ratten und Mäuse gewagt und Ultraschallwellen zwischen achtzehn- und zwanzigtausend Kilohertz eingesetzt. Diese Frequenzen sind für das menschliche Ohr nicht wahrnehmbar, werden aber von den Nagern als sehr unangenehm empfunden, so daß sie sich so schnell wie möglich entfernen. Auch diese Methode hat jedoch ihre Grenzen, wie vor allem die hohen Kosten, die schlechte Übertragung des Ultraschalls in Umgebungen mit viel schallschluckendem Material und – welch Überraschung – die Tatsache, daß die Tiere sich an die Ultraschallwellen gewöhnen und lernen, mit ihnen zu leben.[17]

Ebenso wurden bakteriologische Bekämpfungsmethoden gegen Mäuse und Ratten angewandt. Ein glücklicher Präzedenzfall ließ in dieser Hinsicht Hoffnung aufkommen: Ein unternehmungsfreudiger französischer Bauer hatte die Idee gehabt, seine von Kaninchen bedrohte Ernte zu retten, indem er einem Paar dieser Tiere die Keime der Myxomatose injizierte. Das Resultat war überwältigend, die Myxomatose verbreitete sich in ganz Europa und vernichtete in manchen Regionen bis zu 95% der Wildkaninchen. Wenn also die bakteriologische Bekämpfung bei den Kaninchen funktionierte, warum nicht auch bei Mäusen und Ratten?

Der erste Keim, auf den sich die Hoffnungen der Forscher richteten, war *Salmonella typhi murium*, Erreger von Paratyphus. Besonders virulente und resistente Stämme dieses Mikroorganismus wurden ausgewählt und in Kolonien von Ratten eingeimpft. Es schien sich um eine unerschöpfliche und sichere Waffe zu handeln, denn die Ansteckung unter den Ratten konnte nicht ausbleiben. Und sie würde tödlich sein. Die Wissenschaftler versicherten außerdem, daß andere Tiere, einschließlich Menschen, vor einer Infektion sicher seien.

Statt dessen kam es zu einer katastrophalen Entwicklung: Unter den Rattenpopulationen wurde sehr bald ein Stamm von Tieren selektiert, die immun gegen Paratyphus waren, während sich *Salmonella typhi murium* seitdem auf der ganzen Welt verbreitet hat. In der Folge dieses unglückseligen Experiments wurde der Paratyphus über Nahrungsmittel, die durch Urin oder Exkremente von Ratten kontaminiert waren, auch auf Pferde, Schweine, Schafe, Kaninchen, Hühner, Tauben, Kanarienvögel, Enten, Eidechsen, Schildkröten … und natürlich auf Menschen übertragen.

Schon 1907 hatte der japanische Immunologe Shibayana diesbezüglich einen Warnruf ausgestoßen, aber erst 1936 begannen einige Staaten, die Anwendung der Salmonellenart zur Tötung von Ratten zu verbieten.[18]

Von dieser Erfahrung noch nicht geheilt, wurde in den sechziger Jahren die Verbreitung des Tollwutvirus unter Rattenkolonien vorgeschlagen. Diese Infektion bringt die Nager dazu, ihre eigene Art anzugreifen, und führt schnell zu einer hohen Sterblichkeitsrate in einer Kolonie. Doch dieser Vorschlag stieß auf entschiedenen Widerstand und wurde bald wieder fallengelassen; dasselbe geschah mit dem Vorschlag der absichtlichen Verbreitung der Pest.[19]

Die neueste gegen Mäuse und Ratten vorgeschlagene biologische Waffe ist die Sterilisation. In den sechziger Jahren wurde beobachtet, daß das Stilben, wenn es mindestens zwanzig Tage hintereinander verabreicht wird, bei den männlichen Tieren zu einer Atrophie der Hoden führt, während sich bei den Weibchen eine Überentwicklung der Hypophyse und der Eierstöcke zeigt. Diese physiologischen Veränderungen verursachen bei den Weibchen eine drastische Verhaltensänderung, die sich in krankhaften, nymphomanischen sexuellen Äußerungen manifestiert, die meist aggressiv, blutig und steril sind. Auch diese Substanz wurde als »Wunderwaffe« gegen Ratten und Mäuse angepriesen, als ökologisch akzeptabel, wirkungsvoll und billig. Es blieb nur ein Problem: sie den Tieren zu verabreichen. Obwohl das Stilben geruch- und geschmacklos ist, ruft es bei den Nagern ein unerklärliches Mißtrauen hervor, egal ob es in schon vorgekostete Köder eingeführt oder als Pulver um die Löcher herum verstreut wird. Dieselbe mißtrauische Haltung wurde bei der Verwendung von anderen sterilisierenden Stoffen registriert, wie etwa Methanol, Östrogen und Lutein.[20]

Von Angesicht zu Angesicht

Bleibt also nur die direkte Begegnung, sozusagen »von Angesicht zu Angesicht«, um Mäuse und Ratten wirklich zu beseitigen? Es scheint so. Der Beruf des Ratten- oder Mäusefängers, des »Angestellten in der Ungezieferbekämpfung«, wie wir heute sagen würden, ist jedenfalls sehr alt. Strabo[1] berichtet, daß man in Spanien »Fänger von Mäusen« mit öffentlichen Geldern finanzierte, um die Ernte zu schützen, »obwohl die Sache von geringem Nutzen war«!

Die ersten Drucke mit Abbildungen von Rattenfängern, die bis zu uns gelangt sind, gehen auf das sechzehnte Jahrhundert zurück und zeigen kräftige Personen, die durch die Lande ziehen und Kadaver von riesigen Ratten als Trophäen mit sich tragen; höchstwahrscheinlich beschränkten sich diese professionellen Jäger jedoch hauptsächlich darauf, Rattengift zu verkaufen.*

* M. Cristaldi, a. a O., S. 40. Zu den Techniken, die die von Riccardo Bacchelli in seinem Buch *Die Mühle am Po* verewigten Rattenfänger anwandten, siehe G. Monti, *Ratti, territorio, derattizzazione*, Neapel (Dorta) 1989, S. 102.
In manchen Fällen diente die Rattenbekämpfung auch dem Ausleben eines gewissen Sadismus gegenüber den Tieren sowie vermutlich von psychosexuellen Störungen. Berüchtigt ist die Methode, eine Ratte lebend zu fangen, ihr einige Pfefferkörner in den After einzuführen, die Afteröffnung zuzunähen und sie dann wieder freizulassen; dies war offenbar eine verbreitete Praktik, wie unter anderem Sprichwörter aus vielen Regionen Italiens zeigen. Der Volksglaube wollte es, daß das vor Schmerzen wahnsinnige Tier jede andere Ratte, die ihm begegnete, angriff und tötete. In Wirklichkeit (wie mir einige Experten der Schädlingsbekämpfung versicherten) geht das Tier bald unter schlimmen Krämpfen ein, ohne zur Dezimierung seiner Artgenossen beigetragen zu haben. Vgl. G. Monti, a. a. O., S. 135.

Im neunzehnten Jahrhundert nahm die Rattenbekämpfung industrielle Züge an, als die Großstädte und Fabriken zu den wichtigsten Auftraggebern der giftherstellenden Betriebe wurden.

Doch auf welche Weise wird die Rattenbekämpfung heute durchgeführt?

Das erste Problem stellt sich in der Zählung und Identifizierung der Tiere.[2] Die zweite Phase besteht in der Entfernung möglicher Nahrungsquellen, im Versperren aller Fluchtwege und Zufluchtsorte und im Schutz der Gebäude.

Dann geht man zur eigentlichen Bekämpfung über, und zwar meistens mit vergifteten Ködern. Wenn diese Maßnahme jedoch nicht mit gründlichen Veränderungen des Umfeldes und der Beseitigung sämtlicher Nahrungsquellen der Tiere (vor allem von Abfällen) einhergeht, kehrt die Rattenkolonie bald in voller Größe zurück.

In manchen Fällen hat die Rattenbekämpfung schon die Dramatik eines wirklichen Krieges angenommen. Wie zum Beispiel 1945 in Bari, als nach der Entdeckung eines Falles von Pest beim Menschen in wenigen Tagen fieberhaft Tausende von Ratten getötet wurden.

Heute jedoch ist das Entrattungsgeschäft vorwiegend zu einer Routine geworden, die mehr oder weniger dazu dient (neben der Selektion immer resistenterer Tiere), die zahlreichen darauf spezialisierten Unternehmen zu erhalten oder zu bereichern.

Ein besonders grotesker Aspekt der Rattenjagd sind die damit befaßten Kongresse und Symposien: »Meinem Land (Italien) ist es gelungen, eine unerbittliche Bekämpfung der Ratten zu organisieren, und der Sieg rückt jeden Tag näher.« »All unsere Bekämpfungsmittel müßten gleichzeitig eingesetzt werden, und innerhalb eines Monats wäre unsere Nation (Frankreich) für immer von dem Ratten- und Mäuseproblem befreit.« »Die Begeisterung der Bevölkerung über die von der (polnischen) Regierung getroffenen Maßnahmen gibt uns das Recht, den Tag des endgültigen Sieges über die Ratten als unmittelbar bevorstehend zu sehen.«

Das sind nur einige Phrasen aus den langen und ausschweifenden Reden, die die sechshundertfünfzig Seiten des Berichts der *Conférence International et Congrès Colonial du Rat et de la Peste* füllen, die 1931 in Paris stattfanden und unter der Schirmherrschaft des Präsidenten der Republik, des Senatspräsidenten, des Präsidenten der Abgeordnetenkammer, des Präsidenten des Ministerrats und des Außenministers veranstaltet wurden. Das war nur eine von vielen Zusammenkünften, die sich in Akten wie die der *Conférence International pour la déstruction rationelle du Rat* (Kopenhagen 1902), der *Première Conférence International contre le Rat* (Brüssel 1906) oder des *Rat Control Project* (Philadelphia 1979)[3] verewigt haben. Akten solcher Art sammeln sich weiter in riesigen Regalen an, wo sie verstauben und auf die unvermeidliche »Bibliotheksmaus« oder eine menschliche »Leseratte« warten.

Während wir uns im Westen an das erzwungene Zusammenleben mit Ratten und Mäusen gewöhnt haben (da es uns der Überfluß an Nahrung gestattet, einen Teil unseres Reichtums diesen gefräßigen Tieren zu opfern, ungefähr so, wie Ladendiebstähle in die Kalkulation der großen Kaufhäuser aufgenommen werden), ist die Situation in den Ländern der Dritten Welt sehr ernst, vor allem infolge der Monokulturen, die darauf zielen, große Mengen eines meist für den Export bestimmten Produktes zu produzieren.

Ganze Wälder, Sümpfe und Savannen sind zerstört und in Anbaugebiete verwandelt worden, wobei der Lebensraum der natürlichen Feinde von Mäusen und Ratten verlorenging. Dazu kommt noch die von der Politik der multinationalen Konzerne auferlegte massenhafte Verwendung von Rattiziden, die in kurzer Zeit zur Selektion äußerst resistenter Mäuse- und Rattengenerationen geführt haben, so daß immer höhere Dosen der Gifte benötigt werden.

Im Zeitraum von 1965 bis 1975 verfünffachte sich der weltweite Verbrauch von Rattengiften (in Italien steigerte er sich zum Beispiel von einhundertzehn auf vierhundertsechzig Tonnen); zur selben Zeit nahmen die Zerstörungen von landwirtschaftlichen Produkten durch die Nager in den Entwicklungsländern überall zu (im Durchschnitt um 8%) und erreichten in einigen Ländern eine Quote von 21%.[4] Die Auswirkungen wurden in einer denkwürdigen Reportage der amerikanischen Zeitschrift »National Geographic« dokumentiert.[5] Sehen wir uns einige Auszüge daraus an:

»Die Ratten sind ein Fluch im Leben von Pablo Marinay, einem armen philippinischen Bauern, der am Rande des Sumpfs lebt. Jedes Jahr zerstören sie über die Hälfte seiner Ernte. Pablo erzählt uns von Messen und Prozessionen mit dem Schutzheiligen, die er zusammen mit den anderen Bauern in der Hoffnung abhält, von den Ratten befreit zu werden. (...) Im Morgengrauen sieht man zahlreiche Menschen, die bereits das kleine Reisfeld umstellt haben. Mit Sicheln schneiden sie unversöhnlich die Ähren ab und legen so nach und nach das Terrain frei. Langsam zieht sich der Kreis um die Nager zusammen. Ein Junge hält einen spitzen Stock, mit dem er die Ratten töten will, sobald sie sich zeigen. ›Da ist eine!‹ ruft er und erlegt das Tier mit einer automatischen Bewegung. Andere Ratten nutzen die Verwirrung, um sich in benachbarte Felder zu flüchten. An diesem Punkt zerbricht der Kreis, und die Bauern stürzen sich ungeordnet auf die Tiere. Die Jagd verläuft fieberhaft und chaotisch, nach wenigen Minuten werden mir die Kadaver von dreiundneunzig Ratten fast wie Trophäen präsentiert. Ein Bauer mit vor Müdigkeit verschleierten Augen erklärt mir: »Ich war die ganze Nacht auf den Beinen, um die Ratten aus meiner Ernte zu vertreiben. Ich weiß genau, daß die getöteten Tiere nur einen winzigen Teil darstellen, aber wenigstens die werden meinen Kindern nicht mehr das Essen wegnehmen.« Am Rande des Städtchens besteht ein Bauer darauf, uns zwei Ratten für fünf Centavos das Stück zu verkaufen.* (...) ›Wir versuchen, zum Gegenangriff überzugehen‹, erklärt mir Larry, während der Doppeldecker über die von Ratten wimmelnden Plantagen fliegt, und wirft Bissen aus Rattengift vermischt mit Hafer nach unten. ›Als der Preis für Zuckerrohr 1975 auf allen Märkten stieg, rettete jeder Dollar, der für die Vernichtung von Ratten ausgegeben wurde, mindestens für vierzig Dollar Ware. Aber heute, da der Preis wieder gesunken ist, ist wenig von Rattenbekämpfung die Rede.‹ (...)

Wir sind nach Indien geflogen, um zu sehen, wie der Kampf gegen die Ratten in einem Dorf namens Karli im Staat Gujarat geführt wird. ›Karli ist ein typisches indisches Dorf‹, erklärt uns Doktor Chaturndi, der Stratege dieses Kampfes, während er in einem dicken Buch nachsieht, ›bei der letzten Entrattungsaktion haben die Bauern 8296 Tiere getötet, das macht 2,43 pro Einwohner: ein guter Erfolg. Aber wir dürfen nicht nachlassen, denn die Ratten kommen immer wieder.‹ (...) In einem Kornfeld ist ein Stück Stoff von einem Sari wiedergefunden worden. Die ganze um Doktor Chaturndi versammelte Gruppe ist erschüttert. ›Das gehörte einer armen Alten, die von den Ratten aufgefressen wurde.‹ Ein Bauer nähert sich mir und erzählt mir die Geschichte, die sich vor knapp einer Woche zugetragen hatte. ›Wir waren Nachbarn, wohnten in der Nähe des Flusses. Von Sonnenuntergang bis Sonnenaufgang mußten wir ständig in die Hände klatschen, um die Ratten zu verjagen, die sich ins Haus schleichen wollten. Wahrscheinlich ist die arme Alte tief

* Auf den Philippinen kam vor ein paar Jahren ein schlauer Unternehmer auf die Idee, Rattenfleisch einzudosen. Das Produkt wurde unter dem Namen »Star«, also »Rats« rückwärts geschrieben, verkauft, hatte aber keinen großen Erfolg. Bei nicht wenigen Gelegenheiten in der Geschichte stellte Rattenfleisch jedoch tatsächlich eine tägliche Speise dar; zum Beispiel während der Belagerung von Paris 1870, als die Akademie der Wissenschaften die Eßbarkeit der Tiere verkündete, vielleicht weil alle anderen Tiere der Stadt (einschließlich Katzen und Hunde) schon verspeist worden waren. Vgl. D. Rari, *Gli animali domestici*, Rom (Palmiero) 1970, S. 88.

eingeschlafen und von den Ratten bei lebendigem Leibe aufgefressen worden.‹«

Jedes Jahr verschlingen Ratten und Mäuse in Asien mindestens achtundvierzig Millionen Tonnen Reis, wozu man noch eine dreifache Menge rechnen muß, die durch ihre Exkremente unbrauchbar wird. Nicht alle verseuchten Mengen werden jedoch vernichtet, und die Folgen sind furchtbar: »Die Rotzkrankheit hat verheerende Auswirkungen bei den betroffenen Haustieren. Schon seit Jahren versuche ich, diese Krankheit in den Griff zu bekommen, und ich habe mich immer noch nicht an die eitrigen und blutigen Pusteln gewöhnt, an die Blutstürze aus der Nase, an die Qualen, die dem Tod vorausgehen. (…) Ein weiteres großes Problem stellt die Leptospirose dar. Sicher sind auch Flüsse wie die Themse, der Rhein und der Tiber davon betroffen – aber hier in Benares ist sie eine viel größere Gefahr, als man sich das im Westen vorstellen kann. Zehntausende von Menschen waschen sich täglich in diesem Fluß voller Ratten, spülen ihr Geschirr darin oder trinken sogar daraus.«[6]

In den indischen Großstädten kulminiert das Rattenproblem in seiner ganzen Dramatik: »Doktor Deobhankar führt mich durch Bora Bazar, eines der ältesten Viertel Bombays. Wir befinden uns in einem Labyrinth aus gewundenen Gassen, die von sehr hohen und verfallenen Häusern gebildet werden. ›Hier können Sie Ratten sehen, die sich auch am hellen Tag ungehindert und frei hin- und herbewegen. Die Bewohner werfen die Abfälle zu den Fenstern hinaus, und die Ratten unten brauchen sich nur die Leckerbissen herauszusuchen und müssen noch nicht einmal zur Seite rücken. Jetzt werden Sie verstehen, warum in Bombay jedes Jahr zwanzigtausend Fälle von Tollwut durch Ratten registriert werden.‹ Aber es ist nicht in erster Linie die Tollwut, die den Verantwortlichen für die Rattenbekämpfung in Bombay Sorgen macht. ›Die Stadt hat die Pest von 1898, die mehr als zwölf Millionen Inder tötete, praktisch vergessen. Der letzte Fall von Pest bei Menschen wurde 1972 registriert. Seitdem richtet sich unsere ganze

Aufmerksamkeit darauf, das Wiederauftreten der Seuche zu verhindern. Zu diesem Zweck haben wir Rattenfängerkommandos organisiert. Insgesamt sind das fünfundachtzig Personen, von denen jede täglich fünfundzwanzig Ratten fängt. Die Tiere werden getötet und ins Afkine Institute gebracht.‹ Wir begeben uns in die Kellerräume dieses Instituts, wo Tausende von toten Ratten auf dem Boden liegen und darauf warten, von den Labortechnikern untersucht zu werden. ›Wir untersuchen ungefähr dreitausend jeden Tag, um festzustellen, ob sie Träger einer ansteckenden Krankheit, insbesondere der Pest sind. Wir haben die Hoffnung aufgegeben, sie auszulöschen, also beschränken wir uns darauf, sie zu kontrollieren.‹ ›Und wenn Sie das Vorhandensein der Pest feststellen würden – was würden Sie tun?‹

Der freundliche indische Arzt wiegt nur eine fette tote Ratte in der Hand und lächelt mich an, ohne etwas zu sagen.«[7]

MÄUSEZÜCHTER,
RATTENZÜCHTER

Felle und Pelze

»Um vier Uhr morgens rief Arkady Ust-Kut an. Der Beamte Yakutsky nahm ab.

– Ich bin Inspektor Renko aus Moskau – sagte Arkady – was fressen die Zobel bei euch?

– Und deswegen rufen Sie mich an?

– Kostia Borodin kaufte jeden Tag Fische und Hühner.

– Stimmt, die Zobel fressen Fische und Hühner. Aber das tun auch Menschen, oder?

– Aber nicht jeden Tag – sagte Arkady.«

Die Ware, nach der der unbestechliche und unerbittliche Inspektor Arkady Renko in dem Roman *Gorki Park*[1] in Sibirien sucht, besteht aus sechs wertvollen Zobeln. Wenn diese Tiere vor den Eisernen Vorhang gelangen, bricht eines der einträglichsten Monopole der Sowjetunion zusammen: der Handel mit Zobelpelzen.

Das ist ein Thriller, der noch zur Zeit des Kalten Krieges spielt. Doch die Jagd auf die Felle der Nager hat schon viel mehr Verbrechen nach sich gezogen, als das halbe Dutzend im Roman beschriebener. Der Krieg um die Biberfelle in Kanada ist eines von vielen Beispielen.

In den Anfängen der Kolonisierung des amerikanischen Kontinents durch die Europäer gelangte der französische Abenteurer Cartier in ein großes Indianerdorf namens Hocelaga, was »Biberdamm« bedeutet. Cartier taufte den Ort in Montreal um und setzte sich an die Spitze eines schwunghaften Handels mit Biberfellen. Bis dahin hatten die Felle ausschließlich den Indianern als Kälteschutz im Winter gedient; jetzt wurden sie den Eingeborenen zum Preis von einem Faß Cognac für hunderttausend Biberfelle abgehandelt, um nach Europa verschickt und dort verkauft zu werden.

Unter Ludwig dem Vierzehnten wurde dieser Handel von den Franzosen verstaatlicht, die nun auf Tausende von alkoholisierten Indianern zählen konnten, bereit, bis zu achtzehn Stunden am Tag für das begehrte Getränk zu jagen.

Die ungeheuren Gewinne, die mit der Vermarktung der Biberpelze erzielt werden konnten, zogen bald Abenteurer jeder Couleur an. Zwei von ihnen, Pierre Radisson und Sieur de Grosseillers, begannen mit Unterstützung der britischen Krone und indem sie die indianische Bevölkerung versklavten, Schiffe voller Pelze nach London zu schicken. So konnte König Karl der Zweite von England 1670 die Gründung einer Pelzhandelsgesellschaft erklären, die auch heute noch die größte der Welt ist: die Hudson Bay Company. Das erklärte Ziel der Gesellschaft war das alleinige Recht auf einen Handel mit Fellen von Bibern, die an den Ufern der Flüsse lebten, welche in die Hudson Bay mündeten.

Bald brachen Feindseligkeiten zwischen Frankreich und England aus, und während dieses Krieges um die Biberpelze, der über hundert Jahre lang andauerte, erreichte das Gemetzel unter den Nagern unvorstellbare Ausmaße. Sowohl Engländer als auch Franzosen zerstörten riesige Waldgebiete durch Brände, nur weil sich die Biber des Feindes darin verbargen. Eine Folge dieser Infernos war die hydrogeologische Zerrüttung weiter Territorien des östlichen Kanada, hervorgerufen durch das Verschwinden der Dämme, die die Biber nicht nur bauen, sondern auch mit großer Geduld und Sorgfalt ständig ausbessern und erhalten. Zu ähnlichen Zerstörungen kam es auch um 1900 in Colorado (USA) als Konsequenz einer unmäßigen Jagd auf Biber, die das Vermögen der Finanziersfamilie Astor begründete: Als die Dämme verschwunden waren, strömten die Flüsse ungehindert zu Tal, schwemmten große Geröll- und Erdmassen mit sich und vernichteten die Anpflanzungen der Farmer.[2]

Doch die Ausrottung von Nagern in der Neuen Welt beschränkte sich nicht auf Nordamerika. Während dort vor allem die von den Europäern versklavten Indianer die Biber jagten, durchstreiften in Südamerika die von den spanischen *conquistadores* unterworfenen Indios die abgelegensten Gipfel der Anden auf der Suche nach einem anderen Pelznager: dem Chinchilla (*Chinicillà laniger*), dessen weiches Fell (das seit Jahrhunderten die Gewänder der Würdenträger des Inkareiches schmückte) nun nach Spanien ausgeführt wurde.[3]

Die Kürschnerei ist eine sehr alte Kunst. Pelze und Häute waren die ersten Kleidungsstücke des Menschen, doch mit der Erfindung des Webstuhls und der Kleidung aus Tuch wurden sie allmählich zweitrangig und später zu einem Vorrecht der Adeligen und der Reichen. Der Naturforscher Helianus spricht zum Beispiel von »kanaanitischen Ratten«, deren Felle in Babylon zu Pelzen für die persischen Adeligen verarbeitet wurden.[4] Seit Beginn des zwanzigsten Jahrhunderts veranlaßte der sich allmählich auch auf andere soziale Schichten ausdehnende wirtschaftliche Wohlstand die Pelzindustrie, ihren Markt zu erweitern.

Der moderne Pelzhandel beruht heute fast ausschließlich auf der Aufzucht und nicht mehr auf der Jagd von Tieren und hat nach und nach die Verwendung von Fellen fleischfressender Tiere zugunsten der von Nagetieren aufgegeben. Die Aufzucht von Fleischfressern (Tigern, Bären, Leoparden, Mardern etc.) ist sehr kostspielig und kompliziert, die Tiere werden in der Gefangenschaft leicht krank und vermehren sich nur schwer, was für die Nager überhaupt nicht gilt. Also verlegte man sich auf die Züchtung von vermehrungsfreudigen, allesfressenden und widerstandsfähigen Tieren.

Nämlich Ratten.

Doch wer würde seiner Frau, der Verlobten oder der entgegenkommenden Sekretärin einen Rattenpelz schenken? Wie sollte man verhindern, daß der Widerwille gegen diese Tiere die Vermarktung ihrer Felle unmöglich machte?

Mit einer geschickten Werbekampagne natürlich.

Dabei ging es vor allem um die sogenannte »Biberratte«. Die Nutria (*Miocastor coypus*) oder Biberratte oder auch Chilebiber ist eine große Rattenart, die bis zu einem Meter lang und zwölf Kilo schwer werden kann. Sie wurde vor einhundertfünfzig Jahren von einem italienischen Naturforscher namens Nazareno Molina während einer Expedition in Südamerika entdeckt, und zwar in einem Gebiet zwischen den Flüssen Paraná und Rio della Plata. Dort herrschen ähnliche Klimaverhältnisse wie in Europa und in großen Teilen Nordamerikas.

Das Schicksal der Nutria erfuhr eine entscheidende Wendung, als die steigende Nachfrage und die immer seltener werdenden fleischfressenden Pelztiere die Überführung dieser Tiere in die europäischen und nordamerikanischen Aufzuchtstationen bedingte, allen voran die der Nutria Broadway Corporation, einer der größten multinationalen Pelzhandelsgesellschaften.

Der Name »Biberratte« (auf Englisch *young beaver*, also wörtlich »junger Biber«) wurde der Nutria wahrscheinlich wegen des sympathischen und fleißigen Images der Biber gegeben und vor allem wegen der Popularität, die die Tiere in den sechziger Jahren durch den Walt-Disney-Film *Das Tal der Biber* erhalten hatten. Man unternahm alles mögliche, um von der Form der Tiere, die so sehr an die unserer Wanderratten erinnert, abzulenken, und der Erfolg dieser Imagekampagne läßt sich an einer Million achthunderttausend jährlich im Westen gehäuteter Nutria ablesen. Die Nachfrage wird für die nächsten Jahre auf fünfzehn Millionen Exemplare geschätzt; der Preis pro Nutria ist in den vergangenen zehn Jahren um das Fünffache gestiegen, so daß heute auch andere Körperteile dieses unglücklichen Tieres verwendet und kommerzialisiert werden (die Zähne zum Beispiel, um daraus Halsketten zu machen, und die Därme, um Armbänder für Uhren herzustellen).[5]

Aber überlassen wir die Nutria ihrem traurigen Schicksal und wenden wir uns einer anderen Ratte zu, die auch wegen ihres Pelzes gezüchtet wird: der Bisamratte (*Ondatra zibethica*), auch Hudson-Otter genannt oder *rat musquet* bzw. *ratmusquet*, wie es die Damen der feinen Gesellschaft zu Anfang des Jahrhunderts schamhaft aussprachen, um nicht zu lange bei diesem »rat« zu verweilen.

Die Geschichte der Entdeckung dieses Tieres durch die Pelzindustrie verdient es, hier kurz erzählt zu werden.

Am Ende des vergangenen Jahrhunderts schien die Landwirtschaft Kanadas und der USA ernsthaft durch die unglaubliche Gefräßigkeit und starke Verbreitung der Bisamratten gefährdet, die nach einer Tragzeit von kaum zweiundzwanzig Tagen oft zwölf Junge werfen. Die Schäden beliefen sich nicht nur auf Tausende Tonnen von Getreide und anderen Feldfrüchten: Die Tiere gruben auch lange Tunnel in die Dämme von Wasserläufen und verursachten dadurch Erdrutsche und Überschwemmungen, die die Situation der Farmer zusätzlich verschärften. Die meisten amerikanischen Staaten mußten daher gnadenlose Gesetze gegen die Bisamratten erlassen und sogar eine Belohnung für jedes getötete Exemplar aussetzen.[6] Die Vorsicht hätte also dazu geraten, den Existenzraum der zerstörerischen Nager auf die nordamerikanischen Sümpfe zu beschränken. Aber so sollte es nicht sein.

Schon im Jahr 1900 wurden die Felle der allgegenwärtigen *rat musquet* in New Jersey in Streifen und Stücken verkauft, mit denen die Goldsucher und die letzten Pioniere ihre Jacken fütterten. Doch es war nicht einfach, aus diesen Fellen in einem Amerika voller Biberpelze ein einträgliches Geschäft zu machen. Anders sah es in Europa aus. Eine Komteß Collaredo Mansfeld ahnte die Möglichkeiten, die in diesem Handel steckten, und rührte die Werbetrommel für den »Hudson-Otter«, indem sie Modejournalisten bestach, damit sie ihn mit folgenden Phrasen in Gesprächen erwähnten: »Dieses reizende eichhörnchenartige (?!) kleine Tier, (...) so neugierig, sauber, verspielt, (...) es war schon immer der

Lieblingsgefährte der Indianerkinder, die sich damit vergnügen, ihm auf die Bäume der unberührten kanadischen Wälder nachzuklettern.«[7] Die »einfachere« Bezeichnung *ratmusquet* wurde natürlich erst eingeführt, als diese Pelzsorte sich auf dem Markt etabliert hatte. In Wirklichkeit hat die Bisamratte weder was die zoologische Klassifikation noch den Körperbau betrifft etwas mit dem Otter oder dem Biber gemein: Im Grunde ist sie eine große Ratte, die Sümpfe, Wehre, Teiche und oft auch Kanalisationen bevölkert und sich durch einen übelkeiterregenden Geruch auszeichnet, der von der Ausscheidung einer klebrigen, nach Moschus riechenden, wasserabweisenden Substanz herrührt.

Aber kehren wir zu den Anfängen unseres Jahrhunderts zurück. Der Export von Bisamrattenfellen von Kanada nach Europa begann die Tresore der Firma Mansfeld Limited zu füllen, als die 1905 in Rußland ausbrechenden Aufstände die feine europäische Welt der begehrten Zobelpelze und sibirischen Hermelinfelle beraubte. Der Moment war gekommen, auch in Europa Aufzuchtbetriebe für die *rat musquet* einzurichten.

Die Katastrophe begann am 28. März 1905, als eine Kiste mit einer Kolonie dieser Ratten in Marseille ausgeladen wurde, um in die Schweiz weitertransportiert zu werden, wo man schon alle Vorbereitungen für die Aufzucht der gefräßigen Tiere getroffen hatte. Zwei Jahre später ließ die Schweizer Regierung alle von der Mansfeld-Compagnie gezüchteten Bisamratten töten, verbot den Import jeglicher Nager und organisierte mit schweizerischer Präzision eine erbarmungslose Jagd, um die Tiere in allen Kantonen auszurotten. Was war geschehen? Durch ein Loch in einem der Käfige waren einige Paare aus der Zucht entkommen. Sie vermehrten sich schnell und ausgiebig, hatten keine natürlichen Feinde und ließen sich an den Ufern der zahlreichen Schweizer Seen nieder; sie zerstörten Ernten, durchbohrten die lieblichen Täler und provozierten Erdrutsche und Steinschläge. Die Firma Mansfeld wurde verurteilt, für sämtliche Schäden aufzukommen, was ihren finanziellen Ruin bedeutete. Trotz alledem wurden weitere Zuchten in anderen Teilen Europas aufgebaut. 1927 kam es in Frankreich zu einer neuen verheerenden Invasion dieser Tiere, die sich seitdem dort festgesetzt haben und drei Viertel der Fläche des Landes bewohnen.[8]

Die große Verbreitung der Bisamratten verursacht auch heute noch schwere Schäden beispielsweise in den Niederlanden, wo der Fang der Nager vom Staat prämiert wird. Denn jedes Jahr gibt die Rijkswaterstadt, die staatliche Organisation für den Ausbau, die Pflege und Erhaltung des Kanalsystems, das das ganze Land durchzieht, Milliarden Gulden für die Sanierung der ständig von den Bisamratten unterhöhlten Deiche und Dämme aus. Es ist verständlich, wie wichtig die Kontrolle dieser Tierpopulationen in einem Land ist, in dem Felder, Weiden, Dörfer und Städte sich zum großen Teil unterhalb des Wasserspiegels befinden. Zwar sind die Hauptdämme mit Zement verstärkt, aber viele Nebendämme bestehen noch aus Holzpfählen und gestampfter Erde und bilden daher ideale Aufenthaltsorte für die Bisamratten. Da an eine endgültige Ausrottung der fruchtbaren Tiere nicht zu denken ist, hat der Staat neben den Jagdprämien und den Versuchen, die Zahl der natürlichen Feinde zu erhöhen, ein Korps eingerichtet, das die Kolonien unter strenger Kontrolle zu halten und blitzschnell zu melden hat, wenn Dämme repariert werden müssen. Schon der Zusammenbruch eines Nebendammes kann durch die Überschwemmung weiter Gebiete immense wirtschaftliche Schäden verursachen.

Die Zuchten von Bisamratten und Nutrias bieten dem Besucher ein beeindruckendes Schauspiel: Abertausende von Ratten (in North Carolina kann man bis zu zwanzigtausend auf einem Fleck finden) leben in großen Zementbecken, die bis zur Hälfte mit Wasser gefüllt sind. Das hauptsächlich aus Getreide bestehende Futter wird in Zinkbehältern verabreicht und mit verblüffender Geschwindigkeit verschlungen, wobei immer mindestens drei oder vier Tieren geduldig Schlange stehen, bis sie an der Reihe sind. Die Zuchtstationen sind von hohen Maschendrahtzäunen umgeben, die circa einen Meter weit in die Erde reichen, was sowohl die Flucht von Zuchttieren als auch das Eindringen von Wildlingen verhindern soll. Da diese Art Zuchtstationen sehr anfällig für Epidemien von Typhus oder Neurobazillosis sind, werden strenge sanitäre Vorkehrungen getroffen: Oft müssen Besucher die Schuhe auf Fußabtretern, die mit Desinfektionsmitteln getränkt sind, abwischen.*

In einem besonderen Gehege findet die liebevolle Aufzucht von neuen Stämmen statt, die neue Fellsorten produzieren. Die Richtlinien für den Felltypus, der »in Mode kommen wird« – und folglich für die Sorte der aufzuziehenden Ratten –, werden von Forschern der North Carolina Breeding Corporation, der größten Handelsgesellschaft für die *rat musquet*, ausgegeben. Manche Tiere tragen ein Metallband um eine Pfote: Das sind sorgfältig selektionierte Exemplare, die ein kleines Vermögen kosten; ihr Erbgut ist genauestens untersucht und in einer Datenbank gespeichert, um es dem Züchter zu ermöglichen, neue Fellschattierungen vorauszuplanen.

Bis vor zehn Jahren waren tiefschwarze Bisamratten »in Mode«; ab 1986 entwickelte sich dann eine Neigung zu Tieren mit silberfarbenem Fell, die auf den Auktionen in Toronto und St. Louis und auf den Zusammenkünften von Nairobi und New York[9] wohlwollend aufgenommen wurden und gute Preise erzielten.

* Ich habe eine dieser Zuchten (2000 Bisamratten, 1500 Nutrias) im Monat Juli besucht und nicht eine einzige Fliege gesehen. Das Futtergetreide wurde vorher bestrahlt, um Mikroben zu zerstören. Der Veterinär, der mich begleitete, reichte mir ein Paar Gummihandschuhe für den Fall, daß ich eines der Tiere streicheln oder in die Hand nehmen wollte, damit ich (!) keine Mikroben übertrug. Besonders dankbar bin ich Doktor G., der mir erlaubt hat, seine Aufzuchtbetriebe in der Provinz von Salerno zu besichtigen, auch wenn er mich bat, seinen Namen nicht zu nennen, falls ich von einer »Aufzucht von Ratten« sprechen sollte. Doch diese Bezeichnung hat sich nur bestätigt, nachdem ich die Tiere aus der Nähe gesehen habe.

Das Leben einer Zuchtratte verläuft monoton in großen, leeren Gehegen, die von hohen Zäunen umgeben sind. Der Nahrungsüberfluß und das Fehlen von Feinden verwandelt sie bald von einem lebhaften und aktiven in ein lustloses und träges Tier. Wenn sie ein festgesetztes Alter erreicht hat (im Durchschnitt beträgt es bei Nutria und Bisamratte ein Jahr), wird sie getötet. In kleinen Zuchtbetrieben ist es der Gerber, der sich ins Gehege begibt und die Verurteilten heraussucht. In den modernen, industrialisierten Anlagen werden die Tiere dagegen in strikt homogenen Gruppen aufgezogen; dort öffnet sich in bestimmten Zeitabständen ein kleiner Tunnel, in den die neugierigen Ratten sofort hineinkriechen. Am Ende befindet sich eine Erweiterung, vor der der Gerber mit einem Knüppel steht und sie mit einem Schlag auf den Nacken tötet.

Innerhalb weniger Sekunden wird jedes Tier gehäutet. In manchen Fällen verfüttert man seine Überbleibsel an andere Ratten, während das Fell zum Trocknen auf U-förmige Eisen gespannt und nach etwa dreißig Tagen gegerbt und verarbeitet wird.

Bald darauf hängt es in einem eleganten Schaufenster und beflügelt die Träume einer eitlen Passantin.

Verflechtungen

Die Bedeutung des Fells (oder des Haarkleides) in unserer Kultur geht weit über die vergängliche Freude am Erwerb eines Pelzes hinaus und soll daher hier noch etwas näher untersucht werden.

Bei allen Wirbeltieren weist die äußere Hülle spezialisierte Eigenschaften auf, die sie vor den Widrigkeiten der Umgebung schützen. Die Schuppen der Fische und Reptilien wachsen zum Beispiel permanent und wirken so einer unvermeidlichen Abnutzung entgegen. Aus Mutationen in der Struktur der Schuppen entstanden im Jura die Federn der Vögel und in der Kreidezeit das Fell der Säugetiere.

Im Pleistozän kam es zu mindestens vier großen Vereisungen, die sich über zwei Fünftel der Erdoberfläche erstreckten: Diese ökologischen Katastrophen löschten einen großen Teil der Säugetiere aus und selektierten diejenigen, die mit einem wollartigen Mantel ausgestattet waren, der sie vor der Kälte schützen konnte.[1]

Für ein Tier von geringer Größe und relativ hoher Wärmeabgabe wie die Maus stellte das Fell einen extrem vorteilhaften Selektionsfaktor dar, so daß es im Laufe der Evolution zu folgendem Verhältnis kam: Je kleiner das Tier, desto länger, weicher, dichter und damit isolierender sein Haarkleid.

Bald durchlief mit der Entstehung neuer Säugetierarten auch das Fell weitreichende Veränderungen und übernahm eine Reihe von Funktionen, die über den einfachen Kälteschutz hinausgingen: Schutz vor Stößen und Schrammen, leichteres Ablaufen von Wasser, Annahme einer Tarnfärbung.

Die Tarnfähigkeit kann sich sogar in einem augenblicklichen Wechsel der Fellfarbe manifestieren – ein Tropismus, der einen

Angreifer verwirrt und der ebenso wie das Aufstellen der Haare auch beim Menschen vorkommt.

Hier hat die assoziative Verbindung von Haar und Angst ihren Ursprung. Das italienische Wort »irsuto« (= struppig, borstig) leitet sich zum Beispiel aus dem lateinischen *horreo* (= starr sein, sich sträuben) ab, woraus auch Worte wie »orribile« (= schrecklich) und »orrore« (= Schrecken, Horror) gebildet wurden.*

Andere bei Mäusen und Ratten sehr wichtige Haare (in Wirklichkeit handelt es sich um entblößte Nervenstrukturen) sind die Spürhaare: der »Schnurrbart« der Nager. Die Funktionsweise der Spürhaare ist ein eklatantes Beispiel dafür, wie sich innere Gegebenheiten bei diesen Tieren auf äußere Reize hin modifiziert haben: Sie sind nach einem genauen topographischen Schema auf der Schnauze angeordnet und befinden sich an besonders empfindlichen Stellen, die mit ebensovielen Bereichen des Gehirns korrespondieren. Auf diese Weise kann eine Maus immer genau einordnen, woher ein peripherer Reiz kommt. Kontroversen bestehen allerdings noch darüber, wie diese präzise Verbindung zwischen den Sinneswerkzeugen und Gehirngewebe entstand. Man weiß nicht, ob beide Teile sich beim Embryo entwickeln und gegeneinander wachsen, bis die Fasern sich verbinden, oder ob das Gehirn sich zuerst nach einem bestimmten Muster organisiert und diese Struktur dann auf die äußeren, schon entwickelten Organe überträgt. Eine Forschungsgruppe der Universität Lausanne formulierte vor kurzem eine verblüffende These: Es ist die Haut, die dem Gehirn nach einem »Lageplan«

* Viele Sprachen machen keinen Unterschied zwischen den Signifikanten »Fell« und »Haar«, wie z.B. »hair« im Englischen oder »trix« oder »par« im Rumänischen. Vgl. I. di Carpegna, *Essere di un pelo e di una lana*, in: »Riza Psicosomatica«, August 1981. Es ist interessant zu beobachten, wie auch heute noch der Anblick eines Tier- oder Menschenhaares von vielen als äußerst unangenehm empfunden wird. Man muß nur an unser Verhalten bei Tisch denken: Wir können schlüpfrige Schnecken und Muscheln genießen, werden aber von Ekel ergriffen, wenn wir ein Haar in der Suppe finden.

der Empfindungen »Anweisungen liefert«. Wenn einige Haare entfernt oder hinzugefügt werden, formt sich das Gehirngewebe nach der neuen Verteilung der Empfindungsleiter und gibt die zunächst erblich festgelegte Struktur auf.[2]

Vielleicht ist die wahre Funktion des Fells überhaupt noch zu entdecken. J. Goldsberg berichtet von einem grausamen Experiment, bei dem das feine Haarkleid von jungen Ratten abrasiert wurde, was ihre Mutter dazu veranlaßte, sie aufzufressen.[3] Eine erste Erklärung wäre, daß das Muttertier die eigenen Jungen durch Tasten nicht mehr erkennen konnte und sie für Eindringlinge hielt. Dabei ist es sicher merkwürdig, daß ein Tier, das selbst fremde Junge aufzieht oder eigene Junge auch dann, wenn ihnen bei brutalen Versuchen das Rückgrat gebrochen oder die Augen entfernt wurden,[4] dem Fell so viel Bedeutung zumißt. Oder haben die Haare und Härchen, die die Körper von uns Säugetieren bedecken, etwa noch viel wichtigere und komplexere Aufgaben, als bisher angenommen?

Im Alter von sieben Monaten ist der menschliche Fötus von einem dichten Flaum bedeckt, der bald wieder zurückgeht. Am ganzen Körper verbleiben jedoch Härchen, mit Ausnahme der Handflächen und der Fußsohlen, und nur in der Schamregion, unter den Achseln, auf dem Kopf und im Gesicht wächst längeres und dichteres Haar.

Während das Haupthaar den empfindlichen Kopf vor Sonne und Kälte schützt, ist die Funktion der in der Pubertät wachsenden Scham- und Achselhaare nicht klar.[5] Doch von diesem plötzlich einsetzenden Haarwachstum rührt die Verbindung zwischen Haaren/Fell und Sexualität her, die in vielen Kulturen die Maus oder die Ratte zum Schutzgott sowohl des einen als auch des anderen erhoben hat.

J. G. Frazer erzählt in seinem Buch, daß die Männer mancher asiatischer Stämme sich zur Förderung des Bartwuchses das Kinn mit einem zugespitzten Knochen durchsticheln, den sie danach vorsichtig gegen einen in Form einer Maus behauenen Stein schlagen; aus ähnlichen Gründen verflechten südafrikanische Krieger Büschel von Mäusefell mit ihren eigenen Haaren.[6] Darüber hinaus verwenden viele im Altertum verbreitete Rezepturen gegen Haarausfall Mäuse oder Mäusebestandteile als Grundsubstanz.*

Mäuse sind also oft für Schutz und Wachstum des Haars zuständig, und die metaphorischen Implikationen gerade des Haupthaares führen uns wiederum zu zahlreichen Mythen und Legenden. Das Haar scheint in allen Kulturen zwei gegensätzliche Aspekte des Menschen zu symbolisieren: Geist auf der einen und Materie auf der anderen Seite. In vielen Religionen ist zum Beispiel der Eintritt in einen Orden mit dem Schneiden oder Abscheren der Haare verbunden, als ob man sich eines intuitiv als animalisch wahrgenommenen Elementes entledigen wolle.

In vielen animistischen Religionen ist dagegen der Glaube verbreitet, daß der »Geist des Kopfes« oder eine andere übernatürliche Macht in den Haaren sitzt und durch Abschneiden derselben beschädigt oder gestört wird.

Haar ist ein Archetypus des Fadens und damit ein Symbol des Werdens, es repräsentiert eine nicht statische Lebensenergie, eine Energie der ständigen Wandlung, aber auch die niedrigsten animalischen Instinkte.[7]

Haar hat die Mythen von Samson, Szylla, Phenelaos und Medusa inspiriert, es steht sowohl für die vitale Kraft der Natur als auch für die kalte Stille des Todes. Dieselbe Ambivalenz charakterisiert auch das Bild der Maus, denn sie ist das Tier, das die Symbolik der Haare, der »Wurzeln des Himmels«, mit der der Zerstörung der Lebensenergie verbindet. In den Karpaten glaubt

* Der Arzt Galen rät in seinem Buch *Methodus medendi*, gegen Haarausfall eine Maus zu verbrennen, die Asche mit Honig zu vermischen und das ganze auf dem Haupt zu verteilen. Galen berichtet auch, daß Kleopatra sich den Kopf gegen Schuppen und für volleres Haar mit einem Brei aus Essig und Mäuseexkrementen einrieb. Vgl. M. Cristaldi et al., a. a. O., S. 63.

man zum Beispiel, daß eine Person, aus deren abgeschnittenen Haaren sich Mäuse ein Nest bauen, an furchtbarer Migräne leiden und schließlich wahnsinnig werden wird: ein Aberglaube, der auch in Deutschland und in England verbreitet ist.[8]

Aber das Haar kann auch eine Allegorie des Aufstiegs, der Erhebung sein (in vielen Märchen bieten die Prinzessinnen ihren Verehrern ihr Haar als Leiter an), ebenso wie die einer Bindung, die schmerzvoll durchtrennt werden muß, um frei zu sein.

Eine auch in den Kulturen vieler anderer Völker präsente lateinische Fabel[9] erzählt von einer Maus, die mit dem Durchtrennen von Fäden den König der Wälder befreite, ein stolzes Tier, das in der zu uns gelangten Version der Löwe ist, aber ursprünglich auch der Mensch gewesen sein könnte:

Eine Maus näherte sich unvorsichtigerweise den Tatzen eines Löwen. Gepackt von den Klauen des Raubtieres, bat das kleine Tier um sein Leben und versprach, die gute Tat zu gegebener Zeit auf gleiche Weise zu vergelten. Der König des Waldes begann über die Frechheit der Maus zu lachen, schüttelte die dichte Mähne, wies auf seine mächtigen Pranken, die scharfen Krallen und die gefährlichen Zähne und rief: »Wie kommst du kleines, elendes Tier dazu zu glauben, daß du mir eines Tages das Leben retten könntest?« Die Maus antwortete: »Oh König aller Tiere, denkst du wirklich, daß die kleine Gestalt und die armselige Erscheinung mich daran hindern könnten, dir meine Dankbarkeit zu zeigen? Woher willst du wissen, was das Schicksal für ein so starkes und stolzes Wesen wie dich bereithält? Liegt die Stärke eines Fadens in seiner Dicke oder in seiner Fähigkeit, sich in das dichteste Gewebe einzufügen und sich mit einer Vielzahl anderer Fäden zu einem Tau zu verbinden, das niemand je durchtrennen kann?« Von soviel Weisheit verblüfft, beschloß der König des Waldes, der Maus das Leben zu schenken. Nun geschah es, daß der Löwe eines Tages in einem von Jägern gespannten Netz gefangen wurde. Sie schleppten das mächtige Tier auf ein Schiff, mit dem es in ein fernes Land gebracht wurde. Auf einmal tauchte die Maus auf und machte sich ohne Worte zu verlieren daran, das Netz zu durchnagen und den Löwen zu befreien. »Sieh, jetzt bist du frei, oh König des Waldes, ich habe den Gefallen erwidert, den du mir vor so langer Zeit erwiesen hast. Unterschätze nie ein Wesen, das kleiner ist als du, denn die großen Dinge sind aus kleinen Dingen gemacht, aber die kleinen Dinge sind nur aus sich selbst gemacht.« Der Löwe antwortete: »Ich bin dir dankbar, mein kleiner Freund, aber weit von meinem Wald entfernt, würde ich in der Freiheit wohl verhungern. Auch wenn mein Schicksal die Gefangenschaft sein soll, so werde ich doch wenigstens etwas zu fressen haben, deshalb bitte ich dich, die durchtrennten Fäden wieder zusammenzunähen, damit meine neuen Herren nicht glauben, daß ich ein treuloses Tier sei.« »Ich kann nicht tun, worum du mich bittest, oh König des Waldes«, sprach da die Maus, »denn nichts kann die Fäden wieder zusammenfügen, die die Ereignisse durchtrennt haben. Wenn du glaubst, daß der Zorn deiner neuen Herren sich gegen dich richten könnte, so wirf dich ihnen zu Füßen und bitte sie um Gnade. Wenn du einen Wald brauchst, um König zu sein, bleibt dir nichts, als dein Leben als Sklave zu fristen.«

Versuchstiere

»Der Titan legte den Gefangenen ab und befestigte seine Arme und Beine säuberlich mit Klemmen. Neben dem Gefesselten lag ein Knäuel von grünen Schnüren, die spiralförmig zusammengerollt waren. Der Titan nahm eine dieser Schnüre, berührte damit den Mann, legte die Schnur wieder weg, nahm eine andere … Der Körper des Gefangenen versteifte sich, zuckte. Alle standen vorgebeugt, die Nasen gegen die Wand gedrückt, mit angehaltenem Atem … Plötzlich verstand Eric, was der Titan da machte.

– Er zieht ihm die Haut ab! – schrie er entsetzt.

– Er reißt ihn in Stücke – rief eine Stimme neben ihm.

– Er hat ihm Arme und Beine ausgerissen! – murmelte ein anderer mit vor Grauen zitternder Stimme.

– Verfluchte Bastarde! Warum tun sie das?

Aus dem gemarterten Körper des Gefangenen schossen Ströme von Blut, das purpurn vom weißen Untergrund abstach. Er brüllte vor Schmerzen, aber er war zu weit weg, als daß sie ihn hätten hören können. Der Titan fuhr unterdessen ruhig und methodisch in seiner Arbeit fort.«

Die Arbeit des Titans nennt sich Vivisektion. Der Roman von William Tenn[1], aus dem diese Szene stammt, erzählt von einer durch einen Atomkrieg in die Barbarei gefallenen Menschheit, die von riesigen außerirdischen Wesen unterworfen wird. Den Entkommenen bleibt nichts anderes übrig, als lange Tunnel in die riesigen Wände der Titanenbehausungen zu graben und von dort aus schnelle Streifzüge in die Vorratskammern der neuen Herren zu unternehmen, um etwas zu essen zu entwenden. Ein Rattenleben. Und wie Ratten werden die Menschen von den Außerirdischen auch behandelt, die an ihnen Versuche zu Streß, Giften und Medikamenten durchführen.

Wenn es sich auch hier wieder nur um Science-fiction handelt, so kann sie uns doch die Augen über das Grauen öffnen, dem Versuchstiere ausgesetzt sind.

Versuchstiere wie die Labormäuse.

Die Firma Camm Bred ist vielleicht der größte Produzent und Exporteur von Labormäusen und wirbt für ihr Produkt mittels Broschüren und Texten wie diesem: »Das Zeichen der Einheitlichkeit in der wissenschaftlichen Forschung: Verwenden Sie für eine gleichbleibende Einheitlichkeit Ihrer Forschungsgrundlagen vom ersten Tag an Mäuse, Ratten, Meerschweinchen (...) von Camm Bred. Wir können Ihnen sofort Tiere jeden Gewichts, jeder Größe und des gewünschten Geschlechts liefern. Ebenso bereits trächtige Tiere. Wenn Genauigkeit und Verläßlichkeit unerläßliche Bedingungen Ihrer Forschung sind, zählen Sie auf Tiere mit dem Zeichen Camm Bred.«[2]

Ob mit einem Wappenzeichen versehen und in eleganten gelben Blechschachteln mit dem Aufdruck »Camm Bred« transportiert oder mit Fallen auf einer Müllhalde gefangen – das Schicksal der Mäuse ist besiegelt, sobald sie in ein Labor gelangen. Dort kommen sie nur tot wieder heraus, und das fast immer nach Torturen, die wir unserem schlimmsten Feind nicht wünschen würden.

Doch auch die Mäuse von den Müllhalden kosten etwas,* und da die Finanzlage der meisten wissenschaftlichen Institute nicht

* Die Preise schwanken je nach gewünschtem Mäuse- oder Rattentyp. In Neapel und Rom gibt es nach meiner eigenen Erfahrung Leute, die die gewöhnlichsten Kanalratten zu einem Preis von 3000 Lire (etwa 3 DM) an Laboratorien verkaufen. Immer öfter jedoch brauchen die Forscher für standardisierte und wiederholbare Experimente Tierpopulationen mit uniformen, konstanten und bekannten genetischen Eigenschaften. Sie verwenden daher »Inbreds«, also blutsverwandte Mäuse mit gleicher und konstan-

üppig ist, ist die erste Aufgabe der Tiere (vorausgesetzt, sie sind nicht steril, wie die der marktführenden Firmen in dieser Branche), sich zu paaren und zu vermehren und den Experimentatoren weitere billige Versuchstiere zu liefern. Ein paar Wochen nach ihrer Ankunft wimmeln die Käfige von Mäusejungen, und die Experimente können beginnen.

Unter dem Namen »wissenschaftliche Experimente« dürfen sich Tierquälereien nun schon über ein Jahrhundert lang ihrer Verdienste rühmen. Um die Jahrhundertwende erfand Paolo Mantegazza, Gründer des ersten europäischen Laboratoriums für allgemeine Pathologie in Pavia und brillianter Autor, ein neues Folterinstrument, das er sich speziell anfertigen ließ: eine große Zange, vom Erfinder selbst »der dreifache Peiniger« genannt. Mit diesem Werkzeug führte Mantegazza eine Unzahl von »Experimenten« durch, »um die chemischen Veränderungen bei der Atmung unter dem Einfluß von Schmerz zu studieren«.

ter Chromosomenausstattung. Um als solche zu gelten, müssen die Tiere bestimmten Voraussetzungen entsprechen und daher mindestens zwei aufeinanderfolgenden Serien von Bruder/Schwester-Paarungen entstammen. Es handelt sich dann um genetisch reine Stämme, von denen jeder eine oder mehrere bestimmte genetische Charakteristiken aufweist, die ein bevorzugtes Modell für genau abgesteckte wissenschaftliche Forschungen darstellen. Allein das Jackson Institute von Bar Harbor in Maine (USA), einer der weltweit größten Lieferanten für Labormäuse, hat in seiner »genetischen Kartei« mindestens 650 kodifizierte Mäusestämme. Vgl. G. Pratesi u. B. Cortese, *Animali da laboratorio: chi li produce, chi li usa e come*, in: »SE – Scienza Esperienza«, Januar 1986.

1988 wollten Philip Leder von der Harvard University (USA) und sein Kollege Timothy Stewart eine von ihnen durch Manipulationen in der Chromosomenausstattung »geschaffene« Maus patentieren lassen. Doch erst im Frühjahr 1991 wurde den »Erfindern« der »Harvardmaus« nach Jahren polemischer Diskussionen, die die amerikanische Öffentlichkeit spalteten, von den US-Behörden das Patent verliehen. Vgl. J. H. Barton, *Brevettare la vita*, in: »Le Scienze – Scientific American«, Mai 1991.

Ein Kaninchen, das fünf Minuten mit diesem Instrument gefoltert wurde, war auch nach vierzig Minuten noch so unruhig und zittrig, daß Mantegazza nicht in der Lage war, seine Atemzüge zu zählen. Einem anderen Kaninchen, welches er zwei Stunden lang hintereinander auf diese Weise gequält hatte, trieb Mantegazza zusätzlich vier lange, spitze Nägel durch die Pfoten und verursachte ihm dadurch, wie er selbst schrieb, »intensiveren Schmerz als mit allen vorhergehenden Methoden«. Er berichtet auch, daß zwei Albinoratten nach den gleichen Torturen aufeinander losgingen, und als sie keine Kraft zum Beißen mehr hatten, mit umeinandergeschlungenen Pfoten und offenen Mäulern verharrten, keuchend und ächzend. Die »wissenschaftlichen« Schlußfolgerungen Mantegazzas wurden, wie immer bei Vivisektionen, von anderen »Forschern« bestritten, die dieselben Experimente noch dutzendmale wiederholten, ohne offenbar irgendwelche Ergebnisse für die Heilung von Menschen zu erhalten.

Mantegazzas Instrument, mit dem er Nager quälte und Veröffentlichungen und Ehrungen anhäufte, ist jedoch noch harmlos gegenüber der »Noble-Collip-Zentrifuge«, die konstruiert wurde, um »multiple Frakturen bei Ratten hervorzurufen«. In diesem Apparat wurden etwa fünfhundert Ratten sechshundertfünfzig Umdrehungen pro Minute unterworfen: 10% starben in der Trommel, während die Überlebenden, wie es minutiös in der Zeitschrift »Science« beschrieben wurde, Knochenquetschungen, gesplitterte Zähne, Quetschungen der Hoden, schwere innere Blutungen, Gehirnblutungen und Schädelbrüche aufwiesen. Alle starben unter schrecklichen Leiden etwa zwanzig Minuten, nachdem man sie aus der Trommel herausgeholt hatte.[3]

Warum sich überhaupt bei diesen »Experimenten« aufhalten?

Der Autor dieser Zeilen (und vielleicht auch der Leser) empfindet kaum Mitleid vor einem Beefsteak oder einem Grillhähnchen und glaubt, daß die Menschheit ohne die Ausbeutung von Tieren (zum Beispiel als Lasttiere) nicht sehr weit gekommen wäre auf der Straße des Fortschritts. Wenn die Tierversuche dazu dienen würden, menschliche Leiden zu lindern oder eine Zukunft ohne heimtückische Krankheiten zu ermöglichen, könnte die tägliche Opferung von Millionen von Labortieren (vor allem von Mäusen und Ratten) also als notwendiges Übel betrachtet werden.

Aber dem ist nicht so, und immer zahlreichere qualifizierte Stimmen erheben sich gegen die Qualen der Labortiere und betonen den geringen Nutzen und auch die Gefahren der Tierexperimente.

Der Anspruch, Erkenntnisse, die bei der Beobachtung von tierischen Verhaltensweisen und Reaktionen gewonnen wurden, auch auf Menschen übertragen zu können, hat schon oft zu fehlerhaften Schlußfolgerungen geführt. Einer der unglücklichsten historischen Irrtümer war zum Beispiel die Aufgabe von Hygienevorschriften, die der Naturforscher und Arzt Galen als alten Aberglauben einstufte, nachdem er beobachtet hatte, daß Tiere sehr gut leben können, ohne sich die Pfoten zu waschen, und daß ihre Wunden auch ohne Pflege heilen. Auf der anderen Seite hätte die Menschheit auf viele pharmakologische Entdeckungen und Entwicklungen verzichten müssen, wenn diese zuerst an Tieren getestet worden wären. Aspirin bewirkt bei Ratten beispielsweise die Geburt von phokomelischen Jungen, während es für Menschen unbedenklich ist. Umgekehrt haben Arzneien, die bei Tausenden von Versuchstieren keinerlei negative Reaktionen hervorgerufen hatten, bei Menschen schon katastrophale Auswirkungen gezeitigt. Zu diesen gehören, um nur die traurigsten bekanntgewordenen Fälle zu zitieren, das Thalidomid (ein Beruhigungsmittel, das in den sechziger Jahren unter dem Warenzeichen Contergan die Geburt von mehr als zehntausend deformierten Kindern mit Armstümpfen statt Armen verursachte), das Mittel Paracetanol (ein Schmerzmittel, das 1971 allein in England zu eintausendfünfhundert Krankenhauseinlieferungen führte) oder das Isoproterenol (ein Spray, das 1973 zum Tod von Tausenden von Asthmakranken führte).

Wenn die Reaktionen von Tieren auf Arzneimittel also derart verschieden von denen der Menschen sein können, warum fährt man dann damit fort, Millionen von Mäusen und Ratten in den Laboratorien der ganzen Welt zu foltern?

Dafür gibt es verschiedene Motive.

Einer der Hauptgründe hängt damit zusammen, daß ein großer Teil der sogenannten »wissenschaftlichen Forschung« nichts anderem dient als dem beruflichen Fortkommen des Forschers. Wer je die Gelegenheit hatte, die experimentelle Laborarbeit vieler Biologen, Pharmakologen oder Mediziner aus der Nähe zu beobachten, wird bestätigen können, daß ihr primäres Ziel die Ansammlung von Veröffentlichungen ist, die, obwohl sie oft jahrzehntealte Theorien »verifizieren«, den Weg für eine mehr oder weniger glanzvolle wissenschaftliche Karriere ebnen sollen. Und wenn man bedenkt, daß die Redaktionen der medizinischen, biologischen und pharmakologischen Fachzeitschriften geradezu voraussetzen, daß die veröffentlichten Studien von Tierversuchen begleitet wurden, kann man sich vorstellen, warum fast jeder Veröffentlichung die Opferung einer großen Zahl von Versuchstieren vorausgeht.

Vor Jahren erhoben sich in den Vereinigten Staaten etwa tausend Forscher gegen diese perverse Logik und forderten von den wissenschaftlichen Zeitschriften, wenigstens diejenigen Arbeiten zurückzuweisen, bei denen die Tierversuche ohne weiteres durch andere, unblutige Versuchsmethoden hätten ersetzt werden können, die zudem oft als zuverlässiger als Tierversuche angesehen werden (zum Beispiel die Computersimulation molekularer Dynamik oder die biomedizinische Technik oder Experimente mit humanen Zellkulturen und Organen und so weiter).

Natürlich wurde nichts unternommen, nicht zuletzt deswegen, weil es für die Mehrzahl der Fachzeitschriften, die sich fast ausschließlich über teure Abonnements und ein wenig Werbung finanzieren, bedeuten würde, ihr Erscheinen einzustellen, würden sie Arbeiten ablehnen, die auf unnötiger Grausamkeit gegen Tiere beruhen.[4]

Ein anderes Motiv für die Weiterführung und Zunahme von Tierversuchen ist die pharmazeutische Überproduktion. Gegenwärtig sind weltweit mehr als einhundertfünfzigtausend Arzneimittel im Handel erhältlich; jedes Jahr kommen fünfzehntausend neue hinzu, während zwölftausend »alte« aus dem Verkehr gezogen werden. Auch nach Meinung zahlreicher Forscher handelt es sich um einen »aufgeblähten« Markt, der sich hauptsächlich über den Umsatz rechtfertigt und für den Arzneien produziert und in Umlauf gebracht werden, die keinerlei substantielle Neuerungen oder Verbesserungen bedeuten.[5] Die neuen Produkte müssen jedoch, um die Zustimmung der Ärzte und die Freigabe durch die Behörden zu erlangen, »wissenschaftlich erforscht« und mit überzeugenden »Nachweisen« versehen sein, die belegen, daß sie nicht schädlich sind. Ein Markt also, der auf Labortiere nicht verzichten kann.

Vor allem nicht auf Mäuse.

Der Einzug der Mäuse in die Laboratorien begann im wesentlichen mit der Entdeckung des Penicillins. »Es war ein Glück«, erklärte einer seiner Entdecker[6], »daß wir bei den ersten Versuchen zur Toxizität Mäuse verwendeten, denn wenn wir wie üblich Meerschweinchen genommen hätten, hätten wir gefolgert, daß Penicillin giftig ist, und wahrscheinlich nie die Schwierigkeiten überwunden, die der Produktion der Substanz und ihrer Tests am Menschen vorausgingen.«

Von da an konzentrierte sich die Aufmerksamkeit der Forscher auf *Mus musculus*, deren Reaktionen auf pharmazeutische Stoffe denen des Menschen ähnlich zu sein schienen. So begann der lange Leidensweg dieser Tiere; im Jahr 1969 schlug der berühmte französische Biochemiker François Jacob, der vier Jahre zuvor den Nobelpreis für Medizin und Physiologie erhalten hatte, sogar vor, ein Institut für Mäuse[7] einzurichten, um die biologischen Affinitäten dieser Tiere zum Menschen besser erforschen zu können.

Wie viele Tiere werden nun aber jedes Jahr im Namen der Wissenschaft geopfert? Die Zahlen sind erschreckend: Nach einer Schätzung der Universität von Rutgers, New Jersey, wurden 1971 allein in den USA circa fünfundvierzig Millionen Mäuse und Ratten, mehr als fünfundachtzigtausend Affen, sechsundvierzigtausend Schweine und eine halbe Million Hunde umgebracht. Diese Zahlen sind wahrscheinlich fehlerhaft, da sich eine der vielen auf die Lieferung von Versuchstieren spezialisierten amerikanischen Firmen damit brüstete, den Laboratorien zweihundertzwanzig Millionen Mäuse[8] in einem Jahr geliefert zu haben.

Die jeden Tag an Mäusen und Ratten ausgeführten Experimente sind höchst verschieden: »Mongoloide Mäuse im Labor gezüchtet«; »Zwei Mäuse an der Wirbelsäule zusammengewachsen«;[9] »Auch drei arthritische Mäuse auf der Umlaufbahn mit Challenger«;[10] (»Maus wächst Menschenohr aus dem Rücken«, A. d. Ü.).

Die Phantasie der Forscher erreicht jedoch den Höhepunkt der Perversion, wenn es sich um Angehörige des Militärs handelt, die mit der Herstellung von chemischen oder bakteriologischen Waffen befaßt sind.

Es gibt da ein Beispiel aus Fort Detrick, dem US-amerikanischen Zentrum für die Produktion chemischer und biologischer Waffen. Der Abschied eines seiner Kommandanten, General Creasy, wurde mit einem »Experiment« im großen Stil »gefeiert«: Etwa dreitausend Mäuse und Meerschweinchen wurden ohne Sinn und Ziel mit Nervengas getötet. Man erzählt, daß der General seinen Männern gerührt mit den Worten gedankt habe: »Jetzt wissen wir, was wir zu tun haben, wenn wir in einen Krieg mit den Meerschweinchen treten.«[11]

Natürlich wäre es ungerecht, alle Forscher, die mit Labortieren arbeiten, als Sadisten abzuqualifizieren, genauso wie es nicht zu leugnen ist, daß Tierversuche auch schon zu beachtlichen Fortschritten in der Wissenschaft geführt haben. Vierundfünfzig Nobelpreise für Medizin und Physiologie sind bisher aufgrund von Forschungen mit Tieren verliehen worden, und bei dreizehn dieser Forschungsarbeiten wurden Mäuse oder Ratten verwendet.[12]

Dennoch scheint der Weg der Tierversuche heute mehr denn je in eine Sackgasse zu führen, wofür die Fehlschläge in der Krebsforschung (bei der unvorstellbare Mengen an Mäusen geopfert werden) vielleicht das überzeugendste Beispiel sind.[13]

Für die Leiden der Labortiere scheint jedoch kein Ende in Sicht.

Abgesehen von der Sensibilisierungsarbeit einiger verdienter Tierschutz- und Umweltgruppen herrscht an diesem Aspekt von Forschung und Wissenschaft ein Desinteresse, das eine weitverbreitete Gleichgültigkeit unserer Gesellschaft gegenüber Tieren und der Natur im allgemeinen enthüllt. Die Ungerührtheit angesichts des Schicksals der Labortiere wird noch deutlicher, wenn es sich bei den betreffenden Tieren um Mäuse oder gar um die verhaßten Ratten handelt. Wie Hans Ruesch treffend bemerkt, betonen Vivisektionisten gerne, daß bei vielen Experimenten Ratten und Mäuse verwendet werden, und spekulieren so mit den geringen Sympathien, die diese Arten in der Bevölkerung genießen.

In Wahrheit haben natürlich auch Mäuse und Ratten Empfindungen, und gerade die grausamen Experimente lassen erkennen, daß sich ihre Reaktionen nicht sehr von den unseren unterscheiden. »Wenn sich ein solches kleines Nagetier, dem Gift verabreicht worden ist, mit Schaum vor dem Mund im Käfig wälzt, gequält von Gallen- oder Darmkolik, geplagt von Durchfall, dann leidet es nicht weniger als ein Mensch im gleichen Zustand, und die Spritze, die sich in sein Körperchen bohrt, entspricht einer Lanze, die einen Menschen durchsticht. Und kann man in Anbetracht dieser Umstände immer noch so naiv sein, anzunehmen, daß der Kaiserschnitt, dem die Vivisezierer Millionen von Muttertieren unterwerfen, um sterile Junge zu bekommen, unter Anästhesie ausgeführt wird?«[14]

Die durch die »Wissenschaft« legitimierten Grausamkeiten gegen Mäuse (und Tiere im allgemeinen) setzt sich auch außerhalb der Versuchslabors fort. 1974 brachte beispielsweise der Deutsche Taschenbuchverlag ein Taschenbuch mit dem Titel *Zoologische Experimente* heraus, das in allen Buchhandlungen und an vielen Kiosken verkauft wurde und sich an Schüler zwischen vierzehn und achtzehn Jahren richtete, um ihnen Anleitungen für Vivisektionen an Mäusen, Fröschen und Meerschweinchen zu geben. Hier einige Zeilen aus diesem erbaulichen Büchlein[15]: »Die auf einem Tisch laufende Maus wird am Schwanz gehalten und mit einer geschlossenen Schere leicht am Genick niedergehalten. Sodann zieht man den Schwanz mit einem plötzlichen, kräftigen Ruck schräg nach oben, während die Hand mit der Schere nach unten gedrückt wird. Dabei ist ein Knacksen – das Brechen des Rückgrats – zu vernehmen.«

Diese Gleichgültigkeit gegenüber einem Tier, das uns so fremd erscheint, daß man es bedenkenlos quälen und töten zu können glaubt, widerspricht der Behauptung, in seinen Verhaltensweisen dieselben Mechanismen wiederfinden zu können, die auch unser Sozialleben regeln. Und hier stoßen wir auf ein anderes Forschungsgebiet, bei dem Mäuse eine große Rolle spielen: die Soziobiologie.

Eines der berühmtesten Experimente wurde 1958 von John Chaloun[16] durchgeführt und bestand darin, eine enorme Anzahl von Mäusen, die in einem Getreidespeicher eingesperrt waren und also Nahrung im Überfluß zur Verfügung hatten, sich ungehindert vermehren zu lassen. Als sie eine erschreckend hohe Bevölkerungsdichte erreicht hatte, begannen sich in der Kolonie Verhaltensweisen zu zeigen, die vorher noch nie registriert worden waren: extreme Aggressivität, blutige Auseinandersetzungen, Tötungen, Zersetzung des »Familienkerns«, Auftreten von Krankheiten …

Die Popularität, die Chalouns Experiment erfuhr, und die sehr oberflächliche Berichterstattung der Massenmedien über die – oft widersprüchlichen – Überlegungen zu den Resultaten sagen einiges über die Wissenschaftsgläubigkeit heutiger Menschen aus. Nicht zufällig führte die beliebteste Interpretation des Experiments zu einer ganzen Reihe von reaktionären und verstiegenen Betrachtungen über die Gewalt, die das »natürliche und spontane« Ergebnis der Überbevölkerung gewesen sei. Dank der »Wissenschaft« wurde so die Unvermeidlichkeit der Entstehung von Kriminalität in den Großstädten bestätigt und damit auch die absolute Notwendigkeit neuer zentraler Mechanismen der sozialen und politischen Kontrolle.[17]

Besteht bei dieser Art Experimenten nicht das Risiko, daß sie nur mit dem Ziel durchgeführt werden, vorgefaßte Meinungen zu bestätigen, die jedoch in die Irre führen?

Beim Zusammenstellen des Materials für dieses Buch bin ich oft auf leichtfertige Übertragungen des Verhaltens von Mäusen auf das von Menschen gestoßen: Man steckt zwei Mäuse zusammen einen Monat lang in einen engen Käfig, und wenn das eine Tier das andere unterworfen (oder gar getötet) hat, theoretisiert man über ein natürliches Distanzbedürfnis; man beobachtet, daß einige tausend Mäuse (die zu einer Kolonie von zweihundertfünfzig Millionen Tieren gehören, welche gezwungen sind, auf einem schmalen Streifen Wüstengebiet zu überleben) Massenselbstmord begehen, indem sie sich von den Höhen des Golan stürzen, und die Medien suchen fieberhaft nach einer tieferen Verbindung zwischen ihnen und den Theoriestrategen des nuklearen Holocaust; eine Maus versorgt eine andere blinde Maus mit Nahrung, und manche sehen darin den Anlaß, Betrachtungen über die Universalität der Prinzipien der jüdisch-christlichen Religionen anzustellen.[18] Durch die Anthropomorphisierung der sozialen Verhaltensweisen der Mäuse besteht die

Gefahr, daß menschliches Verhalten mit demselben Maß gemessen und auf die blinde Macht genetisch festgelegter Instinkte reduziert wird.

Aber was treibt die Mäuse wirklich an? Und warum sollen sie uns die Regeln vorführen, die das menschliche Verhalten leiten? Warum studiert man die Mäuse? *Vor allem* die Mäuse?

Die Antwort könnte lauten, daß es eben die fruchtbarsten Säugetiere sind, die den Forschern eine praktisch unbegrenzte Menge an Versuchsobjekten und eine schnelle Aufeinanderfolge von Generationen garantieren.

Aber ist das der einzige Grund? Oder steckt vielleicht noch ein beunruhigenderes Element hinter den behaupteten Ähnlichkeiten zwischen einem so verachteten Tier und dem Menschen?

Mit Begeisterung lesen die Leute von soziobiologischen Studien über Mäuse und Ratten, die die »überlegene Intelligenz« dieser Tiere belegen sollen. Eine Maus oder Ratte zeigt in Wirklichkeit ein Niveau von »Intelligenz« – wenn man diesen Begriff denn auf Tiere anwenden will –, das genauso hoch oder gar niedriger ist als das vieler anderer Säugetiere.

Zahlreiche Experimente, die an Mäusen durchgeführt wurden, um Intelligenz bei Tieren nachzuweisen, sind danach an anderen Tieren wie Affen, Hunden oder Katzen wiederholt worden, und die Resultate waren ebenso interessant; dennoch fanden sie selbst unter den »Eingeweihten« nur sehr geringe Verbreitung. Und das nur, weil keine Mäuse verwendet worden waren, weil diese merkwürdige Mischung aus Identifikation und Abgestoßensein, die diese Tiere in uns hervorrufen, fehlte.

Möglicherweise verbirgt sich hinter der zwanghaften Neugier, von der die soziobiologischen Experimente mit Mäusen und Ratten umgeben sind, hinter dem Vorwand, mit »wissenschaftlichen« Mitteln die Gesetze zu erforschen, die auch das menschliche Verhalten lenken, lediglich ein unbewußter Wunsch nach Herrschaft oder nach Rechtfertigung unseres Machtstrebens durch andere Lebewesen.

Aber lassen wir die düsteren Betrachtungen über Labormäuse hinter uns und beschäftigen wir uns statt dessen mit Leuten, die aus ihrer Liebe zu Mäusen einen Lebensinhalt gemacht haben. Sehen wir uns an, wie auch in dieser Beziehung zwischen Mensch und Maus nach den Worten von Robert Burns »Not und Kummer bleiben, wo Freud verheißen.«

Mäuseliebe

»Für viele Jugendliche ist die Beziehung zu einer Lieblingsmaus der erste Schritt zu den Freuden und der Verantwortung, die die Pflege eines lebendigen Wesens mit sich bringt. Für den jungen Besitzer eines dieser Tiere kann sie der Beginn eines ganz der Aufzucht und Ausstellung von Rassemäusen gewidmeten Lebens sein; Mäusezucht ist ein Hobby, dem Tausende von passionierten Anhängern jeden Alters, Mädchen und Jungen, Männer und Frauen, ihre Freizeit widmen.«

Das sind die ersten Zeilen des hochinformativen Büchleins *Fancy Mice* von R.S. Hutchings[1], der »Bibel der Mäusezüchter«, die auch die einzige offiziell anerkannte Broschüre des National Mouse Club ist. Der National Mouse Club ist die britische Sektion des International Mouse Club, einer der vielen Zusammenschlüsse von *Fancy*-Züchtern, das heißt von Personen, die versuchen, durch Aufzucht und Selektion eine Tiersorte zu erhalten, die genau ihrem Geschmack entspricht.

Das zeugt von einer leider weit verbreiteten Einstellung gegenüber Tieren im Westen.

Der Mensch, das symbolische Tier, sieht sich in seiner Vorstellung des Universums von der Natur getrennt und glaubt sich nach dem Bildnis Gottes geschaffen; die Tiere jedoch waren von jeher da, um ihn an seine Zugehörigkeit zur Natur zu erinnern. Hier zeigt sich wieder die Eitelkeit, der Allmachtswahn, der so typisch ist für unsere Spezies: Wir wollen »reine« Tiere produzieren, sie durch eine Selektion, die nicht vom Zufall der Natur, sondern von der Phantasie und der Laune des Menschen* diktiert wird, zu einem höheren Grad an »Vollkommenheit« erheben.

Aus dieser Eitelkeit, diesem Allmachtswahn entstehen also die

Rassen der Ausstellungstiere, »Mäusetypen«, die auf besonderen Schauen gezeigt werden. Das Schicksal der »häßlichen« oder »normalen« Tiere ist damit besiegelt; aber da man in einem Club von Mäuse-»Liebhabern« schlecht offen davon sprechen kann, daß die »minderwertigen« Tiere erbarmungslos getötet werden, appelliert die offizielle Zeitschrift des National Mouse Club, »Fur & Feather«, in ihrer Beilage *Rats and Mice* an die »Vernunft« der Züchter: »Man muß sich klarmachen, daß es nicht möglich ist, alle Mäuse aufzuziehen. (...) Andernfalls würde das Haus des Züchters bald von den Tieren wimmeln. (...) Tiere, die von den im Nationalkatalog aufgeführten Exemplaren abweichen, sind von schwächerer Verfassung, erkranken und sterben leichter. (...) Daher ist es nötig, Pflege und Aufmerksamkeit nur auf die interessantesten Exemplare zu richten. (...) Minderwertige Tiere müssen beseitigt oder an pharmazeutische Labors weitergegeben werden, wo sie bei wichtigen Experimenten der Genetik, Diätetik oder Virusforschung zum Wohlergehen der Menschheit beitragen können und nicht mehr erleiden als eine gelegentliche Injektion.«[2] Eine sehr selektive und blinde Liebe also; im Grunde eine Form von Fanatismus jenseits jeder Vernunft.

Doch überlassen wir die Mäusezüchter ihren (geringen) Skrupeln und versuchen wir zu verstehen, was Menschen an Mäusen anzieht.

John Steinbeck erzählt in seinem Buch *Von Mäusen und Menschen* von dem sanften Lennie, einem geistig Zurückgebliebenen, der von der eigenen Unfähigkeit zu handeln und vom erdrückenden

* Dieses Motiv einer Verbesserung oder »Erhöhung« der Tiere spielt bei der Zucht von Mäusen, Vögeln, Katzen, Hunden immer mit. Es ist in dem englischen Begriff *fancy* für »Tierzucht aus Liebhaberei« enthalten, der dieselbe etymologische Wurzel wie *fantasy* hat und sich in diesem Kontext als »Kunst, Tiere zu züchten, um sie zu einem bestimmten Grad an Vollkommenheit zu führen« übersetzen läßt. Vgl. B. Fiorillo, *L'arte dell'allevamento*, Mailand (Edicam) 1983, S. 57.

Haß der anderen auf Außenseiter umhergetrieben wird. Lennie durchquert das Amerika der Großen Depression und streichelt dabei eine Maus: Sie ist die Allegorie eines unstillbaren Liebesbedürfnisses, das vor den feindlichen oder gleichgültigen Reaktionen der Umgebung auf seine stille Gegenwart erstarrt. Lennies Manie scheint auf eine geheimnisvolle Beziehung zu Mäusen zu verweisen, deren Wurzeln in einer allgemeinen und emblematischen Ausgrenzung liegen könnten. Damit ist gemeint, daß die Maus nicht nur ein trauriges Ersatzobjekt des eigentlichen Begehrens darstellt, sondern eine weiterreichende Bedeutung in bezug auf die »Nicht-Beziehungen«, unter denen die Menschen leiden, hat.[3]

Doch nicht alle Mäuseliebhaber sind Außenseiter. Ihre Fans gehören den verschiedensten sozialen Gruppen an, wie die zahlreichen Beitritte zur 1975 von Michel Dansel in Paris gegründeten »Internationalen Mäuseakademie« beweisen.[4]

Für die Mäuseliebe kann es verschiedene Erklärungen geben.

Nach Dansel ist das Tierchen ein Spiegelbild des Menschen, der den Zimperlichen spielt, wenn er ihm begegnet – doch indem er es zurückweist, weist er sich selbst zurück.[5] Wer die Mäuse liebt, liebt also sich selbst? Vielleicht handelt es sich um eine von Toleranz und Verständnis für den Menschen durchzogene Liebe, für das Tier im Menschen, das zu seinem Bedauern in einer menschlichen Zivilisation leben muß.

Wer sind diese Menschen, die sich für Mäuse interessieren? Das herauszufinden hatte ich vor Jahren im Britischen Naturhistorischen Museum in London Gelegenheit, anläßlich einer Konferenz unter dem Motto *Mice and Men*. Ich erwartete, einen halbleeren Saal vorzufinden, mit ein paar älteren Leute, für die die Zucht und Pflege von Mäusen einen Inhalt für den Lebensabend abgab, oder irgendwelche Exzentriker, die vielleicht sogar der psychiatrischen Behandlung bedurften. Der Saal quoll über vor Menschen. Was mich am meisten erstaunte, war die große Zahl von »Yuppies«, die mit fast religiöser Hingabe der Konferenz und dem wunderbaren Dokumentarfilm von David Attenborough folgten. Als die Vorführung beendet war, näherte ich mich einer angeregten Ansammlung elegant gekleideter Personen und nahm an ihrem Gespräch teil, um weiteres Material für dieses Buch zu sammeln. Es handelte sich um die Mitglieder der National Fancy Rat Society, die indigniert dagegen protestierten, daß wieder einmal von Mäusen statt von Ratten die Rede war, denn letztere seien »schöner und intelligenter als Mäuse«, würden aber »von der offiziellen Kultur auf den zweiten Platz verwiesen«.

Die Antipathie zwischen den Freunden der Mäuse und denen der Ratten ist zumindest in England ein gutes Jahrhundert alt und führte auch zu dem nunmehr unheilbaren Bruch zwischen dem National Mouse Club und der National Fancy Rat Society. Nach Nicholas Mays[6], einem der aufmerksamsten Beobachter dieser Spaltung, wurde der National Mouse Club 1893 von Walter Maxey gegründet, dem die Clubmitglieder den Titel »Vater der Rassemaus« gaben. Der eigentliche Geburtsakt des Clubs geht auf den achten Januar jenes Jahres zurück, als in der Zeitschrift »Fur & Feather« eine Anzeige für den Ankauf von Mäusen erschien. Die Leidenschaft der Engländer für Haustiere ist sehr alt, und die Figur der Maus wurde in Großbritannien durch den unglaublichen Erfolg einer Ode des schottischen Dichters Robert Burns[7] geadelt, die dieser 1785 schrieb. »An eine Maus – als ich sie November 1785 mit ihrem Nest aufpflügte«. Es existieren verschiedene Erklärungen für den großen Erfolg dieser kleinen Dichtung; höchstwahrscheinlich verbirgt sich hinter der Ode an die Maus der Schmerz über den Verlust eines natürlichen Gleichgewichts, das die industrielle Revolution unwiderruflich zerstört hat. Es ist vielleicht auch kein Zufall, daß es gerade in dem Land, in dem die Industrialisierung die krassesten Umwälzungen und tiefgehendsten Veränderungen hervorbrachte, eine Art modernen »Mäusekult« gibt.

Aber kehren wir zu unserer Geschichte zurück. Im Jahr 1893 fand die erste Versammlung des National Mouse Club unter dem

Vorsitz von Walter Maxey in einer Wohnung in Stratford im Osten Londons statt. Die »Mäusephilen« behaupten gern, daß es sich damals um eine »Mice-only«-Versammlung gehandelt habe, während die »Rattophilen« vertreten, Walter Maxey selbst habe sich schon 1891 in »Fur & Feather« höchst schmeichelhaft über Ratten geäußert, und bei jener Zusammenkunft von 1893 hätten in Wahrheit auch fünf Rattenzüchter teilgenommen.

Die Züchtung und Ausstellung von Ratten war im viktorianischen England jedoch kein ganz risikofreies Unterfangen. Zeitungen von damals berichten von verschiedenen Mäuseschauen, die durch Ohnmachtsanfälle von Frauen gestört wurden. Die Damen hatten sich plötzlich vor einem Käfig mit Ratten wiedergefunden, die ein leichtfertiger Züchter »außer Konkurrenz« präsentieren wollte.

1906 verfügte der National Mouse Club den Ausschluß von Ratten aus den Schauen, aber schon zwei Jahre später trat Mary Douglas das begehrte Amt der Clubpräsidentin mit dem klaren Programm an, die Ratten wieder mit vollen Rechten in den Verein einzugliedern. Das war der Beginn der Spaltung. Trotz des Bestehens von Clubs (wie der von Bristol, der heroisch bis 1924 überlebte), die sowohl Ratten- als auch Mäusezüchter als Mitglieder hatten, überstürzten sich die Ereignisse. 1921 bekräftigte die Bildung der National Fancy Rat Society den Bruch. Die weitere Geschichte dieser Gesellschaft, wie sie auf den zweihundertsechzig von Mays verfaßten Seiten beschrieben und durch vielsagende Überschriften wie »Die dunklen Jahre«, »Das vermeintliche Wiederaufleben«, »Die Auferstehung«, »Der Zukunft entgegen« begleitet wird, ist zu komplex, um hier auch nur in Kürze dargestellt zu werden. Es soll jedoch ein Widerspruch erwähnt werden, der möglicherweise auch zu einer Spaltung der Fancy Rat Society führen wird und der vielleicht Licht auf jenen rätselhaften Satz von Burns werfen kann: »Wie oft schlägt fehl der beste Plan bei Mensch und Mäusen, und Not und Kummer bleiben dann, wo Freud verheißen!«

Seit ein paar Jahren nämlich haben Mitglieder der National Fancy Rat Society eine Werbekampagne für die Vermarktung der von ihren Tieren produzierten ausgezeichneten Felle begonnen. Die »Puristen« begehren dagegen auf und werfen den »Pelzhändlern« vor, ihre schändliche Geldgier für Tierliebe auszugeben.

Ihrerseits beschuldigen die »Pelzhändler« die »Puristen«, unzählige Ratten zu töten, um durch Selektion einen »reinrassigen Stamm« rückzuzüchten, der wahrscheinlich nie existiert hat. Der Vorstand der Gesellschaft hat bisher noch kein klärendes Urteil gefällt.

Unterdessen warten die »Rasseratten« in ihren kleinen Käfigen voll Bangigkeit auf eine Entscheidung.

ANMERKUNGEN

MENSCHEN UND MÄUSE

Herren des Abgrunds

1 C. Aubier, *Il topo*, Mailand (Sugar-Co) 1983, S. 5.
2 C. Aubier, a. a. O., S. 22.
3 J. M. de Kermadec, *Astrologie Chinoise*, Paris (MAE) 1979, S. 66.
4 C. Aubier, a. a. O., S. 34.
5 G. Fasana, *Ratto è sacro*, in: »Airone«, April 1985.
6 G. Tertin, *Indie: les animaux, la culture, l'histoire*, in: »Asia«, Januar 1996.
7 A. Giacomini, *Il nemico topo*, Bologna (Esculapio) 1978, S. 80. Giacomini zitiert hier aus Ciceros *De Divinatione*/Über die Wahrsagung, deutsch z.B. München und Zürich (Artemis) 1991.
8 A. Giacomini, a. a. O., S. 91.
9 M. Cristaldi, *Notizie storiche sui roditori commensali* (Reihe), Rom 1982, S. 34. Cristaldi beruft sich hier auf Aristoteles' *Historia animalium*. Deutsch z.B. *Aristoteles' Thierkunde*, Frankfurt/M. (Minerva) 1992.
10 M. Cristaldi, a. a. O., S. 33; siehe auch M. Dansel, *Nos frères les rats*, Paris (Fayard) 1977, S. 138.
11 Nach De Luca, *Una statistica per le paure*, in: »Informazione Sanitaria«, Mai 1984. Für eine Auflistung umgangssprachlicher Ausdrücke, die sich sowohl auf die Sexualorgane als auch auf Mäuse und Ratten beziehen, siehe E. Scerbo, *Il nome della cosa: nomi e nomignoli degli organi sessuali*, Mailand (Mondadori) 1991, S. 84–85, 181;
siehe auch L. Gulffer, *Bad words*, New York (McCanney) 1990, S. 22 ff.
12 S. Freud, *Bemerkungen über einen Fall von Zwangsneurose*, Studienausgabe Bd. VII, Frankfurt/M. (Fischer) 1969.
13 S. Freud, a. a. O., S. 45.
14 Vgl. M. Dansel, a. a. O., S. 73.
15 Vgl. B. de Saigrais, *Histoire des rats pur mieux servir à l'Histoire universelle*, Paris 1738, S. 23.
16 M. Cristaldi, a. a. O., S. 34.
17 Vgl. G. Penso, *Storia del mondo invisibile: parassiti e microbi nella storia delle civiltà*, Mailand (Feltrinelli) 1973, S. 26. In der Antike wurde Apollo Smintheus, der auch als Schutzgott gegen Krankheiten angesehen wurde, als Rattentöter dargestellt: vgl. H. Zinser, *Rats, Lice and History*, New York (Bantam Science and Mathematics) 1935, S. 191. Vgl. M. Dansel, a. a. O., S. 135; siehe auch Strabone, *Geografia*, in: C. delle Piane, *Storia della medicina in Occidente*, Venedig (Levi) 1973, S. 248; siehe auch J. G. Frazer, *Der goldene Zweig. Eine Studie über Magie und Religion*, Frankfurt/M. (Ullstein) 1977, S. 266.

18 Vgl. K. Zimmermann, *Zur Kenntnis der Mitteleuropäischen Hausmäuse*, in: »Zoologischer Anzeiger«, Nr. 148, Jena 1978, in: M. Cristaldi u. R. Federici, *Conseguenze storico-evolutive del commensalismo del topolino delle case*, Rom (Unicopli) 1980, S. 64.
19 G. Scortecci, *Animali*, Rom (Labor) 1966, S. 559.
20 J. Frazer, a. a. O., S. 952.
21 J. Frazer, a. a. O., S. 1011.
22 J. Frazer, a. a. O., S. 817.

Ein Sinnbild der Zeit

1 Flüche gegen Mäuse und Ratten finden sich im Ersten Buch Samuel. Die katholische Kirche hat die Hl. Gertrude von Nivelles (631–659) als Schutzpatronin gegen Mäuse kanonisiert. Vgl. M. Dansel, a. a. O., S. 112.
2 B. de Saigrais, a. a. O., S. 74.
3 M. Dansel, a. a. O., S. 107.
4 M. Dansel, a. a. O., S. 110.
5 Vgl. J. Delumeau, *La paura in Occidente*, Turin (SEI) 1982, S. 94.
6 Vgl. J. Frazer, a. a. O., S. 286. Siehe auch M. Spencer, *Principles of Sociology*, in: E. Jones, *Psicanalisi dell'incubo*, Rom (Newton Compton) 1978, S. 67. Siehe auch P. Waring, *Dizionario delle superstizioni*, Mailand (Siad) 1979, S. 252.
7 H. Gregoire, *Askelépios, Apollon, Smintheus et Rudra*, Paris (Gi Effe) 1974, S. 87. Der Zusammenhang zwischen Mäusen und Labyrinthen wird von dem arabischen Naturforscher Abou Othman Amr Ibn Bahr (788–874), Autor des *Traktats über die Tiere*, vertieft. Vgl. G. Rashis, *L'Islam e la scienza*, Neapel (CEAN) 1991,. S. 175.
8 H. Gregoire, a. a. O., S. 94.
9 M. Dansel, a. a. O., S. 17.
10 Eine Liste der Bücher und Texte, die Mäuse oder Ratten als Element enthalten, würde mehrere Seiten füllen. Hier nur eine willkürliche Auswahl: R. Boudjedra, *Die hartnäckige Schnecke*, H. Broch, *Esch oder die Anarchie*, A. Camus, *Die Pest*, G. Grass, *Katz und Maus*; *Die Rättin*, G. Greene, *Die Reisen mit meiner Tante*, H. Heine, *Die Wanderratten*, J. Herbert, *Die Ratten*, R. Hoban, *Mouse and His Child*, V. Hugo, *L'année terrible*, F. Kafka, *Josefine, die Sängerin oder das Volk der Mäuse*, H. P. Lovecraft, *Die Ratten in der Wand*, R. Musil, *Die Maus*, L. Martin-Santos, *Schweigen über Madrid*, J. Steinbeck, *Von Mäusen und Menschen*, J. Verne, *Die Abenteuer der Familie Raton*. Interessant ist festzustellen, daß praktisch jedes Buch eine andere »Lesart« der Mäuse wiedergibt, und daß sogar in einem Werk, das einen historisch begrenzten Zeitraum

und ein bestimmtes geographisches Gebiet umfaßt (wie M. Dansels Habilitationsschrift an der Sorbonne, *Le rat et la littérature française dans les siècles XIX et XX*), völlig verschiedene Interpretationen der Figur der Maus zu finden sind.

Eine Musik für die Mäuse

1 M. Cristaldi, a. a. O., S. 40.
2 Vgl. G. Scortecci, a. a. O., S. 370.
3 T. Barbato, *La crociata dei fanciulli*, in: »Quaderni del Centro Studi Storici«, Nr. 1, Juni 1984.
4 M. Dansel, a. a. O., S. 177. Im Altertum wurde die Maus mit dem Gott Dionysos identifiziert und später mit dem Teufel (vgl. L. Charbonneau, *Bestiaire de Christ*, Paris (Arché) 1940, S. 66 ff.). Zu diesem Aspekt siehe auch den Eintrag »Mouse« in der *Jewish Encyclopedia*, New York (Funk and Wagnalls Company) 1905, der unter anderem die »Lektüre« der Maus in der Kabbala behandelt. Über die Ersetzung der Identifikation Maus-Teufel durch die von Ziegenbock-Teufel durch den Hl. Bernhard im XI. Jahrhundert siehe D. Canestrini, *Ma perché proprio il caprone è stato scelto per simboleggiare il diavolo*, in: »Airone«, Oktober 1986.
5 R. Petazzoni, *Miti e leggende*, Bd. 3, Turin (UTET) 1965, S. 420.
6 M. Graziadei, *Introduzione a M. Cvetaeva (L'accalapiatopi)*, Rom (Edizioni E/O) 1983, S. 15.
7 Siehe zum Beispiel A. Poussenet, *Lo spirito degli animali*, in: A. Faeti, *In trappola col topo: una lettura di Mickey Mouse*, Turin (Einaudi) 1985, S. 20.
8 Vgl. K. Marx, *Der achtzehnte Brumaire des Louis Bonaparte*, Berlin (Dietz) 1988.
9 N. Alessi, *Gli animali nell'immaginario collettivo*, in: »Segno e Simbolo«, April 1981.

Die berühmteste Maus der Welt

1 E. Fromm, *Die Furcht vor der Freiheit*, München (dtv) 1993 S. 109–10; siehe auch J. Morus, *Gli animali nella storia delle civiltà*, Turin (Einaudi) 1979, S. 128.
2 A. Spiegelman, *Maus. Die Geschichte eines Überlebenden*, Reinbek b. Hamburg (Rowohlt) 1989.
3 J. Steinbeck, *Von Mäusen und Menschen*, Wien (Zsolnay) 1993; vgl. A. Faeti, a. a. O., S. 12.

4 F. Fossati, *Topolino. Storia del topo più famoso del mondo*, Mailand (Gamma Libri) 1982, S. 126.
5 F. Antonini, *Analisi dei contenuti psicologici profondi di alcuni personaggi die Walt Disney*, in: »Il fumetto: numero speciale«, Februar 1978.
6 D. Dieferdorf, *Fiabe*, in: »Robot«, Nr. 32, 1978.

DIE GESCHICHTE DER MÄUSE

Geschöpfe der Nacht

1 L. Boitani u. S. Bartoli, *Mammiferi*, Mailand (Mondadori) 1982. Zum Verschwinden der Dinosaurier und zu den ökologischen Bedingungen, die die ersten Säugetiere hervorbrachten, siehe auch M. T. Bozzi, S. Bruno, S. Maugeri, *Dinosauri*, Florenz (Giunti) 1992.
2 H. u. G. Termier, *Gli animali preistorici*, Rom (Newton Compton) 1978, S. 29.
3 L. Boitani u. S. Bartoli, a. a. O., S. 25
4 Vgl. C. Sagan, *I draghi dell'Eden*, Turin (Bompiani) 1979, S. 28; siehe auch C. J. Herrick, *Brains of Rats and Man*, zitiert nach E. Fromm, *Anatomie der menschlichen Destruktivität*, Reinbek b. Hamburg (Rowohlt) 1977, S. 288.
5 Vgl. J. Goldsberg, *L'animale e l'uomo*, Florenz (Sansoni) 1973, S. 30 ff.

Klein und ausgehungert

1 Vgl. P. P. Grassé, *L'evoluzione del vivente*, Turin (Adelphi) 1979, S. 95; siehe auch P. Chauchard, *La morte*, Rom (Edizioni Mediterranee) 1965, S. 108.
2 V. E. Frank, *Sleep: Man and Animal*, London (Beacon Press) 1970, S. 20; siehe auch G. C. Luce u. J. Segal, *Il sonno*, Mailand (Garzanti) 1967, S. 32 u. 167; siehe auch L. Boitani u. S. Bartoli, a. a. O., S. 35.

Die Ursachen eines Erfolgs

1 T. W. Righeyer, *Animal, Species and Evolution*, Cambridge (Marr-Uni) 1963, S. 231.
2 D. Urbani, *Nozioni e criteri fondamentali per il controllo dei roditori domestici*, Rom (Zucchet S. p. A.), S. 3.

3 I. Asimov, *Die Apokalypsen der Menschheit. Katastrophen, die unsere Welt bedrohen*. Köln (Kiepenheuer & Witsch) 1982, S. 316.
4 Vgl. M. Jahoda, *Ratto è bello*, in: »Airone«, April 1985.
5 J. Goldsberg, a. a. O., S. 56. Über den Schutz der Jungen und die Selbstopferung der Alten in einer Rattenkolonie vgl. R. Lore u. K. Lanelly, *Società di ratti*, in: »Le Scienze«, Juni 1979.
6 J. Goldsberg, a. a. O., S. 172.
7 M.R. Rosenzweigh, E. L. Bennet, M. C. Diamond, *L'esperienza modifica il cervello?*, in: »Le Scienze«, April 1970; siehe auch D. Bovet, *La memoria nei piccoli roditori*, in: »Le Scienze«, September 1978.
8 Vgl. P. Grassé, a. a. O., S. 110 u. 127.
9 M. Yahoda, *Ratto è bello*, a. a. O.; siehe auch R. Goffman Daniel, *Behavior in the Rats*, Sidney (Doubleday & Company) 1986, S. 176; siehe auch F. Jacob, *Il topo, la prossima tappa?*, in: »Sapere«, September 1970.

Halb Mensch, halb Maus

1 J. Verne, *Die Abenteuer der Familie Raton*, Frankfurt/M. (Fischer), S. 56–57.
2 R. u. R. Balbi, *Lungo viaggio al centro del cervello*, Mailand (Mondadori) 1985, S. 23.
3 Vgl. D. E. Carr, a. a. O., S. 134.
4 Y. Coppens, *Die Wurzeln des Menschen: Das neue Bild unserer Herkunft*. Stuttgart (DVA) 1985. S. 20f.
5 Vgl. J. Michaux, *Les Murides fossiles et actuelles*, Bericht des Kolloquiums von Montpellier vom 12.–16. September 1977, S. 133.
6 G. A. Colla, *Tecnica sanitaria*, Livorno (NEL) 1959, S. 5.
7 Vgl. B. Grzimek, *Tiere, mein Leben. Erlebnisse und Forschungen aus fünf Jahrzehnten*, Berlin (Ullstein) 1988.

Mus musculus: der schlimmste Freund des Menschen

1 A. E. Brehm, *Brehms Tierleben. Allgemeine Kunde des Tierreichs*, Bd. 1 u. 2, Leipzig und Wien (Bibliographisches Institut) 1890, S. 508, 510, 512.
2 Vgl. M. Cristaldi u. R. Federici, a. a. O.; siehe auch M. Cristaldi, R. Federici, S. Cannata u. G. Amori, *Dinamica storica dei processi di specializzazione nel topolini delle case*, Bericht des IV Simposio di Dinamica delle popolazioni, Parma 22.–24. Oktober 1981.
3 Vgl. J. Ditter, *Mondi perduti*, Mailand (Edizioni dell'Ignoto)1970, S. 221. Siehe auch J. G. D. Clark, *Europa preistorica. Gli aspetti della vita materiale*, Mailand (Einaudi) 1969, S. 450 u. in: M. Cristaldi, R.

Federici, a. a. O., S. 36. Eine beeindruckende Schilderung der Präsenz der Hausmaus an den Küsten des Kaspischen Meeres wird uns von dem lateinischen Autor Claudius Helianus (170–235 n. Chr.) gegeben, der in seinem Buch *De historia animalium* von einer endlosen Zahl dieser Tierchen, die die Flüsse in riesigen Ketten überqueren, spricht. Zitiert bei H. Zinser, *Rats, Lice and History*, New York (Bantam Science and Mathematics) 1935, S. 200.

Die Ratten kommen

1 M. Cristaldi, G. Simeone, E. D'Arcangelo, *Un approccio biometrico ai processi microevolutivi*, in: Rattus rattus, Pavia (Fusi) 1985, S. 9.
2 A. Mallis, *Handbook of pest control*, Cleveland (Franzak & Foster Company) 1977, S. 11.
3 Vgl. A. Mallis, a. a. O., S. 19.
4 A. Mallis, a. a. O., S. 12.
5 M. Dansel, a. a. O., S. 225.
6 G. Scortecci, a. a. O., S. 400.
7 In L. Visintin, *Le invasioni dei topi*, in: »Storia Illustrata«, Februar 1973. Zur Präexistenz der Art *Rattus norvegicus* in Europa siehe H. van Dick, *Remarks on the Medieval Occurence of the Norvegian Rat*, in: M. Cristaldi (Hg.), *Le infestazioni murine,* Edizioni Comune di Roma 1986, S. 26.
8 L. Visintin, a. a. O.; siehe auch A. E. Brehm, a. a. O., S. 500 ff.
9 N. Kolka in: G. Mainiero, *Leggende dei popoli slavi e albanesi*, Bari (Vancini) 1964, S. 77.
10 A. E. Brehm, a. a. O., S. 500–502.

Ratten im Untergrund

1 M. Cristaldi, A. Di Renzo, D. Gombi, *Aspetti igienico-sanitari della relazione tra strutture urbane e roditori infestanti*, in: »Acqua & Aria«, September 1982.
2 V. Hugo, *Die Elenden*, Berlin (Volk und Welt) 1990.
3 L. Velardi, *Metropoli sottosopra*, Mailand (Editiemme) 1980, S. 41 ff.
4 L. Velardi, a. a. O., S. 18.
5 L. Nieder in: L. Velardi, a. a. O., S. 37 ff.
6 Daten von ISTAT, entnommen CGIL (div. Autoren), *Atti del convegno »Produrre ambiente«* , Pompei 10.–12. Oktober 1986, S. 1.
7 CGLI (div. Autoren), a. a. O., S. 1.

8 Vgl. T. Y. Canby, *The Rat: Lapdog of the Devil*, in: »National Geographic«, Juli 1977.
9 A. Grazia u. M. Guerrini, a. a. O.; siehe auch D. Bedulli, M. Cagnin, B. Cascella, L. Nieder, E. Tibaldi, S. Toso, A. Zullini, *Gli invasori: introduzione alla parassitologia contemporanea*, Mailand (Editiemme) 1981, S. 128.
10 Vgl. F. S. Wesson, *Vulnerability*, London (Octopussy) 1983, S. 3; vgl. auch A. Grazia u. M. Guerrini, a. a. O., S. 54; vgl. auch L. Riggio, *Tanto va il topo al computer*, in: »l'Europeo«, 18. August 1984.

Superratte

1 A. M. Perrini, *Il pericolo grigio*, in: »Panorama«, 15. April 1985.
2 T. Y. Canby, a. a. O.
3 Vgl. zum Beispiel J. Herbert, *Die Ratten*, München (Heyne) 1988.
4 T. Y. Canby, a. a. O.; siehe auch G. Celli, *Supertopo*, in: »Panorama«, 12. Mai 1978.
5 In: A. Grazia u. M. Guerrini, *La sfida delle Brigate grigie*, in: »Epoca«, 11. Mai 1974.
6 D. Dixon, *Animali dopo l'uomo: manuale di zoologia del futuro*, Mailand (Rizzoli) 1982, S. 78. Originalausgabe: *After man; A Zoology of the future*, New York (St. Martin's Press) 1981.
7 G. Grass, *Die Rättin*, Göttingen (Steidl) 1993.
8 G. Grass in: B. Pinkerneil, *Vi racconto la fine dell'uomo*, in: »l' Espresso«, 20. April 1986.

FLÖHE, RATTEN, MENSCHEN

Eine nicht-menschliche Krankheit

1 A. Camus, *Die Pest*, Reinbek b. Hamburg (Rowohlt) 1950, S. 13.
2 E. Bruzzone, *Storia e medicina nella storiografia della peste*, Genua (ECIG) 1987, S. 21.
3 C. Carriere, M. Courdurie, F. Rebuffaut, *Marseille, ville morte; la peste de 1720*, Paris (Liboclub) 1988, S. 165.
4 D. Defoe, *Die Pest zu London*, Frankfurt/M. (Fischer) 1976, S. 128.
5 W. H. McNeill, *Seuchen machen Geschichte. Geißeln der Völker*, München (Pfriemer) 1978, S. 146.

Eine Straße für die Pest

1 F. M. Ferro, *La peste nella cultura lombarda*, Mailand (Electa) 1976, S. 31.
2 J. Rostand, *La vita del baco da seta*, Mailand (Longanesi) 1947, S. 11.
3 J. Rostand, a. a. O., S. 12.
4 W. H. McNeill, a. a. O., S. 154.
5 Vgl. A. Pazzini, *Storia della medicina*, Neapel (Palumbo) 1947, S. 316.
6 W. H. McNeill, a. a. O., S. 136–37.
7 W. H. McNeill, a. a. O., S. 141.
8 Vgl. J. Ruffié u. J. C. Sournia, *Le epidemie della storia*, Rom (Editori Riuniti) 1985, S. 86.
9 J. N. Biraben, *Les hommes et la peste en France et dans les pays européens et mediterranéens*, Paris (Mounton) 1975, S. 69.
10 G. De Mussis, *Historia de morbo sive mortalitate quae fuit A. D. 1348*, Mailand 1785, vgl. A. Geissler (Hg.), *Biological and Toxic Weapons*, New York (Oxford Press) 1986, S. 7.
11 M. Ferro, a. a. O., S. 31.
12 L. Del Palma, *Le epidemie nella storia demografica italiana*, Turin (Loesher) 1980, S. 106; siehe auch J. Delumeau, a. a. O., S. 193.
13 W. H. McNeill, a. a. O., S. 172–73.

Die Stadt und ihre Ratten

1 M. Sarti, *Igiene edilizia*, Rom (Iossa) 1971, S. 23.
2 A. Manzoni, *Die Verlobten*, München (dtv) 1985, S. 658.
3 G. Ripamonti, *La peste a Milano*, zitiert nach R. Canosa, *Epidemie e potere*, in: »Sapere«, Februar 1981.
4 J. N. Biraben, a. a. O., S. 175.
5 T. M. Caffaratto, *Il flagello nero*, Salluzzo (Edizioni Vitalità) 1967, S. 143.
6 J. Delumeau, a. a. O., S. 182.
7 J. Jansen, *L'Allemagne et la reforme*, in: J. Delumeau, a. a. O., S. 186.
8 C. Carriere, M. Courdurie, F. Rebuffat, a. a. O., S. 78.
9 C. Carriere, M. Courdurie, F. Rebuffat, a. a. O., S. 96.
10 J. Delumeau, a. a. O., S. 183.
11 D. Defoe, a. a. O., S. 69 ff.
12 G. Ripamonti, a. a. O.
13 A. Manzoni, *Die Schandsäule*, Berlin (Verlagsgruppe Vis-à-Vis) 1988, S. 94.
14 T. Gumble, *La vie du General Monk*, zitiert nach J. Delumeau, a. a. O., S. 184.
15 C. Carriere, M. Courdurie, F. Rebuffat, a. a. O., S. 118.

Noch mehr Pest

1 Siehe hierzu das Kapitel XIV des Berichts der WHO hg. von G. Norris, *Plague and Plague Control*, New York (Oxford Press) 1991.
2 W. H. McNeill, a. a. O., S. 176.

Noch mehr Pest?

1 G. Gravens u. J. S. Marr, *The Black Death*, New York (Bantam) 1977, S. 76.
2 G. De Mussis, a. a. O., S. 7. Über die militärische Verwendung der Pest siehe auch F. Santoianni, *L'ultima epidemia: la guerra batteriologica dalla peste all'AIDS*, Florenz (Edizioni Cultura della Pace) 1990, S. 21.
3 P. Preto, *Epidemia, paura e potere nell'Italia moderna*, Bari (Laterza) 1987, S. 7.
4 S. M. Hersh, *La guerra chimica batteriologica*, Bari (Laterza) 1970, S. 105. Originalausgabe: *Chemical and biological warfare: Armericas hidden arsenal.* (Mac Gibbon) 1969.
5 S. Seagrave, *Pioggia gialla*, Rom (ADNA-Cronos) 1983, S. 133; siehe auch R. Mastromattei, *Università e potere militare negli USA*, Rom (De Donato) 1976, S. 67.
6 Vgl. F. Santoianni, a. a. O., S. 123.
7 Zusammenfassung aus G. Gravens u. S. Marr, a. a. O. und A. E. Nourse, *Il quarto cavaliere*, Mailand (Mondadori) 1974.

JAGD AUF MÄUSE

Katzen

1 C. Burger, *I gatti*, Bologna (Zanichelli) 1967, S. 9. Vgl. Herodot, *Geschichten und Geschichte*, Buch zwei, München und Zürich (Artemis) 1973, S. 153, 156.
2 A. E. Brehm, a. a. O., S. 434.
3 C. Burger, a. a. O., S. 84; siehe auch R. Delort, *Cosí ho conquistato il mondo*, in: »Storia illustrata«, Nr. 340, März 1986; siehe auch F. Hamel, *Animali umani*, Kap. 18 u. 24, Rom (Edizioni Mediterranee) 1974.
4 C. Burger, a. a. O., S. 70.
5 C. Burger, a. a. O., S. 17 u. 90.
6 G. Scortecci, a. a. O., S. 64.

7 R. Delort, a. a. O., S. 86; siehe auch D. Rari, *Gli animali domestici*, Rom (Palmiero) 1970, S. 85; siehe auch N. R. Todd, *I gatti e il commercio*, in: »Le Scienze – Scientific American« Nr. 83, 1974.
8 R. Delort, a. a. O., S. 89.
9 C. Burger, a. a. O., S. 89.
10 J. Delumeau, a. a. O., S. 63.
11 P. Krachmalnicoff, a. a. O., S. 21.
12 R. Delfort, a. a. O., S. 89; siehe auch F. Hamel, a. a. O., S. 41.
13 D. Rari, a. a. O., S. 66.
14 A. E. Brehm, a. a. O., S. 439.
15 C. Burger, a. a. O., S. 133.
16 Div. Autoren, *Etologia*, Rom (Scientia) 1988, S. 9.
17 T. G. Hanna, *Eyes of cats*, London (R. & G.) 1977, S. 4.

Eulen

1 J. Sparks u. T. Soper, *Rapaci notturni nella realtà e nella leggenda*, Bologna (Edagricole) 1978, S. 132.
2 J. Sparks u. T. Soper, a. a. O., S. 1 u. 12; siehe auch G. Martorelli, *Monografia degli uccelli di rapina in Italia*, Mailand (Hoepli) 1895, S. 66.
3 T. Conrad, *Owls*, London (Spencer) 1979, S. 9.
4 J. Dorst, *La vita degli uccelli*, Bellinzona (Luini) 1967, S. 239.
5 L. W. Wing, *Natural History of Birds*, Cambridge (Ronald Press) 1956, S. 69; siehe auch J. M. Meyces u. C. J. Krebs, *Cicli di popolazione nei roditori*, in: »Le Scienze – Scientific American«, April 1974.
6 L. W. Wing, a. a. O., S. 176.
7 J. Sparks u. T. Soper, a. a. O., S. 159.
8 W. Shakespeare, *Macbeth*, 2. Akt, 2. und 3. Szene; vgl. auch *Heinrich IV.*, wo der Schrei der Eule bei der Geburt als düsteres Vorzeichen angesehen wird.
9 J. Sparks u. T. Soper, a. a. O., S. 160.
10 Vgl. G. Buonocore, *Rapaci in città?*, in: »Qualecologia« Nr. 2, 1983.

Menschen

1 A. E. Brehm, a. a. O., S. 507.
2 M. Jahoda, a. a. O.
3 T. Fruncillo, *Dall'agopuntura agli antibiotici: la fine di un mito*, in: »Informazione medica«, Mai 1984.
4 T. Borrini, *Lotta contro ratti e topi*, Turin (Libreria Minerva) 1962, S. 12.

5 Div. Autoren, *La vita animale*, BUR, Mailand (Rizzoli) 1978, S. 71; siehe auch D. Bovet, a. a. O.
6 T. Borrini, a. a. O., S. 69 u. 74.
7 M. Cristaldi (Hg.), *Progetto di ricerca sulla fauna del Tevere*, Rom (im Druck), S. 64.
8 Vgl. D. Rari, a. a. O., S. 198.
9 M. Cristaldi, a. a. O., S. 64.
10 M. Cristaldi, a. a. O., S. 68.
11 M. Cristaldi, a. a. O., S. 68.
12 G. del Pra, *L'affare dei topi*, in: »Qualecologia«, März 1985.
13 G. T. Hoover, *Brunswich Hunters*, in: »Engl/and/off Magazine«, Dezember 1973.
14 R. Barras, a. a. O., S. 195.
15 D. Urbani, *Nozioni e criteri fondamentali per il controllo dei roditori domestici*, Rom (Edizioni Zucchet S. p. A.) 1984.
16 A. Giacomini, a. a. O., S. 45.
17 T. Borrini, a. a. O., S. 46.
18 M. Cristaldi, a. a. O., S. 29; vgl. auch D. Urbani a. a. O., S. 14.
19 A. Giacomini, a. a. O., S. 140; siehe auch M. Cristaldi, a. a. O., S. 30.
20 T. Borrini, a. a. O., S. 44.

Von Angesicht zu Angesicht

1 M. Cristaldi, a. a. O., S. 65.
2 Vgl. D. Urbani, a. a. O., S. 9.
3 Während der Materialsichtung für dieses Buch habe ich allein 24 Berichte von Treffen oder Kongressen zum Kampf gegen Ratten und Mäuse durchgesehen.
4 Vgl. L. Pettinati, *La prevenzione nel settore rurale: il rischio da pesticidi*, in: »Federazione Medica« Nr. 8, 1985; siehe auch G. Del Pra, a. a. O.
5 T. Y. Canby, a. a. O.
6 T. Ferrato, *Medicina di Frontiera*, in: »Informazione Sanitaria«, Juni 1983.
7 T. Y. Canby, a. a. O.

MÄUSEZÜCHTER, RATTENZÜCHTER

Felle und Pelze

1 M. C. Smith, *Gorki Park*, München (Droemer Knaur) 1984.
2 Morus (R. Lewinshon), *Gli animali nella storia delle civiltà*, Mailand (Mondadori) 1973, S. 177; siehe auch D. E. Carr, a. a. O., S. 148; siehe auch G. Scortecci, a. a. O., S. 352.
3 B. Hazon, *L'allevamento del chincillà*, Rom (EDAL) 1978, S. 3.
4 Vgl. A. E. Brehm, a. a. O., S. 580.
5 D. Scaramella, *Animali da pelliccia*, Bologna (Edagricole) 1984, S. 247.
6 D. Scaramella, a. a. O., S. 265; siehe auch G. Scortecci, a. a. O., S. 367.
7 H. Heideger, *Les animaux sauvages en captivité*, Paris (Payot), S. 311 ff.
8 M. Dansel, a. a. O., S. 53; siehe auch H. Heideger, a. a. O., S. 400; siehe auch D. Scaramella, a. a. O., S. 266.
9 D. Scaramella, a. a. O., S. 183.

Verflechtungen

1 Vgl. L. Boitani, a. a. O., S. 19.
2 M. Jahoda, *I baffi dei topi*, in: »Airone« Nr. 52, August 1985.
3 J. Goldsberg, *L'animale e l'uomo,* Florenz (Sansoni) 1973, S. 137.
4 G. Motta, *Mammiferi d'Europa*, Mailand (Labes) 1976, S. 94.
5 P. Cervella, *L'apparato pilifero,* Neapel (ESN) 1979, S. 16.
6 J. G. Frazer, a. a. O., S. 54.
7 F. Dell'Acqua u. A. Settori, *Il riflesso dell'essenza*, in: »Riza Psicosomatica«, August 1981; siehe auch P. Anselmi, *Un rifugio per l'anima,* in: »Riza psicosomatica«, August 1981.
8 Vgl. F. Dell'Acqua u. A. Settori, a. a. O.
9 G. Melzi, *Favole di Fedro, Esopo e altri scrittori greci*, Rom (Serra) 1959, S. 84.

Versuchstiere

1 W. Tenn, *Gli uomini nei muri,* Mailand (Mondadori) 1985. S. 104. Originalausgabe: *Of Men & Monsters,* New York (Ballantine) 1981.
2 Broschüre der Firma Camm Bred, 1986.
3 H. Ruesch, *Nackte Herrscherin. Entkleidung der medizinischen Wissenschaft*, München (Hirthammer) 1978, S. 11.
4 G. Imparato, *Ricerche e torture*, in: »La Cavia«, September 1984.
5 H. Ruesch, a. a. O., S. 269 ff.

6 Zitiert nach H. Ruesch, a. a. O., S. 258.
7 F. Jacob, a. a. O.
8 H. Ruesch, a. a. O., S. 235–36.
9 In: »Documentazione Medica«, 1. Januar 1987.
10 In: »La Repubblica«, 4. Februar 1984.
11 S. M. Hersh, a. a. O., S. 146.
12 R. W. Leader, *The Importance of Animals in Biology and Medicine*, in: »Perspectives in Biology and Medicine«, Sommer 1987, zitiert nach »Tempo Medico«, 15. Februar 1988; siehe auch das Buch von W. Patton, *L'uomo e il topo: gli animali nella ricerca biomedica*, Padua (Piccin) 1987.
13 Vgl. H. Ruesch, a. a. O. , S. 27 ff. u. 374 ff.; siehe auch F. Terragni, *La sconfitta della guerra contro il cancro*, in: »SE – Scienza Esperienza«, April 1987; siehe auch J. Chairs, *Progress against cancer?*, in: »Scientific American«, Dezember 1985 und *Il cancro perde cosí poco che l'epidemiologo non se ne accorge*, in: »Tempo Medico« Nr. 262.
14 H. Ruesch, a. a. O., S. 84.
15 Zitiert nach H. Ruesch, a. a. O., S. 315.
16 E. T. Hall, *La dimensione nascosta*, Mailand (Bompiani) 1982, S. 40 ff.
17 Vgl. zum Beispiel R. Talleri u. G. Boldi, *Criminologia*, Università degli Studi di Roma, 1980, S. 59 ff.
18 E. Tibaldi, *Proiezioni catastrofiche*, in: »The Practitioner«, April 1987.

Mäuseliebe

1 R. S. Hutchings, *Topolini di razza*, Bologna (Edagricole) 1971; andere »grundlegende« Texte sind T. Hearme, *Pets-Mice*, London (The New Observer's Series), 1980 u. M. Hart, *Rats*, London (Allison & Busby) 1973.
2 In: »Fur & Feather«, September 1976.
3 A. Faeti, a. a. O., S. 11.
4 Vgl. M. Dansel, a. a. O., S. 197 ff.; siehe auch F. Pratesi, *Ratti e blatte da riabilitare*, in: »La nuova ecologia«, September 1986.
5 M. Dansel, in: A. Faeti, a. a. O., S. 30.
6 Für die Rekonstruktion der Geschichte des National Mouse Club und der National Fancy Rat Society habe ich den Text von N. Mays, *Fanciful Reflections; Eighty Years of the Rat Fancy, 1901–1981*, London 1981 verwendet.
7 R. Burns, *Gedichte und Lieder*, Berlin und Weimar (Aufbau) 1974, S. 73–74.

Midas Dekkers

Miau

Aus dem Niederländischen von Maria Csollány. Illustrationen von Maus Slangen. 100 Seiten. SP 2634

Den alten Ägyptern war sie heilig, und in unserer Kultur ließen sich Maler und Schriftsteller wir Charles Dickens, Ernest Hemingway oder Charles Baudelaire von diesem geheimnisvollen Tier inspirieren: die Katze, geliebt oder gehaßt, aber immer ein großes Faszinosum. Warum es keine Bernhardiner-Katzen gibt, weshalb Sanftpfote von der Kirche einst zum Werkzeug des Teufels abgestempelt wurde oder wie es kommt, daß wir Katzen so gerne streicheln und ihr sanftes Schnurren auf unserem Schoß so sehr genießen – diesen und weiteren Fragen geht Midas Dekkers, Biologe und Katzenfreund, nach. Ein Buch für die zahlreichen Liebhaber dieser wundervoll-eigenwilligen Geschöpfte.

Brigitte Riebe

Moon

Ein Katzenroman. 320 Seiten. SP 2711

Katzenliebhaber trauen den kleinen Samtpfoten einfach alles zu. Aber kann die Katze Moon, die in einer mondhellen Sommernacht halbverhungert und verletzt vor der Villa der Familie Hirsch sitzt, vielleicht wirklich zaubern? Zumindest scheint das süße Ding mit geheimnisvollen Mächten im Bunde zu stehen. Denn bei Familie Hirsch, die Moon nach Leibeskräften pflegt und hätschelt, beginnen sich die unzähligen Dramen aufzulösen und die vielen Wehwehchen zu weichen. Mutter Evelyn kann endlich dem sinnlichen Schreiner Franz widerstehen, Vater Christoph weiß sich plötzlich Rat in seinen geschäftlichen Sorgen und kann seinerseits der verführerischen Maxie entsagen, Tochter Fanny wird ihre Ängste los und Sohn Till hat Erfolg im Schulmusical. Sogar Großmutter Ilona kommt plötzlich zu Geld und erlebt eine traumhaft romantische Liebesgeschichte.

SERIE PIPER

H. C. Artmanns

Schauerromane

Herausgegeben und mit einem Nachwort von Klaus G. Renner. 111 Seiten. SP 2600

Wenn H. C. Artmann sich im Genre des Schauerromans tummelt, kann man sicher sein, daß dieser »vampirische Altgraf«, wie er einmal genannt wurde, mit listiger Akribie aus Sprache und Horror einen blutig-anthropophagischen Schauercocktail mixt. Alle Schauerromane Artmanns sind in diesem Band erstmals versammelt – anarchisch, kurz und abartig vergnüglich. Ist doch »H. C. Artmann, der Verwandlungskünstler, der Masken tragende Poet, der einzige Dichter, der einen 650-Seiten-Roman ohne Verlust auf sieben Seiten reduzieren kann«, wie Klaus G. Renner im Nachwort schreibt.

Allerleirausch

Neue schöne Kinderreime. 58 Seiten. SP 2599

1967 antwortete H. C. Artmann auf Hans Magnus Enzensbergers Sammlung von Kinderreimen: statt »Allerleirauh« bei Artmann »Allerleirausch« – böse, bissige, absurde Kinderreime, versetzt mit blutrünstig-makabren Zutaten aus dem Reich des Horros.

»Die niedere Mythologie à la Hartmann und Werwolf, Django und Superman, Schrumpfkopf und Drakula wird im sorgsam beibehaltenen Versmaß von Kinderlied und Abzählvers als Reservoir ironischdämonischer Schreckschüsse eingesetzt; man erwartet Reinheit und Unschuld, Poesie und kindgemäßen Witz, und dann pfeifen einem sozusagen blutbeschmierte Querschläger um die auf gerührtes Lauschen eingestellten Ohren.«

Jörg Drews

Pierre Gripari

Göttliche und andere Lügengeschichten

Aus dem Französischen von Cornelia Langendorf. Ausgewählt und herausgegeben von Jean-Jacques Langendorf. 192 Seiten. SP 2245

Wer wollte sie nicht immer schon wissen, die Sache mit dem Weihnachtsmann? Der sitzt, so klärt der spöttische Melancholiker Gripari auf, in einem miesen Kabuff, wärend das Christkind eine ganze Etage belegt für Sekretariat, Management, Werbung und was so ein Youngster noch alles braucht, um sich wichtig zu machen. Was bleibt dem alten Rauschebart da anderes, als über den Rotzlöffel zu murren, der ihm die Zuwendung der Kinder streitig macht. – So vergnüglich und augenzwinkernd, voll sprühender Einfälle, wie diese Wahrheit über den Weihnachtsmann lesen sich auch die dreizehn weiteren Geschichten des Bandes, die sich immer wieder um göttliche und höllische Wesen ranken, um kleine Monster, Vampire und Märchengestalten. Eine witzige, hintersinnige Lektüre.

»Diese Sketche, Märchen, Geschichten und Kalauer haben eine angenehme Leichtigkeit, manche sind scharf gewürzt, ohne aber zu verschrecken. Denn all diese langen Nasen und krummen Larven, diese Talkshows aus dem Jenseits oder der Hölle, diese vermischten Nachrichten aus Politik und Zeitgeschehen sind gelungene Schmunzelstücke. Hier zählt die Eleganz des Lebensmüden, die Heiterkeit des Pessimisten, die Hoffnung des Atheisten, die Liebenswürdigkeit des Schwermütigen und in den besten Momenten die Poesie des Verlorenen.«
Süddeutsche Zeitung

Kleiner Idiotenführer durch die Hölle

Aus dem Französischen von Cornelia Langendorf und Hans Therre. 144 Seiten. SP 2244

Pierre Gripari, Franzose griechischer Abstammung, war ein melancholischer Satiriker gewissermaßen aus der Familie der Voltaires, Gogols und Nestroys. Seine Meisterstücke sind die bösen Nettigkeiten, die Gott, dem Teufel und anderen Autoritäten gelten.

SERIE PIPER

Uwe Bork

Väter, Söhne und andere Irre

127 Seiten. SP 2530

Eigentlich sind sie eine ganz normale Familie: ein Vater, eine Mutter, ein Sohn, eine Tochter und eine Katze. Aber genau diese Mischung reicht aus, um dem alltäglichen Wahnsinn und dem familiären Chaos schutzlos ausgeliefert zu sein. In zweiundzwanzig Miniaturen erzählt ein nichtsdestotrotz leidenschaftlicher Vater und Ehemann von dem Zimmer seines Sohnes, das einer offenen Baustelle gleicht, oder den wallenden Kamotten in der Größe XXL, ohne die der das Haus nicht mehr verläßt. Doch keiner der Beteiligten möchte eine Minute auf dieses nervenaufreibende, aber liebevolle Familienleben verzichten. Nur einmal wäre es fast zur Scheidung gekommen, als der Vater die Idee hatte, sich einen Motorroller anzuschaffen... – Väter, Söhne und andere Irre: Was in dieser Familie passiert, ist durchaus kein Einzelfall. Es kommt in den besten Familien vor.

Arno Makowsky

Hausmann mit Tochter

123 Seiten. SP 2279

Als Arno Makowsky den Erziehungsurlaub antrat, um seine Tochter zu versorgen, nahm ihn niemand ernst. Er blieb dennoch zu Hause. Seine Frau ging arbeiten, und er kümmerte sich um Laura. »Urlaub?« Mitnichten! Herzerfrischend zu lesen, wie unser Hausmann entdeckt, daß ein einziger Nachmittag mit Kind anstrengender ist als ein ganzer Tag im Büro. Und wenn dann noch die Waschmaschine ausläuft und das grüne Nilpferd verschwunden ist, weiß mann was frau gewöhnlich zu Hause treibt. Arno Makowsky hat ein Jahr lang mitgeschrieben. In herrlichen Glossen, die wöchentlich in der »Süddeutschen Zeitung« erschienen sind, schildert er den Alltag mit Tochter, in dem er die ganze Skala von Freud bis Leid seitens der kleinen Laura kennenlernte und seinerseits die Bandbreite von echtem Vergnügen bis zur völligen Entnervung durchlebte.